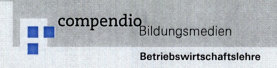
compendio Bildungsmedien

Betriebswirtschaftslehre

Organisation und Projektmanagement für technische Kaufleute und HWD

Grundlagen mit Beispielen, Repetitionsfragen und Antworten sowie Übungen

Hugo Dobler, Andreas Führer, Daniel Kneubühl und Rita-Maria Züger

D1663234

Organisation und Projektmanagement für technische Kaufleute und HWD
Grundlagen mit Beispielen, Repetitionsfragen und Antworten sowie Übungen
Hugo Dobler, Andreas Führer, Daniel Kneubühl und Rita-Maria Züger

Grafisches Konzept: dezember und juli, Wernetshausen
Satz und Layout: Mediengestaltung, Compendio Bildungsmedien AG, Zürich
Illustrationen: Oliver Lüde, Winterthur
Druck: Edubook AG, Merenschwand

Redaktion und didaktische Bearbeitung: Rita-Maria Züger

Artikelnummer: 7761
ISBN: 978-3-7155-9478-1
Auflage: 3., überarbeitete Auflage 2011
Ausgabe: U1031
Sprache: DE
Code: XTK 004

Inhaltsverzeichnis

Buch 2: Projektmanagement 83

 Prüfung 2

Über die Reihe «Wirtschaft und Recht TK/HWD»

Die Reihe ist auf die Bedürfnisse von Studierenden zugeschnitten, die sich auf die Prüfungen zum **technischen Kaufmann** / zur **technischen Kauffrau mit eidg. Fachausweis** (TK) oder zum **Erwerb des Höheren Wirtschaftsdiploms** (HWD) vorbereiten.

Sie richtet sich deshalb in Stoffauswahl und -tiefe nach den Prüfungsreglementen der beiden Lehrgänge, wobei die Neuerungen des **TK-Prüfungsreglements 2010** berücksichtigt sind. Mit den Bedürfnissen der beiden Zielgruppen vertraute Dozierende haben bei der Konzeption der Reihe und bei der Erarbeitung der Inhalte mitgewirkt.

Die Reihe umfasst folgende Titel:

- **Betriebswirtschaftslehre (Management)**
- **Rechnungswesen**
- **Marketing**
- **Organisation und Projektmanagement**
- **Führung**
- **Kommunikation und Information**
- **Schriftliche Kommunikation**
- **Recht**
- **Volkswirtschaftslehre**
- **Logistik**
- **Informatik**

Die Lehrmittel folgen dem bewährten **didaktischen Konzept** der Compendio-Lehrmittel. Verständliche Texte, zahlreiche Beispiele und Grafiken sowie Repetitionsfragen mit ausführlich kommentierten Musterlösungen ermöglichen die zielgerichtete Vor- und Nachbereitung des Unterrichts und gegebenenfalls auch ein Selbststudium.

Als **Besonderheit** enthält jedes Lehrmittel dieser Reihe einen **Übungsteil** mit anwendungsorientierten Aufgabenstellungen, wie sie an TK- und HWD-**Abschlussprüfungen** typischerweise gestellt werden.

Zürich, im März 2011

Thomas Hirt, Projektleitung

Vorwort zur 3. Auflage

Dieses Lehrmittel vermittelt Ihnen das Grundlagenwissen in den Fächern Organisation und Projektmanagement.

Inhalt und Aufbau dieses Lehrmittels

Das Lehrmittel ist in die beiden Bereiche Organisation und Projektmanagement aufgeteilt.

Buch 1: Organisation

- **Teil A «Eine Organisation mitgestalten»** geht auf den Organisationsbegriff, auf die organisatorischen Gestaltungsaspekte und Aufgaben sowie auf die gebräuchlichen Vorgehensmethoden und -techniken ein.
- **Teil B «Strukturen und Prozesse mitgestalten»** befasst sich detailliert mit der Aufbau- und der Prozessorganisation im Unternehmen.

Buch 2: Projektmanagement

- **Teil C «Grundlagen des Projektmanagements und Projekte initialisieren»** behandelt die zentralen Begriffe, Grundlagen und Erfolgsfaktoren des Projektmanagements, die Projektziele und den Projektinitialisierungsprozess von der Projektidee bis zur Projektfreigabe.
- **Teil D «Projekte planen»** stellt die Hauptelemente des Projektplanungsprozesses vor, die Vorgehensmethodik, der Projektstrukturplan, die Ablauf- und Terminplanung , die Einsatzmittelplanung, die Kostenplanung und die Projektorganisation.
- **Teil E «Projekte steuern und abschliessen»** vermittelt die im Zusammenhang mit der Projektsteuerung und dem Projektabschluss anfallenden Aufgaben des Projektcontrollings, des Risikomanagements, der Projektinformation und des Projektmarketings sowie der Projektberichterstattung und -dokumentation.

Im **Teil F «Übungen»** steht die **Anwendung des erworbenen Wissens** im Zentrum. Mit den vernetzten Übungen können Sie sich zielgerichtet auf die Prüfung vorbereiten.

Im **Teil G «Anhang»** finden Sie **Musterlösungen zu den Repetitionsfragen,** die in den Theorieteilen A–E jeweils am Schluss jedes Kapitels enthalten sind.

Zur aktuellen Auflage

Im Buch 1 (Organisation) der aktuellen Auflage wird das bisherige Kap. 5 neu den beiden Kapiteln zur Aufbau- und Prozessorganisation vorangestellt. Der Titel des neuen Kap. 4 lautet «Kernfragen der Organisationsgestaltung», und in der Einleitung werden die Begriffe der organisatorischen Differenzierung und Integration eingeführt.

Das Buch 2 (Projektmanagement) der aktuellen Auflage enthält verschiedene kleinere inhaltliche Ergänzungen, wie die Schlüsselfragen und Aufgaben im Einzelprojektmanagement (Kap. 7.3), den Änderungswillen als zusätzliches Kriterium der Antragsprüfung (Kap. 9.3) und die Unterscheidung zwischen Soll- und Ist-Korrektur im Projektcontrollingprozess (Kap. 17). Neu lautet der Titel zum Kap. 17 «Projektcontrolling» anstelle von Projektsteuerung.

Darüber hinaus erscheint das Lehrmittel in einem neuen, zeitgemässen und leserfreundlichen Layout.

In eigener Sache

Haben Sie Fragen oder Anregungen zu diesem Lehrmittel? Über unsere E-Mail-Adresse postfach@compendio.ch können Sie uns diese gerne mitteilen. Sind Ihnen Tipp- oder Druckfehler aufgefallen, danken wir Ihnen für einen entsprechenden Hinweis über die E-Mail-Adresse korrekturen@compendio.ch.

Wir wünschen Ihnen viel Spass und Erfolg beim Studium dieses Buchs!

Zürich, im März 2011

Compendio-Autorenteam

Buch 1: Organisation

Teil A Eine Organisation mitgestalten

1 Organisation im Unternehmen

Lernziele

Nach der Bearbeitung dieses Kapitels können Sie ...

- anhand von Beispielen die verschiedenen Sichtweisen der Organisation erläutern.

Schlüsselbegriffe

Disposition, Elastizität, formale Organisation, Führungsprozesse, funktionale Sicht, Improvisation, informale Organisation, institutionale Sicht, instrumentale Sicht, Organisation, Organisationsgrad, sozio-technisches System, Stabilität, Unterstützungsprozesse, Wertschöpfungskette, Wertschöpfungsprozesse

Wenn mehrere Personen als Gruppe ein gemeinsames Ziel erreichen wollen, überlegen sie sich früher oder später, wie sie am besten vorgehen sollen. Sie fragen sich zunächst, welche Aktivitäten erfolgreich zum Ziel führen könnten. In einem weiteren Schritt macht sich die Gruppe daran, die einzelnen Aktivitäten sinnvoll zu ordnen und aufeinander abzustimmen, um sie dann untereinander aufzuteilen. Sie strukturiert nicht nur die Aufgaben, sondern auch die Gruppe selber: So wird sie einen Gruppenleiter bestimmen, der die Gruppe nach aussen vertritt, und die einzelnen Mitglieder erhalten – je nach Aufgabe – unterschiedliche Rechte und Pflichten. Die Gruppe koordiniert ihre Zusammenarbeit, um erfolgreich ans Ziel zu gelangen.

Auch das Unternehmen stellt eine Gruppe von Personen dar, die ein gemeinsames Ziel erreichen wollen und sich deshalb organisieren. **«Das Unternehmen ist eine Organisation, hat eine Organisation und wird organisiert.»** Diese Aussage drückt die drei zentralen Sichtweisen der Organisation im Unternehmen aus: die institutionale, instrumentale und funktionale Sicht.

Abb. [1-1]   **Drei Sichtweisen der Organisation im Unternehmen**

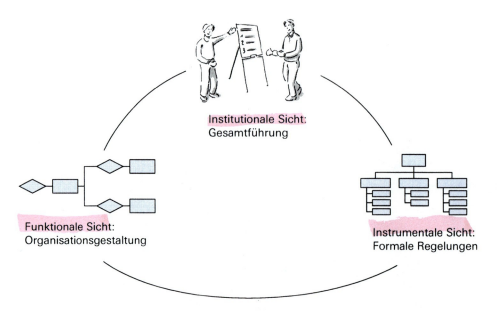

In den folgenden Abschnitten gehen wir auf diese drei Sichtweisen der Organisation näher ein. Wir behandeln insbesondere die Hintergründe sowie die wichtigsten Ziele und Aufgaben, die mit der Gesamtführung, den formalen Regelungen und der Organisationsgestaltung verbunden sind.

Die drei Sichtweisen zeigen auf, dass sich im Zusammenhang mit der Organisation eines Unternehmens völlig unterschiedliche Fragen und Möglichkeiten der Gestaltung ergeben.

1.1 Ein Unternehmen ist eine Organisation

In einem Unternehmen arbeiten verschiedene Personen mit einem gemeinsamen Ziel zusammen; es handelt sich dabei folglich um ein **zielorientiertes soziales System.**

Organisation in einem zielorientierten sozialen System bedeutet,

- **Klarheit zu schaffen, was zu tun ist.** Ziele drücken einen anzustrebenden Soll-Zustand in der Zukunft aus und bilden eine unverzichtbare Grundlage für das Gestalten und Lenken aller unternehmerischer Aktivitäten. Von zentraler Bedeutung sind insbesondere die strategischen Ziele.
- **Orientierung zu geben, wie etwas zu tun ist.** Das Entwickeln gemeinsamer Werthaltungen, Denk- und Handlungsweisen verleiht dem Unternehmen eine eigene Identität und Kultur, zu der sich die Unternehmensmitglieder zugehörig fühlen und mit der sie sich identifizieren können.

Abb. [1-2]

Aufgaben der Unternehmensführung

Ebene	Aufgaben
Normatives Management	Entwicklung von Wertvorstellungen und Verhaltensgrundsätzen, die für den Umgang mit den verschiedenen Anspruchsgruppen und für die eigene unternehmerische Tätigkeit gelten sollen: • **Ethische Richtlinien** als Grundlage des unternehmerischen Handelns. • **Unternehmenskultur** als die gemeinsam getragenen Überzeugungen, Normen, Handlungs- und Verhaltensmuster bestimmt die Beziehungen innerhalb des Unternehmens und zwischen dem Unternehmen und seinen Anspruchsgruppen. • **Unternehmensleitbild** als Ausdruck der unternehmerischen Grundwerte und Leitlinien.
Strategisches Management	Gestaltung der langfristigen Überlebens- und Entwicklungsfähigkeit des Unternehmens durch das Schaffen nachhaltiger Wettbewerbsvorteile: • **Vision** (oberstes, gemeinsames Ziel) und Unternehmenspolitik bzw. Grundstrategie (grundsätzliche Unternehmensziele) • **Strategische Ziele** des Gesamtunternehmens und der Geschäftseinheiten und Funktionsbereiche
Operatives Management	Lenkung des Unternehmens: • **Lenkung der Prozesse** im Hinblick auf die Erreichung der strategischen Ziele und unter Einhaltung der normativen Richtlinien. Dazu gehören vier Hauptaufgaben: Planen, Entscheiden, Umsetzen und Kontrollieren. • **Mitarbeiterführung,** d. h. die Gestaltung der Beziehung zwischen Vorgesetzten und Mitarbeitenden bei der Aufgabenerfüllung. • **Qualitätsmanagement,** d. h. die Verbesserung der Leistungserstellung, um einen höheren Kundennutzen zu erzielen und Wettbewerbsvorteile zu sichern.

Hinweis

«Managementaufgabe» kann sowohl für sachbezogene Führungsaufgaben (managen) als auch für personenbezogene Führungsaufgaben (Mitarbeiterführung) verwendet werden.

1.2 Ein Unternehmen hat eine Organisation

Das Unternehmen ist ein **komplexes sozio-technisches System,** in dem eine Vielzahl von Elementen zusammenwirken und technische und menschliche Leistungen erbracht werden. Diese müssen gesteuert und koordiniert werden, damit das Unternehmen als Ganzes funktionstüchtig und somit auch überlebensfähig bleibt.

Die **instrumentale Sicht der Organisation** beinhaltet die **Gesamtheit formaler Regelungen** zur Sicherstellung effizienter Arbeitsabläufe. In diesem Zusammenhang wird die Organisation als Führungsinstrument verstanden.

1.2.1 Formelle und informelle Beziehungen

Innerhalb einer sozialen Organisation, wie dem Unternehmen, bestehen Beziehungen unterschiedlicher Art:

- **Formelle Beziehungen** werden durch offizielle Regelungen festgelegt und explizit dokumentiert. Sie betreffen die Analyse und die Gestaltung der Unternehmensstruktur bzw. der formalen Organisation.
- **Informelle Beziehungen** entwickeln sich von selbst und werden durch reale Beziehungen zwischen Menschen geprägt. Auch informelle Beziehungen beruhen auf bestimmten Spielregeln, die jedoch meist unausgesprochen bleiben und sich z. B. in der Unternehmens- oder in der Teamkultur ausdrücken. Dass die informale Organisation dennoch sehr wirksam und möglicherweise sogar höchst effizient ist, zeigen z. B. die informalen Kommunikations- und Informationswege.

Man nimmt an, dass der Anteil der formalen Regelungen in einem Unternehmen nur etwa ein Drittel ausmacht und folglich die informalen Regelungen dominieren. Das Eisbergmodell veranschaulicht dieses Verhältnis:

Abb. [1-3]   **Beziehungen im Unternehmen**

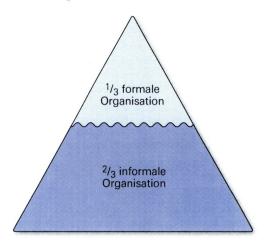

Die organisatorischen Regelungen können verschieden ausgeprägt sein. Sie hängen unter anderem von der **Unternehmensgrösse** und vom **Unternehmenszweck** ab. Besonders bei grossen Firmen werden im Laufe ihres Wachstums nach und nach Strukturen und Regelwerke geschaffen, Aufgaben, Kompetenzen und Verantwortungen neu verteilt. I. d. R. verfügen sie über klare Richtlinien für alle Beteiligten.

1.2.2 Organisationsgrad

«Die einzige Konstante bei uns ist der Wandel», hört und liest man nicht von ungefähr von vielen Führungskräften. Die Dynamik in der Wirtschaft und in der öffentlichen Verwaltung steigt. Die Lebenszyklen von Produkten verkürzen sich, die Technik schreitet voran, gesetzliche Regelungen werden in immer kürzeren Abständen verändert. Unter diesen Bedingungen stellt sich die Frage, ob heute überhaupt noch organisiert – dauerhaft wirksam geregelt – werden soll oder ob nicht andere, flexiblere Ansätze notwendig sind.

Unter dem Organisationsgrad sind die **zeitliche Dauer und die Stabilität** organisatorischer Regelungen zu verstehen. Man unterscheidet dabei zwischen drei Ausprägungen:

Abb. [1-4]   **Ausprägungen des Organisationsgrads**

Organisations-grad	Definition und Beschreibung
Hoch: organisiert	Dauerhaft gültige Ordnung: Bei hohem Organisationsgrad sind viele Regelungen (Weisungen, Reglemente u. Ä.) in einem Unternehmen vorhanden. Diese sind stark verankert und werden auch täglich angewendet.
Mittel: improvisiert	Vorläufig gültige Ordnung: Regelungen mit vorläufigem oder zeitlich befristetem Charakter werden als Improvisation bezeichnet.
Tief: dispositiv	Einmalig gültige Ordnung: Eine Disposition beinhaltet Regelungen für Einzelfälle. Sie ist im Gegensatz zur Organisation dynamischer und beinhaltet mehr Handlungsspielraum für einzelne Personen innerhalb von organisatorischen Grenzen.

Strukturen und Regeln helfen, Arbeiten effizient zu erledigen. Regeln bedeuten jedoch immer auch ein gewisses Konfliktpotenzial: Zu viele Regeln ersticken die Kreativität der Mitarbeitenden, zu wenige Regeln führen zu chaotischem Handeln und behindern die Effizienz. Daraus lässt sich schliessen:

- Regelungen führen zu einer **Entlastung** – bei festgelegten Arbeitsabläufen muss man nicht jedes Mal neu überlegen, sondern hält sich an das definierte Schema.
- Regelungen fördern die **Stabilität** einer Organisation.
- Regelungen können aber auch zu **Unflexibilität** führen.

1.2.3 Stabilität und Elastizität

Die Wechselwirkung zwischen Organisationsgrad, Improvisation und Disposition beim Wachstum einer Firma hat direkten Einfluss auf die Stabilität bzw. Elastizität des Unternehmens:

- Je höher der Organisationsgrad, desto **stabiler** ist ein Unternehmen und agiert immer gleich oder ähnlich in vergleichbaren Situationen.
- Je tiefer der Organisationsgrad, desto **elastischer** ist ein Unternehmen und kann flexibel auf sich ändernde Bedingungen reagieren.

Hinweis   Elastizität ist die nachhaltige Fähigkeit eines Systems, auf unterschiedliche Impulse auch differenziert reagieren zu können.

Die folgende Abbildung soll diesen Sachverhalt verdeutlichen:

Abb. [1-5]   **Stabilität und Elastizität eines Unternehmens**

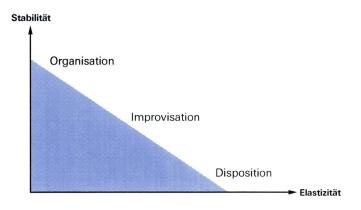

Organisation muss somit dazu beitragen, dass sowohl die wünschenswerte und vorteilhafte Stabilität erreicht als auch die notwendige Flexibilität erhalten oder geschaffen wird. Ein **ausgewogenes Verhältnis von Stabilität und Elastizität** kann grundsätzlich durch folgende Massnahmen erreicht werden:

- Organisatorische Regelungen betreffen nur grundsätzliche Rahmenentscheidungen. Damit bleiben für die Mitarbeitenden Freiräume.
- Es wird in kürzeren Abständen überprüft, ob die organisatorischen Regelungen noch sinnvoll sind.
- Womöglich werden von vornherein befristete Regelungen (Improvisation) getroffen.
- Instabilitäten sind Extreme, die kurzfristig auftreten und nicht das gesamte Unternehmen betreffen.
- Organisation ist nicht nur die Aufgabe einiger weniger Spezialisten, vielmehr fühlt sich jeder dazu aufgerufen, permanent über organisatorische Verbesserungsmöglichkeiten nachzudenken.

1.3 Ein Unternehmen wird organisiert

Im Zusammenhang mit der instrumentalen Sicht der Organisation haben wir vom Unternehmen als einem komplexen sozio-technischen System gesprochen, zu dessen Koordination ein bestimmtes Mass an formalen Regelungen notwendig ist. Gleichzeitig ist ein Unternehmen als **offenes und dynamisches System** verschiedensten Einflüssen ausgesetzt. Es muss sich rechtzeitig anpassen und laufend weiterentwickeln können, um sich langfristig im Wettbewerb behaupten und damit seine Existenz sichern zu können.

Aus funktionaler Sicht bedeutet Organisation die **Organisationsgestaltung.**

1.3.1 Aufgaben und Prozesse ordnen

An das Organisieren von Aufgaben und Prozessen (Arbeitsabläufen) zur effizienten Zielerreichung werden drei zentrale Forderungen gestellt:

Abb. [1-6]

Organisieren

- **Differenzieren:** Wie lässt sich die Gesamtaufgabe eines Unternehmens in sinnvolle, logische Teilaufgaben zerlegen?
- **Koordinieren:** Wie werden die Teilaufgaben effektiv (d. h. wirkungsvoll) aufeinander abgestimmt und die Arbeitsabläufe zweckmässig gestaltet, dass daraus eine Gesamtleistung des Unternehmens erwächst?
- **Strukturieren:** Welche Struktur im Unternehmen und in den Abläufen garantiert, dass die Gesamtleistung dauerhaft erbracht werden kann?

1.3.2 Dominanz der Strukturen oder der Prozesse?

In der klassischen Organisationsarbeit hatte die Unternehmensführung die Aufgabe, einen **aufbauorganisatorischen Rahmen** in Form von Abteilungen oder Funktionsbereichen zu schaffen. Die Ausgestaltung der **Prozesse** wurde innerhalb dieses Rahmens optimiert; der Fokus lag auf einer möglichst effizienten Bewältigung der Abteilungs- oder Bereichsaufgaben, sodass die Bedürfnisse angrenzender organisatorischer Einheiten dabei zu wenig angemessen berücksichtigt wurden. Diese eingeschränkte Betrachtung der Prozesse erweist sich zunehmend als unzweckmässig, weil **Schnittstellen** zwischen den Prozessen der einzelnen organisatorischen Einheiten zu grossen Effizienzverlusten führen können. Deswegen wird heute in vielen Unternehmen bewusst der umgekehrte Weg eingeschlagen: Ausgehend von den **strategischen Zielen** werden zunächst die **Kernprozesse** des Unternehmens ermittelt und ausgestaltet. Erst danach legt man die passenden hierarchischen **Strukturen** fest.

Die Aufbauorganisation des Unternehmens folgt somit der Prozessorganisation. Der Merksatz **«Structure follows process follows strategy»** (engl. wörtl. für: Struktur folgt Prozess folgt Strategie) bringt diese Abhängigkeit der Strukturen von den Prozessen und der Prozesse von der Strategie des Unternehmens einprägsam auf den Punkt.

Abb. [1-7]

Structure follows process follows strategy

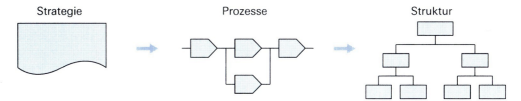

Strategie   Prozesse   Struktur

1.3.3 Unternehmensprozesse

Wie wir vorhin gesehen haben, bildet die Strategie die Ausgangslage für die Organisationsgestaltung. Die Unternehmensprozesse sind auf die Erreichung der strategischen Ziele auszurichten. Von **Michael E. Porter,** Professor für Wirtschaftswissenschaften an der Universität von Harvard, stammt die sog. Wertkette. Sie umfasst alle betrieblichen Aktivitäten eines Unternehmens, «durch die ein Produkt (bzw. eine Dienstleistung) entworfen, hergestellt, vertrieben, ausgeliefert und unterstützt wird» [1].

Abb. [1-8]

Wertkette nach Porter

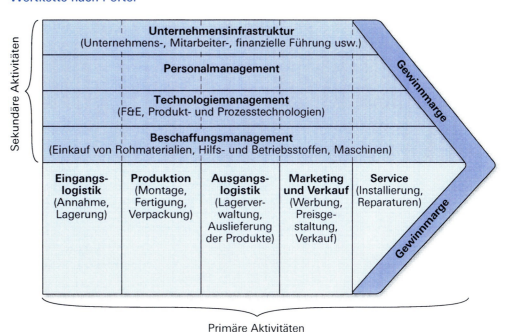

[1] Porter, Michael E.: Wettbewerbsvorteile – Spitzenleistungen erreichen und behaupten. Frankfurt/Main, 2000.

Porter unterscheidet die wertschöpfenden Aktivitäten nach ihrem **Einfluss auf den Leistungserstellungsprozess** und gliedert sie in primäre und sekundäre Aktivitäten:

- Die **primären Aktivitäten** einer Wertkette befassen sich mit der physischen Erstellung, dem Verkauf und der Übermittlung von Produkten und Dienstleistungen (Service) für den Kunden. Sie sind direkt an der Wertbildung für den Kunden beteiligt.
- Die **sekundären Aktivitäten** beeinflussen die Wertbildung für den Kunden indirekt. Durch den Einsatz und die Koordination von Sachmitteln und personellen Ressourcen unterstützen sie jedoch die primären Aktivitäten massgeblich.

1.3.4 Prozesskategorien

In Anlehnung an die Wertkette von Porter werden die Unternehmensprozesse allgemein in drei Prozesskategorien unterteilt. Allerdings gibt es **keine einheitlichen Bezeichnungen** dafür; die nachfolgende Tabelle zeigt deshalb die am häufigsten verwendeten auf.

Abb. [1-9]   **Unternehmensprozesse**

	Führungsprozesse	Leistungsprozesse	Unterstützungsprozesse
Merkmale	Dienen der übergreifenden strategischen und finanziellen Gestaltung, Lenkung und Entwicklung der Leistungs- und Unterstützungsprozesse	Sind direkt an der Wertschöpfung für den Kunden beteiligt, beziehen sich auf Unternehmensleistungen zur Schaffung von Kundennutzen	Sind indirekt an der Wertschöpfung für den Kunden beteiligt, unterstützen die Leistungsprozesse
Alternative Bezeichnungen	• Managementprozesse • Sekundäre Prozesse • Planungs- und Steuerungsprozesse	• Kernprozesse • Primäre Prozesse • Geschäftsprozesse / Business Processes • Ausführungsprozesse	• Supportprozesse • Sekundäre Prozesse • Serviceprozesse

Zusammenfassung

Hinter der Aussage «Das Unternehmen ist eine Organisation, hat eine Organisation und wird organisiert» stehen drei zentrale Sichtweisen des Organisationsbegriffs:

Begriff	Erklärung
Institutionale Sicht (ist eine Organisation)	Die Gesamtführung des Unternehmens als zielorientiertes soziales System umfasst: • Das **normative** Management (ethische Richtlinien, Unternehmenskultur, Unternehmensleitbild) • Das **strategische** Management (Vision, strategische Ziele) • Das **operative** Management (Lenkung der Prozesse, Mitarbeiterführung, Qualitätsmanagement)

Instrumentale Sicht
 	
(hat eine Organisation)
	Das Unternehmen als komplexes sozio-technisches System braucht formale Regelungen:
	• Formelle **Beziehungen** und in überwiegendem Mass die informellen Beziehungen bestimmen die Zusammenarbeit im Unternehmen
	• Der **Organisationsgrad** eines Unternehmens ist unterschiedlich stark ausgeprägt:
	  – Hoch: Organisation
	  – Mittel: Improvisation
	  – Tief: Disposition
	• **Einfluss des Organisationsgrads** auf das Unternehmen:
	  – Je höher der Organisationsgrad, desto stabiler und starrer ist das Unternehmen
	  – Je tiefer der Organisationsgrad, desto elastischer und flexibler ist das Unternehmen

Begriff	Erklärung

Funktionale Sicht (wird organisiert)	Die Organisationsgestaltung des Unternehmens als offenes und dynamisches System beinhaltet:
	
	• **Ordnen von Aufgaben und Prozessen:** Differenzieren, Koordinieren, Strukturieren
	• Nach dem Grundsatz **«structure follows process follows strategy»** zunächst die Unternehmensprozesse auf die strategischen Ziele ausrichten, danach die hierarchischen Strukturen auf die Prozesse
	• Gemäss der **Wertkette** gliedern sich die Unternehmensaktivitäten in:
	  – **Primäre Aktivitäten:** An der Wertbildung des Kunden direkt beteiligte Aktivitäten (Eingangslogistik, Produktion, Ausgangslogistik, Marketing, Vertrieb und Service)
	  – **Sekundäre Aktivitäten:** An der Wertbildung des Kunden indirekt beteiligte Führungs- und Unterstützungsaktivitäten
	• **Unternehmensprozesse** können in drei Prozesskategorien gegliedert werden:
	  – Führungs- bzw. Managementprozesse
	  – Leistungs- bzw. Kern- oder Geschäftsprozesse
	  – Unterstützungs- bzw. Supportprozesse

Repetitionsfragen

1 «Je tiefer der Organisationsgrad, desto elastischer ist ein Unternehmen.»

A] Beschreiben Sie allgemein verständlich, was mit dieser Aussage gemeint ist.

B] Belegen Sie diese Aussage anhand eines praktischen Beispiels.

2 Von welchem Aspekt der Organisation ist hier die Rede?

A] «In einem Unternehmen kommen viele Menschen mit verschiedenen Interessen und Fähigkeiten zusammen. Idealerweise gelingt es, dass alle am gleichen Strang ziehen.»

B] «Wer heute im gnadenlosen, globalisierten Wettbewerb bestehen will, muss vor allem eins können: seine Prozesse möglichst flexibel gestalten!»

C] «Wenn ich alle neuen Geschäftsreglemente der vergangenen fünf Jahre staple, ergibt dies bestimmt einen Papierberg, der bis zur Decke reicht!»

3 Welchem Organisationsgrad ordnen Sie die folgenden Regelungen zu?

A] Adrian Bieri muss sich auf die eidgenössische Fachprüfung vorbereiten. Er vereinbart mit seiner Vorgesetzten, dass er seine Anwesenheitszeiten in den nächsten drei Monaten selber bestimmen und flexibel einteilen kann.

B] Die Mitarbeitenden der Forschungsabteilung müssen sich an strikteste Sicherheitsvorschriften halten.

C] Aufgrund der neuen Steuerverordnung erlässt das Unternehmen ein neues, provisorisch geltendes Spesenreglement.

4 Beschreiben Sie je ein Beispiel eines Leistungs-, eines Unterstützungs- und eines Führungsprozesses in Ihrem Unternehmen.

2   Gestaltungsaspekte der Organisation

Lernziele   Nach der Bearbeitung dieses Kapitels können Sie …

- anhand von Beispielen die verschiedenen Gestaltungsaspekte der Organisation und deren Zusammenhänge aufzeigen.

Schlüsselbegriffe   Aufbauorganisation, Ablauforganisation, Aufgabe, Aufgabenträger, Information, Menge, Organisationswürfel, Raum, Sachmittel, Zeit

Die Gestaltungsaspekte der Organisation lassen sich durch wenige Grundbegriffe beschreiben, die im **Organisationswürfel** einprägsam dargestellt und zusammengefasst werden: Elemente, Beziehungen und Dimensionen.

- Die grundlegenden **Elemente** der Organisation sind Aufgaben, Aufgabenträger, Sachmittel und Informationen.
- Die Elemente stehen in statischen (aufbauorganisatorischen) und dynamischen (ablauforganisatorischen) **Beziehungen** zueinander.
- Die Elemente und ihre Beziehungen lassen sich durch die **Dimensionen** Zeit, Raum und Menge näher bestimmen.

Abb. [2-1]   **Organisationswürfel**

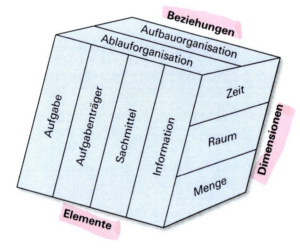

2.1   Elemente

Allgemein ausgedrückt sind Elemente die kleinsten Einheiten eines Systems, wie z. B. eines Unternehmens. Man unterscheidet zwischen vier grundlegenden organisatorischen Elementen:

2.1.1   Aufgaben

Das **zentrale Element** der Organisation ist die Aufgabe.

- **Aufgaben** (im engeren Sinne) sind dauerhaft wirksame Aufforderungen, Verrichtungen an Objekten zur Erreichung von Zielen durchzuführen.
- **Aufträge** sind einmalige Aufforderungen, Verrichtungen an Objekten zur Erreichung von Zielen durchzuführen.
- Als **Arbeit** bezeichnet man die Erfüllung von Aufgaben und Aufträgen jeglicher Art.

Die **Aufgabenmerkmale** sind die Verrichtungen und das Objekt:

- Die **Verrichtung** besagt, **was** getan werden muss.
- Das **Objekt** besagt, **woran** etwas getan werden muss.

Zu einem Objekt kann es unterschiedliche Verrichtungen geben, wie die folgenden Beispiele zeigen.

Abb. [2-2]   Aufgabenmerkmale Objekt und Verrichtungen – Beispiele

Aufgabe	Objekt (woran?)	Verrichtungen (was?)			
Kundenauftrag abwickeln	Kundenauftrag	Erfassen	Prüfen	Auslösen	Abrechnen
Herrenanzug konfektionieren	Anzug	Entwerfen	Zuschneiden	Nähen	Bügeln
Branchenkennzahlen aufbereiten	Kennzahlen	Erheben	Sortieren	Analysieren	Darstellen
Menübeilage bereitstellen	Kartoffeln	Wägen	Rüsten	Kochen	Anrichten

Natürlich können einzelne **Verrichtungen** noch detaillierter festgehalten werden, indem man sich die beiden Fragen stellt:

- Was alles gehört zu dieser Verrichtung?
- Wie wird die Verrichtung ausgeführt?

Betrachten wir diese beiden Aspekte anhand des letzten Beispiels von oben, der Bereitstellung von Kartoffeln als Menübeilage.

Abb. [2-3]   Verrichtungen – Beispiele

Verrichtung	Was?		
Rüsten	Waschen	Schälen	Schneiden

Verrichtung	Wie?		
Kochen	Braten	Garen	Backen

2.1.2   Aufgabenträger

Aufgabenträger sind **Einzelpersonen oder Gruppen,** die für die Durchführung von Aufgaben verantwortlich sind. Aus organisatorischer Sicht gehören sie ebenfalls zu den Elementen. Den Aufgabenträgern werden **Aufgaben, Kompetenzen und Verantwortungen** übertragen.

Die **Leistungsbereitschaft** der Aufgabenträger wird durch verschiedene Faktoren bestimmt, wie z. B. Motivation, Denkweise, Erfahrung, Normen oder Rollen. Sie reicht von der Aufopferung bis hin zur Leistungsverweigerung.

Gerade in organisatorischen Projekten zeigt sich immer wieder, welch überragende Bedeutung Menschen für den **Erfolg oder Misserfolg** eines Unternehmens haben. Je weniger dabei an die betroffenen Menschen gedacht und über deren Köpfe hinweg entschieden wird, je mehr die Sache in den Vordergrund gestellt und der Mensch als «Störfaktor» betrachtet wird, desto grösser ist die Wahrscheinlichkeit, dass er tatsächlich «stört».

Beispiel

In einem Unternehmen kommt es immer wieder zu Doppelspurigkeiten und Reibungsverlusten, weil die Kompetenzen unklar geregelt sind.

2.1.3 Sachmittel

Sachmittel sind **Instrumente,** die zur Erfüllung der Aufgaben bzw. Aufträge eingesetzt werden. Sie entlasten die Aufgabenträger und verbessern ihre Leistung.

Typische Sachmittel sind z. B.: Maschinen, Automaten, Raumausstattung, Einrichtungsgegenstände, Computer, Werkzeuge, den Arbeitsprozess unterstützende Softwareprogramme usw.

2.1.4 Informationen

Informationen (im Sinne von zweckorientiertem Wissen) werden benötigt, um den Aufgabenträger bei seiner **Aufgabenerfüllung** zu unterstützen. Zugleich entstehen bei der Durchführung von Aufgaben gewöhnlich neue Informationen, die von anderen Aufgabenträgern weiterverwendet werden.

Die **Informationsstruktur** stellt die Gesamtheit aller im Unternehmen zur Verfügung stehenden Informationen dar. **Informationssysteme** bilden das Beziehungsgefüge zwischen Informationen, Informationsprozessen, Aufgabenträgern und Aufgaben und dienen zur Steuerung betrieblicher Prozesse.

2.2 Dimensionen

Die Dimensionen Zeit, Raum und Menge und deren Ausprägungen stellen **Eigenschaften der Elemente** dar. Elemente werden aber auch noch durch weitere Merkmale gekennzeichnet (z. B. durch die Art oder Qualität).

2.2.1 Zeit

Die zeitliche Dimension kann als Zeitpunkt, Zeitdauer oder Zeitraum ausgedrückt werden:

Abb. [2-4]

Zeitliche Dimension

Zeitpunkt	<ul><li>Start- und Endzeit bzw. Start- und Enddatum der Bearbeitung einer Aufgabe</li><li>Eingang von Inputs, Ausgang von Outputs</li><li>Termine</li></ul>
Zeitdauer	Die Differenz zwischen Anfangs- und Endzeit bzw. -datum drückt sich in Arbeitsprozessen folgendermassen aus:<ul><li>**Durchlaufzeit:** Zeitdauer zwischen Eingang des Inputs und Ausgang des Outputs. Die Durchlaufzeit kann unter verschiedenen Gesichtspunkten betrachtet werden (Aufgabenträger, Sachmittel, Objekt).</li><li>**Bearbeitungszeit** (Tätigkeitszeit, Nutzungszeit): Zeitdauer aller Tätigkeiten, die dazu dienen, die Aufgabe zu erfüllen.</li><li>**Transportzeit** (Wegzeit): Dauer der räumlichen Verschiebung des Objekts zwischen zwei Bearbeitungsorten bzw. zwischen Bearbeitungs- und Liegeort (weitere mögliche Orte: Lagerort, Einsatzort, Verbrauchsort usw.).</li><li>**Liegezeit** (Wartezeit, Brachzeit): Zeitdauer zwischen dem Eingang des Inputs und dem Beginn der Bearbeitung bzw. zwischen dem Ende der Bearbeitung und dem Ausgang des Outputs. In dieser Zeit wird das Objekt weder bearbeitet noch transportiert.</li><li>**Rüstzeit:** Einarbeitungszeit in oder Vorbereitungszeit auf die Aufgabe.</li><li>**Prozesszeit:** Zeitdauer für die Abwicklung eines Prozesses.</li></ul>
Zeitraum	<ul><li>Zeiträume werden durch Start- und Endzeitpunkte begrenzt und haben eine bestimmte Dauer.</li><li>Intervalle, in denen Aufgaben erfüllt werden.</li></ul>

2.2.2 Raum

Die räumliche Dimension betrifft vor allem die folgenden beiden Aufgabenstellungen:

- **Raumbedarf** bemessen
- **Standorte** von Sachmitteln, Arbeitsplätzen und Organisationseinheiten bestimmen

Die Bedeutung der räumlichen Dimension ist unterschiedlich ausgeprägt. Sie kann für die Aufgabenbewältigung eine entscheidende Rolle spielen, aber auch eine untergeordnete oder keine Bedeutung haben, wie die folgenden beiden Beispiele verdeutlichen.

Beispiel

- Bei der Erbringung von Logistik-Dienstleistungen stehen räumliche Betrachtungen klar im Vordergrund.
- Dank der Vernetzung der Computer können innerhalb einer Gruppe weltweit die Daten online ausgetauscht werden, obwohl die Gruppenmitglieder in Bangalore (Indien), in Toronto (Kanada), in Helsinki (Finnland) und in Basel räumlich weit voneinander entfernt sind.

2.2.3 Menge

Die Menge wird in einer Zahl ausgedrückt. Sie **quantifiziert** die Aufgabe, den Aufgabenträger, das Sachmittel und die Informationen sowie die zeitlichen und räumlichen Aspekte organisatorischer Regelungen. Mengen allein stellen keine sinnvollen Aussagen dar; sie müssen sich immer auf etwas beziehen.

Beispiel

- Anzahl der produzierten Teile pro Tag
- Anzahl geleisteter Arbeitsstunden
- Anzahl der Sachmittel für einen bestimmten Zweck
- Anzahl der Aufgabenträger, die zu einer Arbeitsgruppe gehören
- Anzahl der Aufgaben
- Anzahl der einem Vorgesetzten direkt unterstellten Mitarbeitenden

2.3 Beziehungen

Durch organisatorische Regelungen werden die Beziehungen zwischen den Elementen festgelegt. Die zweite Seite des Organisationswürfels bildet deshalb die aufbau- und die ablauforganisatorischen Beziehungen ab:

Abb. [2-5]

Aufbauorganisation/Ablauforganisation

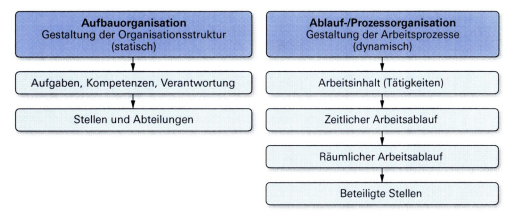

Um die Organisation zu gestalten, werden im Rahmen der Aufbau- und Ablauforganisation verschiedene Techniken eingesetzt.

2.3.1 Aufbauorganisation

Die Aufbaustruktur gibt Aufschluss darüber, nach welchen grundsätzlichen Kriterien die Aufgaben gebündelt und ausgeführt werden. Sie beantwortet die Frage: Wie werden Aufgaben, Kompetenzen und Verantwortung auf die verschiedenen Stellen verteilt und die Stellen zu funktionstüchtigen grösseren Einheiten zusammengeführt?

Im Rahmen der Aufbauorganisation werden **Stellen** gebildet, indem zunächst Aufgaben so zusammengefasst werden, dass das Arbeitsvolumen von einem Aufgabenträger bewältigt werden kann. Anschliessend werden geeignete **Aufgabenträger, Sachmittel** und die für die Aufgabenerfüllung notwendigen **Informationen** zugeordnet.

Zwischen den Stellen werden in einem weiteren Schritt **statische Beziehungen** hergestellt: Im **Leitungssystem** werden die hierarchische Über- und Unterordnung von Stellen und Organisationseinheiten (z. B. Abteilungen oder Geschäftseinheiten) sowie die Kommunikations- und Informationsbeziehungen geregelt.

Gestaltungstechniken der Aufbauorganisation:

- Unter der **Aufgabenanalyse** wird die Ermittlung von Teilaufgaben eines zu organisierenden Unternehmens bzw. Unternehmensbereichs verstanden.
- Bei der **Aufgabensynthese** werden die in der Aufgabenanalyse ermittelten Teilaufgaben zu Aufgabenbündeln kombiniert und einzelnen Stellen oder Abteilungen zugeordnet.

2.3.2 Prozess-/Ablauforganisation

Im Rahmen der Prozess- bzw. Ablauforganisation werden **dynamische Beziehungen** gestaltet, d.h. die zeitlich-logische Reihenfolge der Aufgaben innerhalb einer Organisation. Für diese Regelung sind vor allem die Dimensionen **Zeit, Raum** und **Menge** von Bedeutung. Die Prozess- bzw. Ablauforganisation beantwortet also die Frage: Wann und in welcher Reihenfolge müssen welche Verrichtungen wo erfolgen?

Hinweis

Weil es um die Regelung von Prozessen im Unternehmen geht, wird der Begriff der Ablauforganisation heute weniger verwendet und stattdessen von der Prozessorganisation gesprochen.

Die Gestaltung der Prozesse eines Unternehmens richtet sich in erster Linie nach **Effizienzkriterien,** wie z. B.:

- Minimierung der Durchlauf-, Warte- und Leerzeiten
- Optimierung der Ressourcennutzung (personelle und Maschinen-Kapazitäten)
- Standardisierung von Verrichtungsfolgen

Gestaltungstechniken der Prozessorganisation:

- Basis für die Gestaltung von Prozessen bildet die **Arbeitsanalyse.** Die Zerlegung in einzelne Arbeitsschritte erfolgt dabei nach Verrichtung, Objekt und Phasen.
- Die **Arbeitssynthese** ist die Gestaltung der Prozesse mit dem Ziel, die besten ökonomischen Voraussetzungen innerhalb eines Unternehmens zu schaffen. Die Arbeitssynthese organisiert den Prozess der Aufgabenerfüllung anhand der Fragen: Wer? Wann? Wo? Womit? Wie oft bzw. wie viel?

Die wichtigsten **Merkmale und Zusammenhänge** zwischen Aufbau- und Prozessorganisation sind in der folgenden Tabelle zusammengefasst:

Abb. [2-6]   Aufbau- und Prozessorganisation: Merkmale und Zusammenhänge

Merkmale der Aufgaben		Merkmale der Aufgabenerfüllung					
Objekt	Verrichtung	Träger	Sachmittel	Information	Raum	Zeit	Menge
Woran?	Was? Wie?	Wer?	Womit?	Welche? Von wem? An wen?	Wo? Woher? Wohin?	Wann? Wie lange?	Wie viel? Wie oft?
Aufbauorganisation				Prozessorganisation			

Die Trennung von Aufbau- und Prozessorganisation hat ihren wichtigsten Grund darin, dass organisatorische Probleme normalerweise zu komplex sind, um in einem Schritt gelöst zu werden. Also konzentriert man sich nacheinander auf bestimmte Facetten des Problems und erarbeitet Teilergebnisse, die dann aufeinander abgestimmt werden müssen. Diese Trennung darf jedoch nicht den Blick dafür verstellen, dass beide nur zwei Seiten einer Medaille sind, denn die eine Seite kann nicht ohne die andere existieren.

In diesem Lehrmittel werden die beiden Themenbereiche nacheinander behandelt. Beides vermischt darzustellen, würde das Verständnis nur erschweren. Die Trennung sollte aber nicht den Blick dafür verstellen, dass Prozesse und Strukturen unlösbar miteinander verbunden sind.

Zusammenfassung   Die **Gestaltungsaspekte der Organisation** lassen sich durch folgende Begriffe und Merkmale charakterisieren:

Ebene	Begriff		Merkmal
Elemente	Aufgabe	Woran? Was? Wie?	Dauerhaft wirksame Aufforderung, Verrichtungen an Objekten zur Erreichung von Zielen durchzuführen
	Aufgabenträger	Wer?	Person oder Gruppe, die für die Durchführung der Aufgabe verantwortlich ist
	Sachmittel	Womit?	Unterstützen den Aufgabenträger bei der Erledigung seiner Aufgaben
	Information	Welche? Von wem? An wen?	Werden vom Aufgabenträger zur Aufgabenerfüllung benötigt
Dimensionen	Zeit	Wann? Wie lange?	Zeitpunkt oder Zeitraum der Aufgabenerfüllung
	Raum	Wo? Woher? Wohin?	Örtlichkeit und Raumbedarf zur Aufgabenerfüllung
	Menge	Wie viel? Wie oft?	Umfang der Aufgabenerfüllung
Beziehungen	Aufbauorganisation		Verantwortungs- und Unterstellungsverhältnisse bzw. Dienstwege
	Ablauf-/Prozessorganisation		Zeitlich-logische Reihenfolge von Arbeitsschritten bei der Aufgabenerfüllung

5	Ordnen Sie die folgenden Gestaltungsaspekte der zutreffenden Ebene des Organisationswürfels zu.

A] Instrumente zur Erfüllung von Aufgaben

B] Regelung der Zuständigkeiten

C] Bearbeitungszeit einer Aufgabe

D] Standortwahl

E] Verrichtungen an Objekten

6	Das Objekt und die Verrichtungen sind Komponenten jeder Aufgabe und jedes Auftrags. Nennen Sie dazu zwei Beispiele aus Ihrer beruflichen Tätigkeit.

3   Organisatorische Methoden und Techniken

Lernziele

Nach der Bearbeitung dieses Kapitels können Sie …

- die wichtigsten Methoden und Techniken erklären, die bei der Lösung von Organisationsproblemen eingesetzt werden.

Schlüsselbegriffe

Aufgabenanalyse, Basis-Phasenkonzept, Erhebungstechniken, Organisator, Subsysteme, Systemdenken, Teilsysteme

Sie werden für das Lösen komplexer organisatorischer Problemstellungen in Ihrem Führungsbereich wohl die entsprechenden externen oder internen Spezialisten beiziehen. In vielen Unternehmen werden organisatorische Vorhaben von einer zentralen Dienstleistungsstelle, der Organisationsabteilung, in Form von Organisationsprojekten geleitet. Die Organisatoren als Fachspezialisten arbeiten dabei eng mit der Linie zusammen; sie übernehmen auch eine beratende und sensibilisierende Funktion für Organisationsfragen und -probleme.

Wahrscheinlich wirken Sie als Führungsperson aber aktiv in verschiedenen Organisationsprojekten mit, oder Sie lösen einfachere Organisationsprobleme zusammen mit Ihrem Team. Deshalb wollen wir Ihr Verständnis für das systematische Durchführen organisatorischer Gestaltungsvorhaben schärfen.

Die klassische **Organisationslehre** befasst sich mit der formalen Regelung der Prozesse und Strukturen von Organisationen, z. B. Unternehmen, Projekten, Abteilungen, Verwaltungen u. Ä. Diese verschiedenen Arten von Organisationen, in denen Menschen unter Verwendung von technischen Hilfsmitteln zusammenarbeiten, werden unter dem Begriff **«sozio-technische Systeme»** zusammengefasst.

Hinweis

Unter einem sozio-technischen System versteht man das Zusammenwirken von technischen und menschlichen Leistungen, also von Betriebsmitteln (Maschinen, Anlagen usw.) und Werkstoffen (Rohstoffe, Energie usw.), deren Einsatz von Menschen geplant, gesteuert und kontrolliert wird.

3.1   Organisationsprojekte leiten

Organisationsvorhaben weisen i. d. R. die **typischen Merkmale von Projekten** auf: Sie sind zeitlich befristet, einmalig, vielschichtig (komplex), und in vielen Fällen sind sie neuartig (innovativ) und auch risikobehaftet. Ausserdem stehen für solche Vorhaben nur begrenzt zeitliche und personelle Ressourcen zur Verfügung. Das **Projektmanagement** als methodisches Vorgehen hilft, das Abwickeln eines Organisationsprojekts zu strukturieren. Allgemein strebt man damit vor allem folgende **Ziele** an:

- Einheitliches Vorgehen
- Transparenz schaffen für alle Beteiligten
- Klare Entscheidungsgrundlagen gewinnen
- Unterstützung bei der systematischen Projektplanung und -steuerung
- Überblick bewahren trotz Detailarbeit

Mit dem **Basis-Phasenkonzept** wird die zeitliche Abfolge der Projektbearbeitung gegliedert und entspricht in diesem Sinn der Ablauforganisation bei der Durchführung eines Projekts. Man unterteilt dabei sechs typische Phasen:

Abb. [3-1]

Basis-Phasenkonzept des Projektmanagements

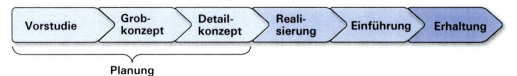

Planung

Die ersten drei Phasen gehören zur **Planung,** nämlich die Vorstudie, das Grob- und das Detail-konzept. In den einzelnen Planungsphasen, die mit zunehmendem Projektfortschritt detaillierter ausfallen, werden jeweils mehrere Lösungsvarianten ausgearbeitet:

- In der **Vorstudie** wird entschieden, ob das Projekt überhaupt durchgeführt werden soll. Dazu sind eine Reihe von Abklärungen notwendig: die Problemerfassung, -analyse und -beurteilung. Überdies gilt es, die Ziele für eine künftige Lösung festzulegen.
- Im **Grobkonzept** werden aufgrund von detaillierten Hauptstudien erste Lösungsansätze entwickelt.
- Im **Detailkonzept** werden aufgrund von Teilstudien die globalen Lösungsansätze aus dem Grobkonzept konkretisiert, und es werden vollständige, ausführungsreife Pläne für die Realisierung ausgearbeitet. Sobald ein ausführungsreifes Konzept vorliegt, ist die Planung somit abgeschlossen.

Die **Realisierung** ist die Umsetzungsphase des Konzepts, sodass die fertige Lösung in der Phase der **Einführung** den späteren Nutzern übergeben werden kann.

Die letzte Phase des Basis-Phasenkonzepts betrifft die **Erhaltung** der eingeführten Lösung, d. h. deren weitere Bewirtschaftung und laufende Qualitätssicherung.

Hinweis

Nebst dem hier näher vorgestellten Phasenkonzept gibt es zahlreiche andere Vorgehensmodelle mit z. T. anderen oder erweiterten Phaseneinteilungen.

3.2 Organisatorische Techniken anwenden

Das methodische Vorgehen bei Organisationsprojekten schliesst die Anwendung verschiedener organisatorischer Techniken ein. Darunter sind **Hilfsmittel** zu verstehen, die das systematische Erfassen und Analysieren organisatorischer Problemstellungen und das zielorientierte Entwickeln und Einführen organisatorischer Lösungsvorschläge unterstützen.

Ebenso wie bei der Leitung von Organisationsprojekten ist auch beim Einsatz organisatorischer Techniken viel Fingerspitzengefühl und praktische Erfahrung gefragt. Deshalb beschränken wir uns in diesem Lehrmittel darauf, Ihnen einige zentrale organisatorische Techniken kurz vorzustellen.

3.2.1 Aufgabenanalyse

Unabhängig davon, ob ein gesamter Geschäftsbereich neu aufgebaut wird, ein Unternehmen reorganisiert wird oder einzelne Stellen in Ihrem Führungsbereich zu überdenken sind, rücken die Aufgaben dabei in den Mittelpunkt. Ohne Aufgaben muss man nicht organisieren, gibt es nichts zu regeln. Sie stellen sozusagen das Baumaterial für das organisatorische Gebäude dar. Die folgende Darstellung veranschaulicht diese Bedeutung der Aufgabe bei der organisatorischen Gestaltung.

Aufgaben müssen **sowohl für aufbauorganisatorische wie auch für prozessorganisatorische Projekte** ermittelt und analysiert, d. h. geordnet und gegliedert werden. Im Rahmen der Aufbauorganisation werden Aufgaben zu Stellen und Abteilungen zusammengefasst. Die

Ablauf- oder Prozessorganisation regelt, in welcher zeitlichen, logischen und räumlichen Folge Aufgaben zu erledigen sind – es werden Aufgabenerfüllungsprozesse strukturiert. Bei Projekten der Prozessorganisation werden damit meistens wesentlich detailliertere Informationen über Aufgaben benötigt als bei aufbauorganisatorischen Projekten.

Abb. [3-2]   Aufgabenanalyse

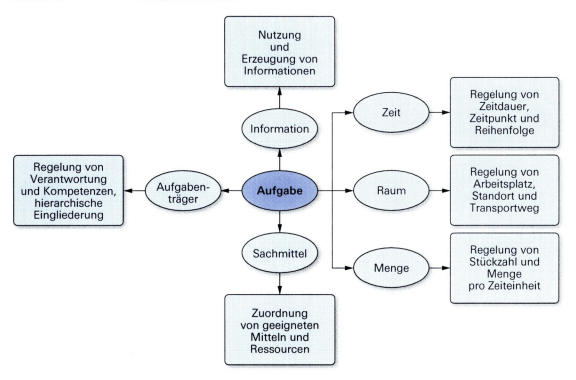

Die Aufgabenanalyse ist nicht zwingend der Ausgangspunkt aller organisatorischen Untersuchungen. Genauso kommt es vor, dass die bestehenden Abläufe – etwa, wenn es um die Abwicklung eines Auftrags geht – als Erstes erhoben werden. Die Analyse von Aufgaben erleichtert aber den Überblick, denn dabei geht man «vom Groben ins Detail» vor. Ebenso ist von Fall zu Fall zu entscheiden, wie detailliert die Aufgaben analysiert werden sollen. Als Grundsatz gilt: Die Aufgaben so lange zerlegen, bis sie nicht mehr weiter zerlegbar sind oder bis eine weitere Zerlegung keinen Sinn macht. Die Elemente der Aufgabenanalyse umfassen alle Merkmale der Aufgaben und der Aufgabenerfüllung.

Abb. [3-3]   Elemente der Aufgabenanalyse

Merkmale der Aufgaben		Merkmale der Aufgabenerfüllung					
Objekt	Verrichtung	Träger	Sachmittel	Information	Raum	Zeit	Menge
Woran?	Was? Wie?	Wer?	Womit?	Welche? Von wem? An wen?	Wo? Woher? Wohin?	Wann? Wie lange?	Wie viel? Wie oft?

A] Analyse der Aufgabenmerkmale

Bei der Analyse der Aufgabenmerkmale ist von Fall zu Fall zu entscheiden, wie detailliert die Aufgaben analysiert werden sollen. Als Grundsatz gilt: Die Aufgaben so lange zerlegen, bis sie nicht mehr weiter zerlegbar sind oder bis eine weitere Zerlegung keinen Sinn macht.

- Die **Objektanalyse** beantwortet die Frage, «woran» eine Aufgabe erfolgt.
- Die **Verrichtungsanalyse** beantwortet die Frage, «was» zu einer Aufgabe gehört und «wie» die Aufgabe zu erledigen ist.

B] Analyse der Aufgabenerfüllungsmerkmale

Bei der Analyse der Aufgabenerfüllungsmerkmale werden zum einen die weiteren **Elemente** der Organisation, also die Aufgabenträger, Sachmittel und Informationen, näher untersucht. Zum anderen braucht es Klarheit über die **Dimensionen,** also über die zeitliche, räumliche und mengenbezogene Aufgabenerfüllung:

- Die **Aufgabenträgeranalyse** bezieht sich auf das «Wer?», also auf die fachliche und persönliche Qualifikation einerseits und andererseits auf die Leistungsmotivation und Arbeitszufriedenheit der ausführenden Person. Organisatoren müssen sich dabei bewusst sein, dass sie ihren Erkenntnissen immer ein bestimmtes «Bild vom Menschen» zugrunde legen.
- Die **Sachmittelanalyse** bezieht sich auf das «Womit?»: die quantitative und qualitative Leistung der eingesetzten Sachmittel und deren Kosten.
- Die **Informationsanalyse** ermittelt den Informationsbedarf für die Aufgabenerfüllung, d.h., welche Informationen für die Aufgabenerfüllung benötigt werden und welche Informationen weitergegeben werden müssen.
- Die **Raumanalyse** bezieht sich auf Standortkriterien der Aufgabenerfüllung: Wo wird die Aufgabe erfüllt, woher kommen allfällige Vorleistungen, wohin gelangt die erledigte Aufgabe allenfalls zur Weiterbearbeitung?
- Die **Zeitanalyse** untersucht den Zeitaufwand, den die Erfüllung einer Aufgabe benötigt (wie lange?), und deren Zeitpunkt (wann?).
- Die **Mengenanalyse** dient dazu, Aufgaben nach ihrer Menge (wie viel?) und nach ihrer Häufigkeit (wie oft?) zu untersuchen. Nebst dieser quantitativen Analyse stellt sich auch die qualitative Frage nach den Prioritäten: Wie wichtig ist diese Aufgabe für die Gesamtleistung?

3.2.2 Erhebungstechniken

Im Zusammenhang mit der Aufnahme des Ist-Zustands bei der Aufgabenanalyse stellt sich unweigerlich die Frage, wie die für die Analyse **relevanten Informationen** beschafft werden können.

Abb. [3-4] Erhebungstechniken

	Beschreibung
Interview/Befragung	• Nicht-standardisiertes Interview: freies Gespräch, meist nach einem stichwortartigen Interview-Leitfaden • Halbstandardisiertes Interview: Mischung aus vorformulierten Fragen und freiem Gespräch • Standardisiertes Interview: Befragung anhand eines vorgefassten Fragebogens
Fragebogen	Schriftliche Befragung anhand geschlossener Fragen oder Fragen mit vorgegebenen Antwortmöglichkeiten
Beobachtung	Offene oder versteckte Beobachtung: • Begehung • Stichproben • Messungen (z. B. Warte-, Bearbeitungszeiten u. Ä.)
Selbstaufschreibung	Tätigkeitsanalysen, meist in Form von Stunden- oder Tagesrapporten
Dokumentenanalyse	Auswertung vorhandener schriftlicher Daten und Rapporte

3.3　Systemdenken

Das Systemdenken ist ein wesentlicher Bestandteil der Organisationsmethode. Es erlaubt, auch komplexe Sachverhalte gedanklich zu erfassen, und kann in allen Projektphasen eines Organisationsprojekts beigezogen werden. In diesem Sinn ergänzt das Systemdenken die übrigen Methoden und Techniken des Organisierens.

Mit dem Systemdenken wird

- abgeklärt, was zu einem Bereich gehört und was nicht,
- ermittelt, welche Einflussgrössen veränderbar bzw. nicht veränderbar sind, und
- sichergestellt, dass auch in der Detailbetrachtung der Überblick und bei der Erledigung von Teilaufgaben immer der Gesamtzusammenhang gewahrt bleiben.

Die Anwendung des Systemdenkens auf konkrete organisatorische Aufgabenstellungen wird auch als **Systems Engineering** bezeichnet. Dabei haben die Organisatoren eine Anleihe bei den Ingenieuren gemacht, die schon lange vorher «systemorientiert» zu arbeiten begonnen haben. Der Systembegriff wurde bereits im Zusammenhang mit dem «Unternehmen als sozio-technischem System» verwendet.

Hinweis　Ein System ist gegenüber der Umwelt abgegrenzt. Es besteht aus Elementen, die miteinander verknüpft sind (in Beziehung stehen) und die aufeinander einwirken.

Die **Methode des Systemdenkens** besteht aus den folgenden sechs Bestandteilen:

Abb. [3-5]　**Methode des Systemdenkens**

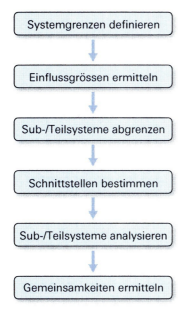

- Systemgrenzen definieren
- Einflussgrössen ermitteln
- Sub-/Teilsysteme abgrenzen
- Schnittstellen bestimmen
- Sub-/Teilsysteme analysieren
- Gemeinsamkeiten ermitteln

Um die Methode des Systemdenkens genauer zu betrachten, haben wir ein anschauliches, gut nachvollziehbares Beispiel gewählt: das Einfamilienhaus.

Abb. [3-6]   System Einfamilienhaus – Beispiel

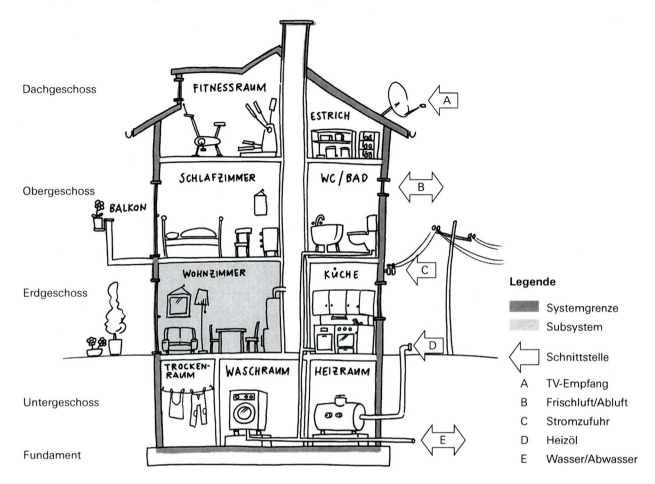

Dachgeschoss
Obergeschoss
Erdgeschoss
Untergeschoss
Fundament

Legende

■ Systemgrenze
▓ Subsystem
⬅ Schnittstelle

A   TV-Empfang
B   Frischluft/Abluft
C   Stromzufuhr
D   Heizöl
E   Wasser/Abwasser

3.3.1   Systemgrenzen definieren

In einem ersten Schritt müssen Sie die Systemgrenzen klar definieren. Nur wenn Sie das System – und seine Grenzen – kennen, werden Sie auch das eigentliche Problem lösen können.

Die Bestimmung der Systemgrenzen ist aus den folgenden Gründen wichtig:

- Im Hinblick auf die weitere Analyse legen Sie verbindlich fest, **wo überhaupt** organisatorisch gestaltet oder verändert werden darf und wo nicht. Was ausserhalb der Systemgrenzen liegt, stellt folglich eine «Tabuzone» dar.
- Klare Systemgrenzen helfen, den **Informationsbedarf** genauer zu bestimmen. Ausserdem schränken Sie dadurch die **Lösungsmöglichkeiten** von vornherein ein: Es sind nur Lösungen zulässig, die innerhalb dieser Grenzen realisiert werden können.
- Von Gestaltungs- oder Veränderungsmassnahmen in Unternehmen sind immer auch Menschen betroffen. Mit der Abgrenzung des Systems ermitteln Sie gleichzeitig die von einer Lösung **Betroffenen** (sowie die Nicht-Betroffenen).
- Das Festlegen der Systemgrenzen gibt Ihnen Hinweise auf mögliche Berührungspunkte mit anderen Bereichen, also auf sog. **Schnittstellen.**

Beispiel

Die Systemgrenzen des Systems Einfamilienhaus werden durch das **Mauerwerk** und das **Dach** gebildet. Die Umgebung des Einfamilienhauses entspricht allen Elementen, die sich ausserhalb der Systemgrenzen befinden.

3.3.2 Einflussgrössen ermitteln

Gestaltungs- oder Veränderungsvorhaben in Unternehmen spielen sich nie im luftleeren Raum ab, sondern es sind eine Vielzahl von Einflussgrössen zu beachten. Damit sind zunächst die Restriktionen und Rahmenbedingungen gemeint:

- **Restriktionen** sind zwingende Vorgaben von aussen; sie engen den Lösungsspielraum ein.
- **Rahmenbedingungen** beeinflussen die Lösung; sie geben Hinweise darauf, ob eine Lösung geeignet sein wird.

Beispiel

Typische Einflussgrössen beim Einfamilienhaus sind:

- Restriktionen: finanzielles Budget, topografische und klimatische Gegebenheiten, gesetzliche Auflagen der Raumplanung, Bauvorschriften usw.
- Rahmenbedingungen: Anzahl der im Haus Wohnenden (Platzwünsche), Gestaltungswünsche der Bauherrschaft, wie z. B. Balkon, Fläche für Stauraum usw.

3.3.3 Sub-/Teilsysteme abgrenzen

In den vorherigen beiden Schritten ging es vor allem darum, dass Sie sich über die Aufgabenstellung und die Ausseneinflüsse klar werden. Im dritten Schritt wechselt der Blickwinkel **nach innen,** also auf das System. Dadurch erkennen Sie gleichzeitig die Grösse und die Komplexität des Problems.

Oftmals ist es unmöglich, ein Vorhaben in einem Schritt zu lösen und gleichzeitig alle Beziehungen und Lösungselemente im Auge zu behalten. **Vereinfachen** Sie daher die Aufgabenstellung. Eine Vereinfachung können Sie erreichen, indem Sie **überschaubare Lösungsbereiche** abgrenzen und sich gleichzeitig über die damit geschaffenen Grenzen (Schnittstellen) klar werden. Beachten Sie dabei: Das Problem wird dadurch zwar nicht einfacher, ist aber einfacher zu bewältigen.

Man unterscheidet zwischen Sub- und Teilsystemen:

- **Subsysteme** ergeben sich aus der Zerlegung des Systems in kleinere, gedanklich abgrenzbare Einheiten. Sie werden auch Untersysteme genannt. *Einzelne Abteilungen*
- **Teilsysteme** ergeben sich aufgrund bestimmter Beziehungszusammenhänge oder Beziehungsarten. Es handelt sich dabei typischerweise um bestimmte Abläufe oder funktionale Einheiten. *Bsp. Lohnabrechnung*

Beispiel

Als **Subsysteme** des Einfamilienhauses kann man die einzelnen **Stockwerke** auffassen. Die Stockwerke lassen sich wiederum in **einzelne Räume** unterteilen. Der Keller umfasst z. B. die Waschküche und den Heizraum, im Parterre befinden sich die Küche, die Toilette und das Wohnzimmer, im 1. Stock liegen das Schlafzimmer und das Bad und im Dachgeschoss befindet sich ein Fitnessraum.

Daneben können in einem Einfamilienhaus z. B. folgende **Teilsysteme** unterschieden werden:

- Belüftungssystem
- Heizsystem
- Wassersystem

3.3.4 Schnittstellen bestimmen

Die **Beziehungen zu anderen Systemen** müssen Sie unbedingt beachten. Sie verringern damit die Gefahr, isolierte Insellösungen zu entwickeln, die sich als nicht funktionstüchtig herausstellen. Diese Abhängigkeitsbeziehungen oder **Übergänge** zwischen einzelnen Systemen werden als Schnittstellen bezeichnet.

Zum einen ergeben sich Schnittstellen zur Umgebung bzw. zur «Aussenwelt», also zu anderen Systemen ausserhalb der definierten Systemgrenzen. Aber auch bei der gedanklichen Zerlegung des Systems in Sub- und Teilsysteme erhält man Schnittstellen.

Die Schnittstellen **zur Aussenwelt** bilden u. a. die Türen und Fenster, der Balkon, die TV-Antenne, die Frischluftklappe und der Kamin sowie die Leitungen der Wasser- und Stromwerke. Beim Einfamilienhaus gelten als Schnittstellen **zwischen den Subsystemen** auf der Betrachtungsebene der Stockwerke z. B. das Treppenhaus und auf jener der Räume z. B. die Durchgänge oder Türen.

3.3.5 Sub-/Teilsysteme analysieren

Nachdem Sie die Sub- und Teilsysteme abgegrenzt und die Schnittstellen definiert haben, können Sie nun die einzelnen Sub- und Teilsysteme genauer untersuchen. Dieses Vorgehen entspricht einem Grundsatz des Systemdenkens, der **«vom Groben ins Detail»** lautet. Sie stellen damit sicher, dass Sie möglichst an alles Wesentliche denken, und erleichtern sich die systematische Analyse und das lückenlose Beschreiben des Systems.

Sub- und Teilsysteme bestehen wie alle Systeme aus Elementen und Beziehungen. Nach welchen dieser Merkmale und in welcher Tiefe die Sub- und Teilsysteme zu analysieren sind, hängt vom Einzelfall ab.

Beispiel

Um ein Subsystem detailliert zu beschreiben, erstellt der Architekt einen Bauplan mit normierten Zeichen und Symbolen, die für alle Beteiligten verständlich sind.

3.3.6 Gemeinsamkeiten ermitteln

In der praktischen Arbeit ist es möglich und auch üblich, die abgegrenzten Sub- und Teilsysteme nacheinander zu bearbeiten. Trotzdem werden Sie vielleicht feststellen, dass in den verschiedenen Systemen Gemeinsamkeiten vorhanden sind, die eine gemeinsame Bearbeitung nahe legen. Deshalb werden im letzten Schritt des Systemdenkens mögliche Gemeinsamkeiten in Form von **Mehrspurigkeiten** und **Abhängigkeiten** ermittelt.

Was bringt Ihnen die Ermittlung von Gemeinsamkeiten?

- Sie erkennen Mehrspurigkeiten und können diese, falls sie unerwünscht sind, beseitigen. Damit erzielen Sie einen möglichst geringen Mehrfachaufwand.
- Sie koordinieren gewünschte oder notwendige Mehrspurigkeiten z. B. so, dass Sie einen Baustein mehrfach einsetzen können.

Beispiel

Typische Gemeinsamkeiten in den verschiedenen Sub- und Teilsystemen des Einfamilienhauses:

- Mehrfach verwendete **Materialien** für Böden, Wände und Decken in den verschiedenen Räumen.
- Beim Erstellen des Einfamilienhauses kommt es zu vielen Abhängigkeiten zwischen den einzelnen Aufgaben, die eine genaue **Koordination der Handwerker** erfordern.

Organisationsprobleme weisen typischerweise die Merkmale von Projekten auf. Daher ist der Einsatz des **Projektmanagements** bei der Lösung organisatorischer Problemstellungen bedeutungsvoll.

- Das **Phasenkonzept** gliedert die zeitliche Abfolge der Projektbearbeitung typischerweise in drei Phasen: Planung (Vorstudie, Grob- und Detailkonzept), Realisierung und Einführung.
- Der **Planungszyklus** berücksichtigt vier Vorgehensschritte in der Planungsphase: Erhebung/Analyse, Würdigung, Lösungsdesign und Bewertung.

Die wichtigste organisatorische Technik ist die **Aufgabenanalyse,** die den Ausgangspunkt für die Lösung sowohl aufbau- wie auch prozessorientierter Problemstellungen bildet. Die Aufgabenanalyse besteht aus:

- **Analyse der Aufgabenmerkmale:** Objekt und Verrichtungen
- **Analyse der Aufgabenerfüllung:** Elemente (Aufgabenträger, Sachmittel, Informationen) und Dimensionen (Raum, Zeit, Menge)

Das **Systemdenken** ergänzt die Methoden und Techniken des Projektmanagements und der Organisation, indem es die gedankliche Auseinandersetzung mit komplexen Sachverhalten erleichtert. Das Systemdenken umfasst sechs Bestandteile:

Bestandteile	Beschreibung	Wichtige Ziele
Systemgrenzen bestimmen	Abgrenzung des Systems nach aussen: • Wie soll das zu bearbeitende System von der Systemumwelt abgegrenzt werden? • Welche Sachverhalte dürfen/sollen organisatorisch bearbeitet werden und welche nicht?	Das richtige Problem lösen
Einflussgrössen ermitteln	Nicht lenkbare Faktoren: • Restriktionen (Vorgaben) • Rahmenbedingungen (Wünsche)	
Sub-/Teilsysteme abgrenzen	Abgrenzung von Systemen im Innern: • Zerlegung des Systems in Subsysteme • Bestimmen der Teilsysteme	Grösse des Vorhabens ermitteln; komplexe Probleme beherrschen
Schnittstellen ermitteln	Abhängigkeitsbeziehungen und Übergänge zwischen Systemen definieren: • Schnittstellen zum Umfeld • Schnittstellen zwischen Sub- und Teilsystemen	
Analysieren	Erhebung und Ordnung der Elemente, Beziehungen und Dimensionen innerhalb der abgegrenzten Sub- und Teilsysteme	
Gemeinsamkeiten ermitteln	Ermittlung gemeinsamer Elemente und Beziehungen in den abgegrenzten Sub- und Teilsystemen	Rationalisierungspotenzial nutzen

7	Stellt sich in Ihrem Tätigkeitsbereich ein organisatorisches Problem, das Sie schon lange anpacken wollten? Anhand des Systemdenkens erhalten Sie die Gelegenheit, die ersten Schritte auf dem Lösungsweg zu machen.

A] Formulieren Sie in einigen wenigen Sätzen oder in Stichworten das Problem (d. h. das System).

B] Definieren Sie die Systemgrenzen.

C] Beschreiben Sie mindestens drei potenzielle Einflussgrössen.

D] In welche Sub- und/oder Teilsysteme kann das System sinnvollerweise gegliedert werden?

E] Bestimmen Sie mögliche Schnittstellen zwischen den Sub- und/oder Teilsystemen.

8	Führen Sie eine Aufgabenanalyse für Ihre derzeitige Stelle durch.

A] Zeigen Sie zu Ihren zwei wichtigsten Aufgaben die verschiedenen Aufgabenmerkmale (Objekte und Verrichtungen) auf.

B] Beantworten Sie für beide Aufgaben bzw. für die einzelnen Verrichtungen die Fragen der Aufgabenerfüllung: Wer? Womit? Wo (woher, wohin)? Wann (wie lange)? Wie viel (wie oft)?

Teil B   Strukturen und Prozesse mitgestalten

4 Kernfragen der Organisationsgestaltung

Lernziele

Nach der Bearbeitung dieses Kapitels können Sie …

- das Dualproblem der Organisationsgestaltung erklären.
- die mit der hierarchischen Ordnung verbundenen Hauptprobleme beschreiben.
- argumentieren, weshalb heute die prozessorientierte der funktionsorientierten Organisationsstruktur vorgezogen wird.

Schlüsselbegriffe

Arbeitsteilung, autonome Arbeitsgruppen, Funktionsbarrieren, Hierarchiebarrieren, Integration, Jobenlargement, Jobenrichment, Jobrotation, operative Inseln, Standardisierung

In diesem Kapitel gehen wir auf drei grundsätzliche Fragestellungen ein, die im Zusammenhang mit der Gestaltung von Prozessen und Strukturen in Unternehmen immer wieder zur Sprache kommen:

- Das Dualproblem der Organisationsgestaltung
- Die Notwendigkeit von Hierarchien
- Die Ausrichtung auf eine funktions- oder eine prozessorientierte Organisationsstruktur

4.1 Arbeitsteilung oder Arbeitszusammenführung?

Ein grundlegendes Problem der organisatorischen Gestaltung ergibt sich aus dem Zielkonflikt zwischen der Effizienz und der Effektivität der Aufgabenerfüllung.

Hinweis

- Effizienz bedeutet, etwas richtig tun. Sie lässt sich anhand von Kosten-/Nutzenüberlegungen beurteilen.
- Effektivität bedeutet, das Richtige zu tun. Sie lässt sich anhand von Qualitätsüberlegungen beurteilen.

Für die Effizienz spricht eine grösstmögliche Arbeitsteilung und Standardisierung (organisatorische Differenzierung), für die Effektivität hingegen die sinnvolle Zusammenführung von Aufgaben zu ganzheitlichen und motivierenden Arbeitsinhalten (organisatorische Integration). Man spricht in diesem Zusammenhang auch vom **Dualproblem der Organisationsgestaltung.**

Klassische Überlegungen in der Organisation unternehmerischer Abläufe beruhen auf den beiden Effizienzkriterien der Arbeitsteilung und der Standardisierung. Im Folgenden gehen wir kurz auf deren historische Entwicklung sowie auf die Vor- und Nachteile ein. Danach beschreiben wir die bekanntesten Ansätze einer integrativen Arbeitsgestaltung.

4.1.1 Arbeitsteilung

Die letzten dreihundert Jahre standen unter dem Einfluss der Arbeitsteilungstheorien von Adam Smith und des Taylorismus. Die Aufteilung schwieriger Aufgaben in möglichst kleine Teilaufgaben bewirkte unter anderem, dass die Unternehmer die damals schlecht ausgebildeten Arbeitskräfte in ihren Fabriken beschäftigen konnten. Der schottische Ökonom und Moralphilosoph **Adam Smith** (1723–1790) gilt als Begründer der klassischen Volkswirtschaftslehre und befasste sich u. a. mit der Arbeitsteilung. Er war überzeugt, dass die Arbeitsteilung zur **Steigerung der Arbeitsproduktivität** beiträgt, und nannte drei Vorteile: Spezialisierung und somit Förderung der Geschicklichkeit, Zeitersparnis und technologische Fortschritte. Adam

Smith wies aber auch auf die mangelnde Befriedigung solcher Tätigkeiten hin und forderte deshalb mehr Ausbildungsmöglichkeiten für die Arbeitenden.

Taylorismus bezeichnet die Prinzipien einer wissenschaftlichen Betriebsführung (Scientific Management), die auf den amerikanischen Ingenieur Frederick Winslow Taylor (1856–1915) zurückgeführt werden. Taylor glaubte, Management, Arbeit und Unternehmen mit einer rein wissenschaftlichen Herangehensweise optimieren und damit soziale Probleme lösen und «Wohlstand für alle» erreichen zu können. Zu den Prinzipien gehören die systematische Durchführung von Zeit- und Bewegungsstudien zur Ermittlung von Planvorgaben (z. B. für Akkordlohn) und zur optimalen Standardisierung von Arbeitsabläufen, eine möglichst weitgehende betriebliche Arbeitsteilung mit dem Ziel der Minimierung des Arbeitsinputs, der erforderlichen Qualifikationen und der Lohnkosten. Daraus ergeben sich eine Trennung von Planung, Entscheidung und Ausführung sowie die zentrale Kontrolle der Arbeitsprozesse durch das Management und die direkte Kontrolle durch den Vorgesetzten.

Der bekannteste Vertreter des Taylorismus war der Automobilhersteller Henry Ford, der 1909 als erster konsequent die Fliessbandproduktion zur Herstellung des T-Modells («Tin Lizzy») einführte. Das Fliessband gab damals den Takt für die Massenproduktion an und kontrollierte das Arbeitstempo der Arbeitenden.

Die Ansicht, eine möglichst weitgehende Arbeitsteilung und Reduktion individueller Aufgaben auf wenige Handgriffe sei am leistungswirksamsten, ist inzwischen überholt. Zwar mag diese Form der Spezialisierung kurzfristig effizienzsteigernd wirken, langfristig gesehen widerspricht sie jedoch den menschlichen Fähigkeitspotenzialen und Bedürfnissen. Die nachfolgende Tabelle stellt die Vor- und die Nachteile der Arbeitsteilung einander gegenüber:

Abb. [4-1]

Arbeitsteilung

Vorteile	Nachteile
• Routineeffekt: Häufige Wiederholung steigert den Arbeitsrhythmus • Verkürzung von Anlern- und Einarbeitungszeiten • Optimale Anpassung des Arbeitsplatzes an die Aufgaben möglich	• Monotonie durch Reizarmut, Verkümmerung nichtgebrauchter Fähigkeiten • Ermüdung durch einseitige Belastungen • Entfremdung durch Wegnahme unvollendeter Leistungsprodukte und Frustration wegen unbefriedigter Erfolgsbedürfnisse

4.1.2 Standardisierung

Unter Standardisierung wird die Strukturierung von Abläufen bzw. Prozessen verstanden, sodass sie immer gleichartig (d. h. routineartig) ablaufen. Damit wird einerseits eine Entlastung der ausführenden Stellen und andererseits eine bessere Koordination erreicht.

In einem gewissen Umfang ist die Standardisierung in jeder Organisation notwendig; sie bringt aber auch Nachteile mit sich:

Abb. [4-2]

Standardisierung

Vorteile	Nachteile
• Sicherheit und Klarheit schaffen • Konfliktpotenziale zwischen verschiedenen Stellen reduzieren • Persönliche Willkür und Abhängigkeit in Arbeitsbeziehungen reduzieren	• Beeinträchtigung der Motivation durch verringerte Selbstentfaltungsmöglichkeiten • Gefahr der Erstarrung und Verlust der Anpassungsfähigkeit (Überorganisation) • Gefahr des bürokratischen Teufelskreises: Verlust an Motivation wird durch mehr Fremdkontrolle kompensiert

4.1.3　Integrative Arbeitsgestaltung

Die Tendenz zu immer stärkerer Spezialisierung durch Arbeitsteilung und Standardisierung kann zu inhumanen, motivationshemmenden Lösungen führen. Gezielt eingesetzte Ansätze zur integrativen Arbeitsgestaltung sollen dem entgegenwirken.

Bei der **Jobrotation** (Aufgabenwechsel) lösen sich die Mitarbeitenden in einem bestimmten zeitlichen Rhythmus ab. Dieser Wechsel kann nach Stunden (z. B. bei sehr einseitigen Belastungen im Produktionsbereich), aber auch nach Tagen oder Wochen stattfinden.

Beispiel	A übernimmt die Aufgaben von B, B die Aufgaben von C und C die Aufgaben von A.

Ein **Jobenlargement** (Aufgabenerweiterung) liegt dann vor, wenn Mitarbeitende zusätzliche Aufgaben bekommen, die in der Struktur und hinsichtlich ihrer Anforderungen ähnlich sind. Bezogen auf die Ablauforganisation können es z. B. vor- oder nachgelagerte Aufgaben sein. Mit dem Jobenlargement vergrössert sich das Aufgabenspektrum, zusätzlich verringern sich die Monotonie der Arbeit und schädliche Auswirkungen einseitiger Belastung. Ausserdem soll damit v. a. die mit der Spezialisierung verbundene Entfremdung vom Arbeitsergebnis teilweise wieder aufgehoben und dadurch auch die persönliche Leistungsmotivation erhöht werden.

Beispiel	Eine Verkäuferin übernimmt auch Warenpräsentationsaufgaben im Verkaufsgeschäft.

Während beim Jobenlargement eine Aufgabenerweiterung durch vergleichbare oder ähnliche Aufgabenelemente erfolgt, bedeutet **Jobenrichment** eine Aufgabenbereicherung. Die bestehenden Aufgaben werden um weitergehende Aufgaben erweitert, i. d. R. um Entscheidungs- und Kontrollaufgaben. Deshalb bringt das Jobenrichment auch mehr Selbstständigkeit bzw. Autonomie mit sich, denn mit der Zuordnung von Entscheidungsaufgaben ist notwendigerweise die Einräumung eines Entscheidungsspielraums verbunden. Mehr Autonomie soll einerseits zu einer Motivationssteigerung der Mitarbeitenden führen, unter Umständen aber auch schnellere und marktnähere Reaktionen ermöglichen.

Beispiel	Ein Verkäufer kann innerhalb festgelegter Grenzen selbstständig über Gutschriften, Preisnachlässe, Zahlungsbedingungen, Lieferzusagen usw. entscheiden.

Die **autonomen Arbeitsgruppen** stellen eine logische Fortentwicklung des Jobenrichments dar. Zusätzlich ist die Gruppe aber auch noch frei, ihre eigene Arbeitsteilung, die Arbeitsverfahren, die Zeiteinteilung, die Gruppenstruktur usw. festzulegen. Die Fremdsteuerung beschränkt sich auf die vorgegebenen Leistungen, die im Idealfall auch mit der Gruppe abgestimmt werden. Den Weg zur Leistung bestimmt die Gruppe selbst.

Auch wenn in der Praxis autonome Arbeitsgruppen oft freiwillig zu einer Spezialisierung zurückgefunden haben, ergibt sich ein wesentlicher Fortschritt gegenüber der Arbeitsteilung: Jedes Gruppenmitglied übernimmt solche Aufgaben, für die es aus der Gruppensituation heraus besonders geeignet ist. Daraus entwickelt sich ein persönliches Selbstwertgefühl und die Identifikation mit der Gruppe, was sich wiederum auf die Leistungsbereitschaft der Einzelnen sehr positiv auswirken kann.

4.2 Notwendigkeit von Hierarchien?

In der aktuellen Diskussion ist die Hierarchie in die Schusslinie geraten. Für viele handelt es sich dabei um ein überholtes Machtinstrument, das weder mit den heute dominierenden Anforderungen, wie z. B. Flexibilität, Innovationskraft und hohe Qualität, noch mit den herrschenden kulturellen Werten, wie z. B. Eigenverantwortlichkeit und Kooperation, verträglich sei. Allerdings zeigt schon die Alltagserfahrung, dass völlig hierarchiefreie Systeme kaum erfolgreich, oft sogar nicht einmal überlebensfähig sind.

Beispiel

Eine Fussballmannschaft zeigt eindrücklich, dass für den Erfolg der gute Wille und das fussballerische Können der Spieler alleine nicht ausreichen. Wenn alle gleichzeitig zum Ball streben, stehen sie sich selbst mehr im Weg, als es die gegnerische Abwehr könnte. Es müssen also klare Rollen verteilt und Kompetenzträger, wie der Trainer und der Captain der Mannschaft, mit entsprechenden Sanktionsmöglichkeiten bestimmt werden, um ein koordiniertes Spiel zu gewährleisten.

4.2.1 Hierarchie und Gefahr des Machtmissbrauchs

Die äussere Form einer hierarchischen Ordnung lässt nicht von vornherein Schlüsse zu, wie diese Hierarchie gelebt wird. Mit anderen Worten: Eine flache Hierarchie mit wenigen Hierarchiestufen kann möglicherweise als hierarchischer erlebt werden als eine mehrstufige Hierarchie, bei der jedoch die Delegation und die Partizipation konsequent gelebt werden. Sobald eigene Vorstellungen mithilfe der hierarchischen Position und nicht mithilfe von Argumenten durchgesetzt werden, wird die Hierarchie zu Recht als überholtes Machtinstrument kritisiert.

Typische Mängel und der Missbrauch der Hierarchie zeigen sich z. B. in

- einer ausgeprägten Betonung von hierarchischer Macht,
- einer übersteigerten Entscheidungszentralisation «möglichst weit oben»,
- einer starken Filterung von Informationen,
- langwierigen, komplizierten Entscheidungswegen,
- intransparenten Abläufen oder
- gegenseitigen Behinderungen (gegeneinander statt miteinander arbeiten).

4.2.2 Komplexe Systeme beherrschen

Die Notwendigkeit der Hierarchie ergibt sich aus dem Koordinationsbedarf, der bei arbeitsteiliger Aufgabenerfüllung entsteht. Die Einzelaktivitäten sind auf übergeordnete Ziele auszurichten und so aufeinander abzustimmen, dass ein Gesamtergebnis möglichst effizient hervorgebracht werden kann. Grundsätzlich ist es denkbar, dass die Beteiligten sich selbst abstimmen und koordinieren. Das kann jedoch schon bei kleinen und mittleren Unternehmen so komplex werden, dass die interne Abstimmung die gesamte Kapazität der Beteiligten bindet. Die Hierarchie dient dazu, den notwendigen Koordinationsaufwand zu vereinfachen und zu beschleunigen. Ihr Ziel ist somit die Beherrschbarkeit komplexer Systeme.

Darüber hinaus muss bei arbeitsteiliger Aufgabenerfüllung von zum Teil tiefgreifenden Meinungsunterschieden ausgegangen werden, die weniger durch die Personen als durch die von ihnen zu erledigenden Aufgaben bedingt sind. Derartige Konflikte können zur völligen Handlungsunfähigkeit einer Unternehmung führen, wenn es keine Träger von Macht gibt, die das letzte Sagen haben und ihre Entscheidung verbindlich vorgeben können.

Beispiel

Ein typischer Sachkonflikt besteht zwischen dem Vertrieb, der alle Sonderwünsche der Kunden berücksichtigen möchte, und der Produktion, die effizienter produzieren kann, wenn es keine Sonderwünsche gibt.

4.2.3　Barrieren aufgrund der hierarchischen Ordnung

Tatsächlich existieren zwischen den hierarchischen Ebenen mehr oder weniger stark ausgeprägte Barrieren, die den Informationsfluss behindern können. Es kommt dadurch zu zeitlichen Verzögerungen wie auch zu inhaltlichen Verzerrungen.

Abb. [4-3]　**Barrieren in Unternehmen**

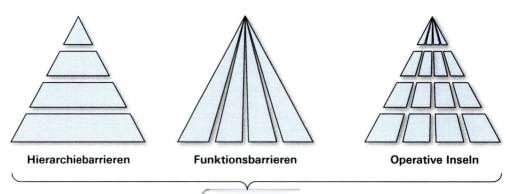

| Hierarchiebarrieren | Funktionsbarrieren | Operative Inseln |

Informationsfilterung
Funktionale Abschottung
Steuerungsprobleme
Koordinationsprobleme

- Mit **Hierarchiebarrieren** ist ein ausgeprägtes Denken in hierarchischen Ebenen und die daraus folgende Entfremdung zwischen «oben und unten» gemeint: Je weiter oben jemand in der Hierarchie steht, desto schlechter ist er über das informiert, was an der Front passiert; je weiter unten jemand in der Hierarchie steht, desto weniger wird er über weitreichendere, übergeordnete Entscheidungen informiert.
- Ein ausgeprägtes Bereichsdenken führt zu **Funktionsbarrieren** zwischen den nebeneinander angeordneten Unternehmenseinheiten, z. B. zum «erbitterten Kampf» zwischen dem Verkauf und der Produktion.
- Beide Einflüsse verstärken sich gegenseitig, sodass es zum **Gärtchendenken** kommt, zum Abteilen statt zum Mitteilen. Es bilden sich **operative Inseln,** die nebeneinander anstatt miteinander funktionieren. Man spricht in diesem Zusammenhang auch von einer fragmentierten Organisation.

Barrieren führen zu einer Vielzahl von **Friktionen** im Unternehmen, zu Doppelspurigkeiten, Verzögerungen, Kapazitätsengpässen sowie zu allgemeinen Koordinations- und Führungsproblemen. Diese wiederum wirken sich negativ auf die Gesamtleistung des Unternehmens aus, und zwar sowohl in Bezug auf die qualitative Leistung (d. h. die Kundenorientierung) als auch auf die quantitative Leistung (d. h. die Umsatz- und Kostensituation).

4.3　Funktions- oder prozessorientierte Organisationsstruktur?

Bis vor kurzem haben viele Unternehmen ihre Organisationsstruktur vor allem nach den Merkmalen Funktion, Produkt oder Region gestaltet. Im Vordergrund stand die **Spezialisierung** und die möglichst effiziente Nutzung der Ressourcen. Dies führte zu einer **funktionsorientierten Organisation** mit einer ausgeprägten Hierarchie, wie sie nach wie vor in vielen Unternehmen existiert.

Die klassische betriebswirtschaftliche Organisationslehre versucht zwar interne Abläufe möglichst effizient zu gestalten, sie ist aber hauptsächlich nach innen orientiert. Die einzelnen Funktionen im Unternehmen stehen im Vordergrund, nicht die Kundenbedürfnisse. Organisieren bedeutet daher, die Funktionsbereiche und die **Einzelfunktionen** zu **optimieren und**

zu perfektionieren. Der Gesamtzusammenhang der betrieblichen Funktionen tritt dabei in den Hintergrund. Je autonomer die Funktionsbereiche operieren, desto grösser und somit auch kostspieliger wird jedoch der **Koordinationsbedarf** zwischen den Bereichen.

Im Mittelpunkt der **prozessorientierten Organisation** steht die Aufgabendurchführung: Wer macht was, wann, wo und womit? Daraus ergeben sich wichtige Merkmale einer prozessorientierten Organisation:

- Der Hauptfokus liegt auf der **Kundenorientierung**; die Organisation des Unternehmens hat sich darauf auszurichten.
- Um die Kundenorientierung umzusetzen, werden Kundenleistungen möglichst ganzheitlich erbracht; dies führt zu einer **schlankeren Organisation** und zu weniger Schnittstellen, die koordiniert werden müssen.

Die folgende Grafik veranschaulicht: In der funktionsorientierten Organisation stehen die **Funktionsziele** (wie z. B. die Marketing-, Entwicklungs-, Fertigungsziele usw.) und die Ergebnisse der einzelnen Funktionsbereiche im Vordergrund. In der prozessorientierten Organisation sind hingegen die **Prozessziele** (wie z. B. die Produktentwicklungs- oder Auftragsentwicklungsziele usw.) und deren Ergebnisse entscheidend. Sie sind in der Grafik horizontal eingezeichnet, da sie quer durch die Funktionsbereiche laufen.

Abb. [4-4]   Funktions- versus Prozessorientierung

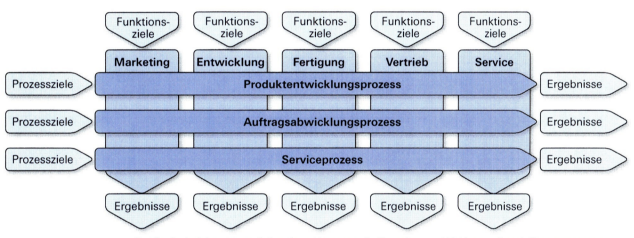

Quelle: In Anlehnung an Schmelzer, Hermann J.; Sesselmann, Wolfgang: Geschäftsprozessmanagement in der Praxis, Hanser Wirtschaftsverlag, München, 2004.

Zusammenfassung   Das Dualproblem der Organisationsgestaltung entsteht aus dem Zielkonflikt zwischen der Effizienz und der Effektivität der Aufgabenerfüllung.

- Die Ansätze zur **Differenzierung** orientieren sich an Effizienzkriterien:
  - Arbeitsteilung: Aufteilung schwieriger Aufgaben in möglichst kleine Teilaufgaben (Adam Smith, Taylorismus, Henry Ford)
  - Standardisierung: routineartige Strukturierung von Abläufen
- Die Konzepte zur **Integration** verschiedener Aufgaben orientieren sich an Effektivitätskriterien:
  - Jobrotation: Aufgabenwechsel
  - Jobenlargement: Aufgabenerweiterung
  - Jobenrichment: Aufgabenbereicherung
  - Autonome Arbeitsgruppen: Art und Weise der Zielerreichung werden selbstständig bestimmt

Die Notwendigkeit von **Hierarchien** wird aus folgenden Gründen diskutiert:

- Gefahr des Machtmissbrauchs aufgrund der hierarchischen Stellung
- Notwendigkeit, um komplexe Systeme steuern und koordinieren zu können
- Friktionen durch Hierarchiebarrieren, Funktionsbarrieren und operative Inseln

Unterscheidungsmerkmale funktions- und prozessorientierter Organisationsstrukturen:

Merkmale	Funktionsorientierte Organisation	Prozessorientierte Organisation
Organisationsform	Vertikale Organisation nach Funktionen	Horizontale Organisation nach Geschäftsprozessen
Hauptfokus	Fachorientierung (nach innen)	Kundenorientierung (nach aussen)
Zielorientierung	Funktions- und Abteilungsziele	Prozessziele
Hierarchie	Betonung der hierarchischen Organisation	Schlanke Organisation, flache Hierarchie
Kundenorientierung	Bearbeitung von Teilaspekten der Kundenleistungen	Ganzheitliche Bearbeitung der Kundenleistungen
Schnittstellen	Tendenziell viele, hoher Koordinationsaufwand	Möglichst wenige, geringer Koordinationsaufwand

Repetitionsfragen

9   Beantworten Sie die folgenden Fragen anhand des Unternehmens, in dem Sie tätig sind, und begründen Sie Ihre Meinung stichwortartig.

A] Inwiefern sehen Sie eine Verbindung zwischen der hierarchischen Ordnung und der Art und Weise, wie sie gelebt wird?

B] Wo gibt es typische Beispiele eines erhöhten Koordinationsbedarfs oder einer klaren Entscheidungsregelung, die eine hierarchische Gliederung notwendig machen?

C] Wie schätzen Sie das Ausmass hierarchischer Barrieren in Ihrem Unternehmen ein?

10   Welche hierarchischen Barrieren werden hier angesprochen?

A] Alice: «In unserem Unternehmen, einer Warenhauskette, sind verschiedene Anstrengungen unternommen worden, damit der Einkauf und der Verkauf näher zusammenrücken. Leider umsonst, denn der Verkauf hat immer noch den Eindruck, dass der Einkauf viel zu wenig auf ihn hört.»

B] Boris: «Bei uns hat man immer wieder das Gefühl, dass wir nicht ein, sondern zwei Unternehmen sind: Wir in der Fabrik – das Management im Büropalast!»

C] Cecilia: «Unser Topmanagement scheint keine Ahnung zu haben, mit welchen Problemen sich die Leute an der Front herumschlagen müssen. Anders kann ich mir gewisse Fehlentscheidungen nicht erklären!»

5   Aufbauorganisation

Lernziele   Nach der Bearbeitung dieses Kapitels können Sie …

- aufgrund von Beispielen aufzeigen, wie organisatorische Regelungen in der Aufbauorganisation umgesetzt werden.

Schlüsselbegriffe   Aufgabengliederung Aufgabensynthese, Delegation, Dezentralisation, divisionale Organisation, funktionale Organisation, Funktionsdiagramm, Holding, Informations- und Kommunikationswege, Instanzen, Kollegien, Kompetenzarten, Leitungsspanne, Matrixorganisation, Organigramm, Organisationsformen, Partizipation, Projektorganisation, Rangstruktur, Sachmittel, Spartenorganisation, Stabsstellen, Stellenbeschreibung, Stellenbildung, Stellvertretung, Transportwege, Wissensmanagement, Zentralisation, Zentralstellen

Die Aufbauorganisation regelt grundsätzlich die Verteilung von Aufgaben und Kompetenzen in einem Unternehmen. Die aufbauorganisatorischen Regelungen betreffen

- die Stellenbildung, d. h. die Bündelung verschiedener Teilaufgaben und deren Zusammenfassung in Stellen,
- die Einrichtung eines Leitungssystems, d. h. die hierarchische Über- und Unterordnung von Stellen und Organisationseinheiten,
- die Bereitstellung von Informationen,
- die Einrichtung von Kommunikationswegen und
- den Einsatz von Sachmitteln.

5.1   Stellen bilden

Eine Stelle ist ein Aufgabenkomplex, der von einem Aufgabenträger zu erfüllen ist, und kann folgendermassen definiert werden:

Hinweis   Die Stelle gilt als die kleinste aufbauorganisatorische Einheit. Sie stellt eine Zusammenfassung bestimmter Teilaufgaben dar, die von einem Aufgabenträger zu erledigen sind. Die Stelle grenzt somit auch den Zuständigkeits- oder Kompetenzbereich des Stelleninhabers ab.

Grundlage der Stellenbildung ist die Abgrenzung der vom Stelleninhaber zu erfüllenden Teilaufgaben. Dazu ist es nötig, zunächst einen Überblick über die anfallenden Aufgaben zu gewinnen. Sie werden in der **Aufgabenanalyse** (s. Kap. 3.2.1, S. 26) ermittelt, in der die **Gesamtaufgabe** des Unternehmens **in Teilaufgaben gegliedert** wird. Wie detailliert diese Gliederung erfolgen muss bzw. soll, muss von Fall zu Fall entschieden werden. Es gilt jedoch folgender Grundsatz: Die Aufgaben so lange zerlegen, bis sie nicht mehr weiter zerlegbar sind oder bis eine weitere Zerlegung keinen Sinn macht.

Bei der **Aufgabensynthese** werden die in der Aufgabenanalyse ermittelten Aufgaben **gebündelt** und **einzelnen Stellen zugeordnet.** Die einzelnen Stellen wiederum werden in einem weiteren Syntheseschritt zu einer Gesamtstruktur von Abteilungen und hierarchischen Ebenen zusammengefasst. Daraus ergibt sich die formale Aufbauorganisation des Unternehmens.

5.1.1 Komponenten einer Stelle

Drei Merkmale kennzeichnen eine Stelle:

- Die anfallenden Teilaufgaben bilden den **Aufgabeninhalt** einer Stelle.
- Entscheidend bei der Stellenbildung ist auch, dass der Umfang und die Schwierigkeit der Aufgabe der Leistungsfähigkeit entsprechen. Damit ist der **Aufgabenumfang** angesprochen, der bei der Stellenbildung zu berücksichtigen ist.
- Je nachdem, wie präzis und detailliert die einzelnen Aufgaben einer Stelle beschrieben sind, bleibt dem Stelleninhaber ein mehr oder weniger breiter **Aufgabenspielraum,** den man in der Organisationssprache als Improvisation bezeichnet.

Abb. [5-1]   **Komponenten einer Stelle**

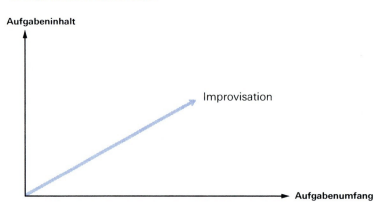

5.1.2 Prinzipien der Stellenbildung

Bei der Stellenbildung werden hauptsächlich zwei Prinzipien angewendet: die freie Stellenbildung und die Einheit von Aufgaben, Kompetenzen und Verantwortung.

A] Prinzip der freien Stellenbildung

Entscheidend bei der Stellenbildung und der Besetzung der Stelle ist, dass Umfang und Schwierigkeit der Aufgabe der **Leistungsfähigkeit des Stelleninhabers** entsprechen. Der Schwierigkeitsgrad darf die Leistungsfähigkeit des Aufgabenträgers nicht übersteigen. Diese Forderungen sind insofern problematisch, als bei der Stellenbildung normalerweise nicht bekannt ist, wer einmal diese Stelle übernehmen soll. Die Stellenbildung sollte sich demzufolge nach den Aufgaben richten, nicht nach den jeweiligen Personen an dieser Stelle. Man nennt diese **Loslösung von Personen** auch das Prinzip der freien Stellenbildung. Was das heisst, soll das nachfolgende Beispiel aufzeigen:

Beispiel   Der bisherige Verkaufsleiter Urs Roth verlässt das Unternehmen, und Caroline Kessler wird seine Nachfolgerin. Der personelle Wechsel ändert an den Aufgaben, Kompetenzen und der Verantwortung bei der Verkaufsleiter-Stelle nichts, obwohl Urs Roth und Caroline Kessler wahrscheinlich andere persönliche Stärken und Schwächen bei der Ausübung ihrer Tätigkeit haben.

Jedoch kommt es in der Praxis auch vor, dass eine Stelle für eine bestimmte Person oder für ein bestimmtes Sachmittel (wie z. B. für die Bedienung einer Spezialmaschine) gebildet wird. Man spricht in diesem Fall von einer **gebundenen Stellenbildung.**

B] Prinzip der Einheit von Aufgaben, Kompetenzen und Verantwortung

Für eine Stelle sind nicht nur die **Aufgaben** wichtig, sondern auch die für die Aufgabenerfüllung notwendigen Kompetenzen und die Verantwortung. Die **Kompetenzen** sind die mit der Stelle verbundenen Rechte oder Befugnisse, beispielsweise Weisungen zu erteilen oder die Arbeit von Unterstellten zu kontrollieren. Zugleich übernimmt die betreffende Person die **Verantwortung** für die Erfüllung der Aufgaben; sie hat also Rechte und Pflichten.

Aus organisatorischer Sicht gilt das **Prinzip der Einheit von Aufgaben, Kompetenzen und Verantwortung,** d. h., die Aufgaben, Kompetenzen und die Verantwortung bei einer Stelle müssen übereinstimmen und in einem ausgewogenen Verhältnis zueinander stehen. Ein Missverhältnis wird über kurz oder lang zu Problemen führen.

Abb. [5-2]　　　**Einheit von Aufgaben, Kompetenzen und Verantwortung**

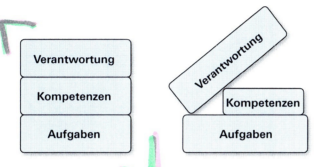

Die linke Figur zeigt eine optimale Abstimmung von Aufgaben, Kompetenzen und Verantwortung (Kongruenz). Bei der rechten Figur stimmen sie nicht überein: Es fehlen die notwendigen Kompetenzen zur Lösung der Aufgaben, und die betreffenden Stelleninhaber werden zu «Wasserträgern».

5.1.3　Aufgabengliederung

Das Begriffspaar «Zentralisation und Dezentralisation» wird in der Organisationslehre zur Beschreibung der **Verteilung von Aufgaben auf Stellen** (bzw. Abteilungen, Bereiche) verwendet.

- **Zentralisation** ist die Zusammenfassung gleicher Aufgaben an einer zentralen Stelle.
- **Dezentralisation** bedeutet die Verteilung gleicher Aufgaben auf verschiedene Stellen, ohne dass dies durch den Umfang der Aufgaben notwendig wäre.

Beispiel
- Zentralisation: Die Folien für die Kundenpräsentationen werden nicht von den Kundenbetreuerinnen erstellt, sondern von der zentralen Marketingstelle.
- Dezentralisation: Jede Kundenbetreuerin führt eine eigene Kundenkartei.

Als wichtigste Arten der Aufgabengliederung gelten die funktionale, die divisionale, die regionale und die Phasengliederung.

Abb. [5-3]   Aufgabengliederung

Art	Erklärung	Beispiele
Funktionale Gliederung	Gliederung nach Verrichtungen bzw. Aufgaben (ressourcen- und leistungsbezogene Aufgaben)	• Ressourcenbezogene Aufgaben: – Mittelbeschaffung: Informationen, Finanzen, Produktionsmittel, Rohstoffe – Personalbeschaffung und -management • Leistungsbezogene Aufgaben: – Leistungsgestaltung: Forschung und Entwicklung – Leistungserstellung: Produktion, Realisation – Leistungsverwertung: Marketing, Verkauf
Divisionale Gliederung	Gliederung nach Objekten (Produkte, Kundengruppen)	• Produktorientiert: Einkauf Rohstoffe, Einkauf Halbfabrikate usw. • Kundenorientiert: Verkauf Detailhandel, Verkauf E-Commerce-Kunden, Verkauf Versandhandel usw.
Regionale Gliederung	Gliederung nach Raum	• Verkauf Schweiz, EU-Länder, Nordamerika usw.
Phasengliederung	Gliederung nach den Phasen der Aufgabenerfüllung (Planung, Realisierung, Kontrolle)	• Entscheidungsvorbereitungsaufgaben: Organisation, Rechtsberatung, Assistenz • Entscheidungsaufgaben: Führung, Projektleitung • Realisationsaufgaben: Einkauf, Verkauf, Produktion • Kontrollaufgaben: Qualitätsprüfung, Controlling, Revision

Hinweis   Man nennt die Aufgabengliederung in der Organisationssprache auch die aufgabenbezogene Stellenbildung und unterscheidet dabei zwischen der aufgabenbezogenen Stellenbildung nach Verrichtungen (= Phasengliederung) und nach Objekten (= divisionale oder regionale Gliederung).

5.1.4   Rangstruktur

In der Organisationslehre unterscheidet man aufgrund unterschiedlicher Aufgaben, Verantwortung und Kompetenzen zwischen den leitenden und den ausführenden Stellen.

Hinweis   Man nennt die Rangstruktur in der Organisationssprache auch die rangorientierte Stellenbildung.

A] Leitungsstellen

Die **Leitungsstellen** werden auch als **Instanzen** bezeichnet. Diese Stellen erhalten **Fremdentscheidungsbefugnisse,** d. h., sie dürfen für andere Stellen verbindliche Entscheidungen fällen, und haben somit ein Anordnungs- bzw. Weisungsrecht, um die getroffenen Entscheidungen auch durchsetzen zu können. Die Führungskraft ist nicht nur anordnungs- oder weisungsberechtigt, sondern auch für Handlungen oder Unterlassungen der ihr unterstellten Mitarbeitenden verantwortlich. Die **Einheit von Aufgabe, Kompetenz und Verantwortung** muss deshalb bei Instanzen besonders gut gewahrt sein.

Wichtig ist auch die **Leitungs- oder Kontrollspanne:** Damit ist die Zahl der Mitarbeitenden gemeint, die einer einzelnen Führungskraft unterstellt sind.

Welches ist die optimale Leitungsspanne? Diese Frage lässt sich nicht gültig beantworten, weil die konkrete Führungsaufgabe von unterschiedlichsten Faktoren abhängt, wie die folgende Tabelle zeigt. So kann die Leitungsspanne in einem Fall fünfzig Mitarbeitende betragen, in einem anderen Fall ist jedoch eine Leitungsspanne von «nur» fünf Mitarbeitenden optimal.

Abb. [5-4]	Einflussfaktoren auf die Leitungsspanne
Art der Aufgaben	• Je gleichartiger (homogener) die Aufgaben sind, desto weniger Koordinationsaufwand braucht es; je breiter das Aufgabenspektrum, desto aufwendiger wird die Koordination für die Führungskraft. • Je vielschichtiger und anspruchsvoller (komplexer) die Aufgaben der Mitarbeitenden, desto kleiner ist die Leitungsspanne, weil die Führungskraft tendenziell mehr Unterstützung leisten muss.
Grad der Entlastung	• Wenn Leitungsstellen durch Stäbe entlastet werden, haben sie mehr Kapazität für ihre Führungsaufgaben, womit eine grössere Leitungsspanne möglich ist. • Vorgesetzte nehmen neben den Führungsaufgaben weitere Aufgaben wahr. Je mehr Zeit für Ausführungsaufgaben beansprucht wird, desto schmaler muss die Leitungsspanne sein. • Entlastend wirkt ebenfalls der Einsatz von Sachmitteln oder standardisierten Verfahren, wie z. B. integrierter Softwarelösungen. • Je besser zugänglich notwendige Informationen für die Führungskräfte sind, z. B. dank eines umfassendes Management-Informationssystem (MIS), desto grösser kann die Leitungsspanne sein.
Arbeits- und Führungsstil	• Vorgesetzte mit einem effizienten Arbeitsstil können mehr Mitarbeitende führen. • Je kooperativer der Führungsstil, desto mehr Zeit wendet die Führungskraft für die einzelnen Mitarbeitenden auf und desto kleiner muss die Leitungsspanne sein.
Qualifikation der Mit-arbeitenden	• Je qualifizierter und motivierter die Mitarbeitenden sind, desto besser lässt sich die Leitungsspanne erweitern. • Je grösser der Entscheidungsspielraum der Mitarbeitenden, desto grösser kann die Leitungsspanne ausfallen. Die Mitarbeitenden handeln selbstständiger, sodass die Führungskraft nicht laufend eingeschaltet werden muss.

B] Ausführende Stellen

Die **ausführenden Stellen** erfüllen die Aufträge der Instanzen im Rahmen der ihnen zugeordneten Aufgaben.

Beispiel   Martina Ambühls Leitungsspanne in ihrer Tätigkeit als Verkaufsleiterin beträgt elf Mitarbeitende. Als ausführende Stellen sind ihr zehn Verkäuferinnen und Verkäufer und unterstellt.

C] Stabsstellen

In der Organisationslehre zählen die Stabsstellen zu den ausführenden Stellen. Als **beratende Stellen** übernehmen sie die Entscheidungsvorbereitung bzw. die auf eine Entscheidung folgenden Abwicklungs- oder Überwachungsaufgaben. Folglich unterstützen oder beraten sie die leitenden Stellen; Stabsstellen **entlasten die Instanzen:**

• Zur mengenmässigen Entlastung werden **Stabsstellen mit allgemeinen Aufgaben** eingerichtet, wie z. B. das Direktionssekretariat.
• Zur qualitativen Entlastung werden **spezialisierte Stabsstellen** eingesetzt, die über fundierte Detailkenntnisse in einem eng abgegrenzten Fachgebiet verfügen, wie z. B. der Organisator, die unternehmensinterne Juristin oder der PR-Spezialist.

Beispiel   Als Stabsstelle ist Martina Ambühl eine Sekretärin unterstellt.

Grundsätzlich besitzen Stäbe **kein nach aussen wirkendes Fremdentscheidungsrecht,** d. h., sie können keine verbindlichen Anordnungen gegenüber Linien-Instanzen treffen. Damit ist bereits ein **organisatorisches Problem** in der Zusammenarbeit zwischen der Linie und den Stäben angesprochen. Weitere Hindernisse erschweren den Stabsstellen, ihre Aufgaben zu erfüllen und ihre Rolle im Unternehmen zu finden:

Abb. [5-5] **Organisatorische Probleme bei der Einrichtung von Stabsstellen**

Informations-austausch	Organisatorische Einheiten tendieren dazu, Informationen nicht oder nur kontrolliert weiterzugeben. Dies erschwert die Arbeit der Stabsstellen, die auf solche Informationen angewiesen sind.
Stabilität / Veränderung	Linieneinheiten neigen eher dazu, bestehende Regelungen und Strukturen beizubehalten, wogegen Stabsstellen die Vorteile der Stabilität häufig geringer einschätzen und mehr Gewicht auf die Notwendigkeit von Veränderungen legen.
Wertschätzung	• Der Wert der Stabsarbeit wird von der Linie häufig gering eingeschätzt, nicht zuletzt deshalb, weil der «produktive» Beitrag der Stabsarbeit nur sehr schwer messbar ist. • Oftmals sind die Inhaber von Stabsstellen relativ jung und überdurchschnittlich gut ausgebildet. Daraus ergeben sich Konflikte, die als «Theoretiker versus Praktiker» umschrieben werden können.
Miteinbezug	Stäbe haben oftmals die Aufgabe, Lösungsvorschläge für ein bestimmtes Problem zu entwickeln und sie den Instanzen zur Entscheidung vorzulegen. Linieninstanzen fühlen sich häufig verunsichert, wenn sie als Entscheidungsgrundlage nicht am gesamten Meinungsbildungsprozess beteiligt sind oder diesen nicht vollständig nachvollziehen können. Das mündet nicht selten in das Gefühl ein, von Stabsstellen abhängig zu sein oder von diesen manipuliert zu werden.

D] Zentralstellen

Als Zentralstellen, zentrale Dienststellen oder Zentralabteilungen werden Stabsstellen oder Stabsabteilungen bezeichnet, die über die eigentlichen Stabsaufgaben hinaus ihre **Kernaufgaben selbstständig** lösen. Dies setzt zusätzliche funktionale Kompetenzen und **begrenzte Weisungsbefugnisse** gegenüber Dritten voraus.

In Unternehmen werden v. a. die folgenden Funktionen als Zentralstellen eingesetzt:

- Personalwesen
- Public Relations
- Marketing
- Einkauf
- Organisation
- IT / Informatik

- Forschung und Entwicklung
- Finanz- und Rechnungswesen
- Controlling
- Revision
- Rechts- und Patentwesen

5.2   Stellenbeschreibung und Funktionsdiagramm

Die Stelle wird in Form einer Stellenbeschreibung dargestellt, die folgende Informationen enthalten soll:

- Bezeichnung der Stelle
- Aufgaben: kurze Beschreibung der Aufgaben
- Verantwortung: Aufgaben, für die der Stelleninhaber verantwortlich ist
- Kompetenzen: Zuständigkeiten und Befugnisse des Stelleninhabers
- Hierarchische Stellung: Bezeichnung der Stellung in der Organisationsstruktur des Unternehmens (Vorgesetzte, Unterstellte)
- Stellvertretung

Im Folgenden sehen Sie eine Stellenbeschreibung für die Funktion «Leiter Kundendienst»:

Abb. [5-6]   **Stellenbeschreibung – Beispiel**

Stellenbezeichnung: Leiter Kundendienst	Stelleninhaber: Roman Schläpfer
Abteilung: Kundendienst	Funktionsstufe: Abteilungsleiter
Vorgesetzter: Leiter Marketing	Stv.: Leiter Verkauf

Genereller Aufgabenkreis, Zielsetzung		
Betreuung von Kundenbestellungen und -anfragen (Telefon, Mail, Bestellportal), Führung von zurzeit drei Personen, Redaktion Informationsportal, Koordination von Kundenbestellungen und -anfragen mit Verkauf/Vertrieb/Marketing, Sicherstellung statistischer Daten, kompetente und zuverlässige Vertretung des Unternehmensleitbilds gegen aussen und innen		
Tätigkeiten, Aufgaben	**Priorität**	**Anteil Arb.zeit**
Telefonische Betreuung Kundenkontakte	1	20 %
Redaktion und Auswertung Informationsportal	1	20 %
Mitarbeiterführung Kundendienst	1	15 %
Koordination Kundenbestellungen	1	15 %
Erstellen und Auswerten von statistischen Daten	2	10 %
Vorbereitung und Unterstützung von Marketingkampagnen	2	10 %
Schulung und Information von versch. Mitarbeitenden	3	10 %

Kompetenzen		Bemerkungen
Führungskompetenz	Kundendienstmitarbeitende	
Entscheidungskompetenz	Inhalt/Redaktion Informationsportal Auftritt Kundendienst Reklamationen bis CHF 1 000.–	

Ein **Funktionsdiagramm** stellt die **Zuordnung von Stellen und Aufgaben** in der Form einer **Matrix** dar. Besonders bei der Verteilung von Aufgaben auf mehrere Stellen oder bei umfangreicheren Projekten erweist es sich als nützliches Hilfsmittel für die übersichtliche Darstellung der einzelnen Stellen, der zu verrichtenden Aufgaben und der dafür erforderlichen Kompetenzen.

Das folgende Beispiel zeigt ein Funktionsdiagramm für eine Projektorganisation «Neues Verkaufssystem»:

Abb. [5-7]   **Funktionsdiagramm – Beispiel**

Funktionsdiagramm Aufgabe	Applikations-entwickler	Wirtschafts-informatiker	Datenbank-spezialist	Projektleiter
Masken-Layout definieren	A	B	–	–
Funktionale Prozesse technisch beschreiben	–	A	B	–
Logisches Datenmodell beschreiben	–	A	B	–
Schnittstellen zu Host-Applikation definieren	A	B	–	–
Funktionen testen	A	M	–	–
Technisches Release freigeben	M	B	–	E/A
…	…	…	…	…

Legende: A = Ausführung, B = Beratung, E = Entscheidung, M = Mitarbeit.

Nach der Stellenbildung muss die Stelle besetzt werden. Die **Stellenbesetzung** ist eine Führungsaufgabe, nicht eine Organisationsaufgabe; hierfür sind die Leitungsstellen zusammen mit der Personalabteilung zuständig. Aufgrund der Stellenbeschreibung definieren sie i. d. R. ein **Anforderungsprofil,** das die notwendigen fachlichen und persönlichen Qualifikationen beschreibt und als Beurteilungsgrundlage für die Stellenbesetzung dient.

Von der Stellenbesetzung ist die **Stellvertretung** zu unterscheiden. Dabei gehen die mit der Stelle verbundenen **Kompetenzen** auf den Stellvertreter über, der in eigener Verantwortung, jedoch im Namen und im Sinn der vertretenen Person handelt. Die Stellvertretungsregelung dient der **Vorsorge im Abwesenheitsfall** des Stelleninhabers, wie z. B. bei Ferien, Krankheit, längerer dienstlicher Abwesenheit usw. Es sind verschiedene Formen der Stellvertretung möglich, von denen die folgenden am häufigsten vorkommen:

- Gleichrangige Stellvertretung (durch eine Kollegin)
- Stellvertretung durch einen Mitarbeitenden
- Stellvertretung durch die Vorgesetzte

5.3 Leitungssystem bestimmen

Einzelne Stellen sind wie Räder in einem Getriebe: Sie entfalten ihre volle Wirkung erst, wenn sie optimal aufeinander abgestimmt werden. Die **Organisationsstruktur** eines Unternehmens zeigt, wie die Stellen zu grösseren, **hierarchisch gegliederten Einheiten** zusammengefügt werden. Meist spricht man dabei von **Abteilungen.**

Unter einer Abteilung versteht man die Zusammenfassung von Stellen unter einer Leitungsstelle.

Die **Gesamtheit der Leitungsbeziehungen** eines Unternehmens wird als Leitungssystem bzw. als Hierarchie bezeichnet. Die **Hierarchie** dient in erster Linie dazu, die Leistungen aller Beteiligten auf gemeinsame Ziele auszurichten. Sie soll die **Koordination** aller Aktivitäten sicherstellen, die voraussichtlich über einen längeren Zeitraum immer wieder zu bewältigen sind.

Leitungssysteme können mithilfe folgender **Merkmale** beschrieben werden:

- Äussere Form der Hierarchie
- Aufgabenverteilung und Kompetenzenübertragung

5.3.1 Äussere Form der Hierarchie

Die äussere Form der Hierarchie wird bildlich als Pyramide dargestellt. Je nachdem ergibt sich eine schlanke oder eine breite Pyramide:

Abb. [5-8]

Äussere Form der Hierarchie

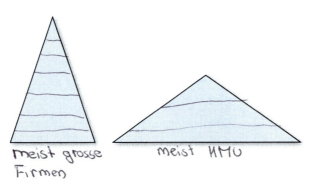

meist grosse Firmen

meist HMU

- **Schlanke Pyramide:** Wenn die Gesamtzahl der hierarchischen Ebenen gross ist, sprechen wir von einer ausgeprägten **Leitungstiefe.**
- **Breite Pyramide:** Wenn die Anzahl Leitungsstellen auf derselben hierarchischen Ebene gross ist, sprechen wir von einer ausgeprägten **Leitungsbreite** bzw. von einer **flachen Hierarchie.**

Die Leitungstiefe und die Leitungsbreite in einem Unternehmen hängen auch von der **Leitungs- oder Kontrollspanne** der einzelnen Instanzen ab, wie Sie bereits im Abschnitt 5.1.4, S. 46, gesehen haben. Daraus lässt sich schliessen: Je mehr Stellen, umso mehr hierarchische Ebenen wird ein Unternehmen tendenziell haben.

5.3.2   Aufgaben verteilen und Kompetenzen übertragen

Unabhängig von der äusseren Form einer Hierarchie kann die Verteilung der Aufgaben auf die hierarchischen Ebenen sehr unterschiedlich sein. Dabei spielen die **Entscheidungsaufgaben** eine sehr wichtige Rolle. Die folgenden beiden Extreme der Entscheidungswege kommen in der Praxis natürlich nicht in Reinform vor:

- Es wird von einer **Entscheidungszentralisation** gesprochen, wenn Entscheidungsbefugnisse fast ausschliesslich auf den obersten Ebenen angesiedelt sind.
- Demgegenüber sind im Fall einer **Entscheidungsdezentralisation** wichtige Entscheidungsbefugnisse unteren Ebenen zugeteilt.

Mit der Aufgabenverteilung hängt die **Delegation** eng zusammen. Damit ist die Kompetenzübertragung von hierarchisch höheren an untergeordnete Ebenen gemeint. Allgemein dient die Delegation der Entlastung der übergeordneten Stellen von Aufgaben, die andere Stellen erledigen können, der Verbesserung der Handlungsfähigkeit und der Arbeitszufriedenheit der untergeordneten.

A] Delegationskriterien

Das optimale Ausmass der Delegation hängt von verschiedenen Kriterien ab:

- **Kompetenzmöglichkeiten** einer Stelle: Es dürfen nur jene Kompetenzen einer Stelle übertragen werden, die ihrer Aufgabe entsprechen und denen die persönliche Qualifikation des Stelleninhabers genügt.
- **Delegierbarkeit** der Aufgabe: Es dürfen nur jene Aufgaben einer Stelle übertragen werden, die delegierbar sind. Nicht delegierbar sind z. B. heikle, streng vertrauliche oder weitreichende Entscheidungen sowie direkte Mitarbeiterführungs-Entscheidungen, wie die Auswahl, Versetzung oder Entlassung von Personal.
- **Subsidiaritätsprinzip** bei Entscheidungen: Entscheidungen werden von der untersten dafür geeigneten hierarchischen Ebene getroffen. Geeignet ist die Ebene, die bereit und in der Lage ist, die Entscheidung kompetent zu treffen.

Aus diesem Grund ist es vor allem wichtig, die nicht delegierbaren Kompetenzen einer Stelle zu ermitteln.

B] Kompetenzarten

Die Kompetenzen einer Stelle lassen sich in sieben verschiedene Arten unterteilen:

Abb. [5-9]  Kompetenzarten

Kompetenzart	Beschreibung
Ausführungs- kompetenz	Das Recht, eine Aufgabe selbstständig auszuführen.
Verfügungs- kompetenz	Das Recht, über Objekte, Sachmittel oder Informationen zu verfügen und sie bei anderen Stellen einzufordern.
Entscheidungs- kompetenz	Das Recht, zwischen Handlungsalternativen zu wählen. Dabei kann es sich um eine Allein-Entscheidungskompetenz handeln, oder an der Entscheidung sind mehrere Stellen beteiligt. Die organisatorische Verteilung der Entscheidungskompetenzen stellt das wichtigste Problem der Leitungsorganisation dar.
Mitsprache- kompetenz	Das Recht, konsultiert zu werden, sodass eine andere Stelle nicht völlig unabhängig entscheiden kann. Man unterscheidet dabei zwischen dem blossen Anhörungsrecht, dem Vetorecht und dem Mitentscheidungs- recht.
Anordnungs- kompetenz	Das Recht, anderen Stellen Anordnungen zu geben. Zu jeder Entschei- dungskompetenz gehört eine entsprechende Anordnungs- und eine Kontrollkompetenz, um die getroffenen Entscheidungen durchsetzen zu können.
Vertretungs- kompetenz	Das Recht, ein Unternehmen nach aussen zu vertreten, d. h., dieses gegenüber Dritten vertraglich zu verpflichten und Rechte des Unterneh- mens gegenüber Dritten wahrzunehmen.
Richtlinien- kompetenz	Das Recht, den Rahmen festzulegen, innerhalb dessen untergeordnete Stellen Entscheidungen treffen können.

C] Beteiligen (Partizipation)

Bei der Partizipation geht es um den Miteinbezug von Mitarbeitenden in den **Willensbil-
dungs- und Entscheidungsprozess,** obwohl sie aufgrund ihrer Kompetenzen nicht entschei-
dungsberechtigt wären. Es geht dabei um ein «Sowohl-als-auch», im Gegensatz zur Delegation, die auf ein «Entweder-oder» ausgerichtet ist.

Modulprüfung

Die Beteiligung der Betroffenen bringt wesentliche Vorteile:

- Besser durchdachte und/oder besser abgestimmte Ergebnisse dank verschiedener Erfahrungen und einem grösserem Wissen, die eingebracht werden
- Verringerung von Konfliktpotenzialen im Unternehmen durch direkte Kommunikation, Sicherheit dank des Miteinbezugs, rechtzeitige Lösung potenzieller Koordinationsprobleme
- Höhere Identifikation mit den Ergebnissen und dadurch höhere Motivation und ein grösseres Zielbewusstsein

Wer die Partizipation ernst nimmt, muss sich der Konsequenzen bewusst sein: Ein gemeinsamer Willensbildungs- und Entscheidungsprozess dauert i. d. R. länger und gestaltet sich schwieriger, als wenn sich eine einzelne Person damit auseinander setzt. Ausserdem birgt die Beteiligung mehrerer Personen das «Risiko», dass auch unkonventionelle oder den ursprünglichen Absichten entgegenlaufende Entscheidungen getroffen werden.

Manche Führungskräfte tarnen ihre wahren Absichten, indem sie eine Scheinpartizipation gewähren. Dies geschieht besonders bei heiklen, umstrittenen Vorhaben. Sie fordern die Betroffenen zwar auf, aktiv teilzunehmen, räumen ihnen jedoch nur wenig Entscheidungs- oder Handlungsspielraum ein oder nehmen auf ihre Meinung wenig Rücksicht. Schlimmstenfalls haben die Führungskräfte ihre Entscheidungen bereits im Vorfeld gefällt, und die Partizipation entpuppt sich als Farce. Solche Manipulationsversuche lösen allseits Irritation und Enttäuschung aus, die Glaubwürdigkeit der Führung und das Engagement der Betroffenen gehen verloren.

5.4 Organigramm

Das Leitungssystem und somit die Aufbaustruktur einer Organisationseinheit oder des Gesamtunternehmens werden im Organigramm grafisch dargestellt. Ein Organigramm zeigt also die Eingliederung der verschiedenen Stellen und Abteilungen in die Gesamtstruktur auf; gleichzeitig gibt es Auskunft über die Unterstellungsverhältnisse im Unternehmen.

Beim Organigramm haben sich die folgenden Darstellungsregeln in der Praxis durchgesetzt:

- Rechtecke für Linienstellen bzw. Instanzen
- Abgerundete Rechtecke für Stabsstellen oder Stabsabteilungen
- Verbindungslinien für die Weisungswege bzw. die Unterstellungsverhältnisse, also für die hierarchische Ordnung

Abb. [5-10]   Darstellung im Organigramm – Beispiel

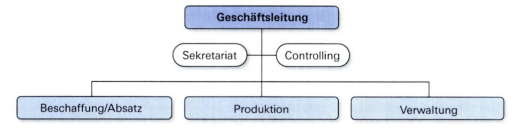

In diesem Beispiel eines Organigramms sind das Geschäftsleitungs-Sekretariat und das Controlling Stabsstellen, die drei Hauptbereiche Beschaffung/Absatz, Produktion und Verwaltung bilden die Linienstellen. Ihnen können weitere Instanzen unterstellt werden, z. B. Einkauf und Verkauf dem Bereich Beschaffung/Absatz usw.

5.5 Organisationsformen

Bei den Leitungssystemen unterscheidet man zwischen den folgenden Grundformen:

- Das **Einlinien-System** folgt dem Prinzip der Einheit der Auftragserteilung, d. h., dass jede untergeordnete Stelle nur von einer übergeordneten Weisungen erhält bzw. jeder Mitarbeitende nur einen Vorgesetzten hat. Dementsprechend stehen das Hierarchiedenken und vergleichsweise starre organisatorische Regelungen im Vordergrund.
- Beim **Stablinien-System** treten neben die Leitungsstellen (die sog. Linie) auch noch Stabsstellen, die als fachliche Unterstützung der Linie beigezogen werden. Es handelt sich um eine Variante des Einlinien-Systems, weil nach wie vor die Einheit der Auftragserteilung gilt. Das Stablinien-System kommt in der Praxis am häufigsten vor.
- Das **Mehrlinien-System** ist ein Leitungssystem, bei dem die einzelnen Stellen von mehreren Vorgesetzten fachliche und disziplinarische Weisungen erhalten. Die mit der Mehrfachunterstellung verbundenen Gefahren der Kompetenzüberschneidung bieten einiges Konfliktpotenzial. Daher wird das Mehrlinien-System eher selten für ein Gesamtunternehmen verwendet, hat sich jedoch für einzelne Unternehmensbereiche bewährt.

Nachfolgend finden Sie nähere Erläuterungen zu den in der Praxis am häufigsten vorkommenden Organisationsformen.

5.5.1 Funktionale Organisation

Die Gliederung der Organisationseinheiten nach den Funktionen ist die in kleinen und mittleren Unternehmen am stärksten verbreitete Organisationsform. Die Abteilungen werden nach den verschiedenen **Funktionsbereichen** gegliedert, wie die nachfolgende Grafik zeigt.

Abb. [5-11]

Funktionale Organisation – Beispiel

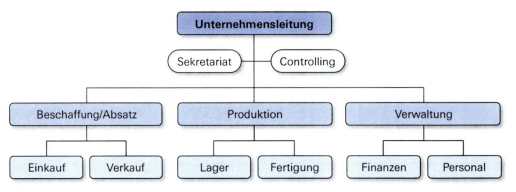

Beschaffung/Absatz, Produktion und Verwaltung bilden die drei Hauptbereiche. Ihnen unterstellt sind die Teilfunktionen des jeweiligen Bereichs, also z. B. der Einkauf und Verkauf dem Hauptbereich Beschaffung/Absatz, das Lager und die Fertigung dem Hauptbereich Produktion sowie Finanzen und Personal der Verwaltung.

KMU, zentral organisiert

5.5.2 Divisionale oder Spartenorganisation

Viele grössere Unternehmen sind heute stark diversifiziert, d. h., sie sind in verschiedenen Produktgruppen oder Geschäftszweigen in verschiedenen Regionen tätig. Folglich bietet es sich an, die Organisationsstruktur nicht nach Funktionen, sondern nach solchen Produktgruppen bzw. Produktlinien, nach wichtigen Abnehmergruppen oder nach Regionen zu gliedern. Diese Organisationsform wird als Sparten- oder divisionale Organisation bezeichnet.

Abb. [5-12]   Spartenorganisation – Beispiel

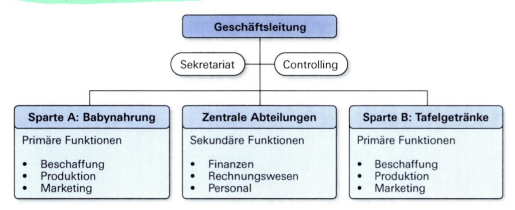

In diesem Beispiel bilden die beiden Produktgruppen Babynahrung und Tafelgetränke die Sparten (Divisionen) des Unternehmens. Jeder Sparte sind die primären Funktionsbereiche Beschaffung, Produktion und Marketing zugeordnet. Die zentralen Abteilungen Finanzen, Rechnungswesen und Personal übernehmen bestimmte Funktionen für alle Sparten, d. h. für das Gesamtunternehmen.

Die Spartenorganisation bringt Übersicht in diese Vielfalt durch die Schaffung von weitgehend autonomen Geschäftseinheiten, die von einer Gesamtleitungsstelle betreut werden. Alle primär für die Leistungserstellung notwendigen Funktionen (Beschaffung, Produktion usw.) sind den einzelnen Sparten zugeordnet. Die sekundären Funktionen übernehmen zentrale Abteilungen, die die Spartenleitung und die Gesamtleitung unterstützen. Diese zentralen Abteilungen haben jedoch Weisungsbefugnisse gegenüber den Spartenleitungen.

Um die mehr oder weniger autonom funktionierenden Unternehmensbereiche auf das Unternehmens-Gesamtziel auszurichten, sind entsprechende Zielvorgaben nötig.

Dabei kommen die folgenden drei Konzepte in der Praxis vor:

- Als Profit-Centers sind die einzelnen Abteilungen (Divisionen) für ihren Gewinn (Profit) verantwortlich. Jedem Profit-Center werden Gewinnziele vorgegeben, die es unter Einhaltung bestimmter Bedingungen, wie der Qualität der Produkte und Serviceleistungen, zu erreichen hat. Das Profit-Center leistet somit seinen Beitrag zum Unternehmens-Gesamtgewinn.
- Als Cost-Centers sind die einzelnen Divisionen an Kostenziele gebunden, die sie einhalten oder unterschreiten müssen.
- Als Investment-Centers sind die einzelnen Divisionen nicht nur für die Einhaltung der Kosten- und Gewinnziele verantwortlich, sondern sie legen auch die Investitionen – innerhalb eines vorgegebenen Investitionsrahmens – selbstständig fest.

5.5.3   Matrixorganisation

In der Matrixorganisation erhalten die Mitarbeitenden Weisungen von mehreren Vorgesetzten; es handelt sich dabei um eine Mehrfachunterstellung. Man nennt sie eine Mehrlinienorganisation, weil die Stellenbildung gleichzeitig nach zwei oder mehreren Kriterien erfolgt.

Folglich werden bestimmte Funktionen nicht den einzelnen Geschäftsbereichen oder Sparten überlassen, sondern von Zentralabteilungen für das gesamte Unternehmen erbracht. Die eigentliche Spartenorganisation wird somit auf einer zweiten Ebene mit einer funktionalen Organisation erweitert; es entsteht eine Matrix.

Das Problem der Matrixorganisation liegt in der **Abgrenzung** von Aufgaben, Kompetenzen und Verantwortung **zwischen den hierarchisch gleichgestellten Instanzen.** Häufig kommt die folgende Abgrenzung vor:

- Der für eine Produktgruppe verantwortliche Spartenleiter nimmt sämtliche Produkt-Interessen wahr. Er entscheidet darüber, welche Qualität, welches Design, welche Verpackung usw. die einzelnen Produkte innerhalb seiner Sparte haben müssen.
- Der Produktionsleiter ist zuständig für die Realisierung der gewünschten Qualität, der Marketingleiter für die Realisierung entsprechender Marketingkampagnen usw.

Abb. [5-13]

Matrixorganisation – Beispiel

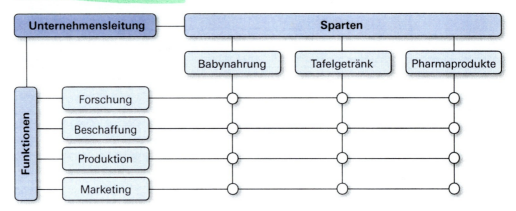

Die Stellen werden in diesem Beispiel nach zwei gleichwertigen Kriterien gegliedert: Auf der horizontalen Ebene erfolgt die Einteilung nach Sparten bzw. Produktgruppen, auf der vertikalen Ebene nach Funktionen.

Vorteil: Gebündeltes Know-How   Nachteil: Kommunikation

5.5.4   Holding

Erfolgreiche Unternehmen versuchen, ihren Einfluss auszuweiten. Sie nehmen neue Geschäftsfelder auf, die als unselbstständige Bereiche geführt oder in einer eigenen Rechtsform gegründet werden. Oft werden **Unternehmen** oder **Beteiligungen** an Unternehmen **aufgekauft.** Es entsteht ein **Konzern.**

Hinweis

Unter einem Konzern versteht man eine Zusammenfassung mehrerer rechtlich selbstständiger Unternehmen, die jedoch unter einheitlicher Leitung des herrschenden Unternehmens stehen. Wenn das aufkaufende oder gründende Unternehmen selbst ein operatives Geschäft betreibt und alle übrigen Aktivitäten dominiert, entsteht ein sog. Stammhauskonzern.

Konzerne neigen dazu, **zentralistisch** geführt zu werden, was zu einigen Schwierigkeiten führen kann:

- Komplexe Entscheidungsfindung, lange Entscheidungswege – viele Einheiten der Zentrale wollen mitsprechen, viele Hierarchieebenen sind zu durchlaufen
- Zu wenig Marktnähe der Zentrale, realitätsferne Entscheidungen
- Komplexe Berichtssysteme, hoher interner Verwaltungsaufwand;
- Zu wenig unternehmerisches Mitdenken der Mitarbeitenden, weil man sich daran gewöhnt hat, dass die Zentrale das letzte Wort spricht

Mit der Gründung einer Holding lassen sich diese Probleme eindämmen. Eine **Holding** ist ein Unternehmen (in der Regel eine Aktiengesellschaft), das sich an einem oder mehreren rechtlich selbstständigen Unternehmen **auf Dauer beteiligt,** selbst aber **kein eigenes operatives Geschäft** tätigt.

A] Holdingformen

In der Praxis kommen die folgenden drei Holdingformen vor:

- Finanzholding
- Strategische Management-Holding
- Operative Management-Holding

Der Führungsanspruch der Konzernzentrale (also der Holding) fällt unterschiedlich stark aus, wie die folgende Tabelle zeigt:

Abb. [5-14]   Holdingformen

	Finanzholding ↗	Strategische Management-Holding	Operative Management-Holding
Führungsanspruch	Finanziell	Finanziell und strategisch	Finanziell, strategisch und operativ
Beispiele für Einflussnahme	<ul><li>Entscheidung über Kauf und Verkauf von Gesellschaften</li><li>Führung durch Planung, Steuerung und Kontrolle der Finanzströme</li></ul>	Zusätzlich zu den bereits genannten: <ul><li>Mitbestimmung der Strategien der Gesellschaften</li><li>Koordination zwischen den Gesellschaften</li><li>Mitbestimmung bei Investitionen, Besetzung von Führungspositionen usw.</li></ul>	Zusätzlich zu den bereits genannten: <ul><li>Eingriffe im Tagesgeschäft in allen betrieblichen Funktionen möglich</li><li>Leistungen für die Geschäftsfelder werden zentral erbracht (z. B. Einkauf)</li></ul>
Information seitens der Gesellschaften	Periodische Berichte über finanzielle Ziele, wie z. B. Rendite, Gewinn, Cash-flow	Regelmässige Berichte über wichtige Kennzahlen, wie z. B. Umsatz, Absatz, Kosten usw.	Detaillierte, laufende Informationen über operative Ziele und z. B. über Kostenarten, Personal, Lagerbestände usw.

↗ *Steueroptimierung* (handschriftlich)

B] Zentrale oder dezentrale Funktionen

Die Holding nimmt bestimmte Aufgaben zentral wahr, um ihrer eigenen Rolle gerecht werden zu können. Darüber hinaus kann es sinnvoll sein, dass sie Funktionen übernimmt, die den Konzerngesellschaften gemeinsam dienen und für die es sich nicht lohnt, entsprechende Kapazitäten in den einzelnen Gesellschaften aufzubauen. Es bleibt allerdings immer ein relativ grosser Ermessensspielraum, ob eine Funktion zentral oder dezentral angesiedelt wird.

Grundsätzlich sollten die Gesellschaften alle Funktionen selbst wahrnehmen, die ihren Erfolg bzw. ihre Wettbewerbsfähigkeit wesentlich beeinflussen. In den meisten Unternehmen sind das die Entwicklung, der Einkauf, die Produktion bzw. die Leistungserstellung in Dienstleistungsunternehmen, das Marketing und der Vertrieb. Von der zentralen Personalstrategie abgesehen, sollte normalerweise auch das Personalwesen dezentralisiert werden. Dasselbe lässt sich über die Organisation und über die IT sagen.

Typische zentrale Funktionen sind:

- Die Finanzierung als Instrument zur Steuerung der Gesellschaften und als Grundlage für ein konzernweites Cash-Management
- Die strategische Konzernplanung und, je nach der gewählten Ausgestaltung der Holding, auch die strategische Planung der Unternehmensbereiche und der Geschäftsfelder
- Das zentrale Controlling, um ein standardisiertes, lückenloses Berichtssystem zu pflegen
- Die Funktionen Recht und Steuern, Zentralrevision und Mergers & Acquisitions (Fusionen und Übernahmen) als Mittel zur langfristigen Konzernentwicklung
- Die Öffentlichkeitsarbeit (PR-Abteilungen), die es zusätzlich auch noch dezentral geben kann

5.5.5 Spezielle Organisationsformen

Der organisatorische Rahmen, der dazu dient, die ordentlich anfallenden Aufgaben dauerhaft zu bewältigen, wird auch als **Primärorganisation** bezeichnet. Demgegenüber stehen Aufgaben, die zeitlich befristet sind und stellen- oder abteilungsübergreifende Kapazitäten erfordern, ohne das eigentliche «Tagesgeschäft» zu behindern. Gewöhnlich handelt es sich dabei um **Projekte,** die eine spezielle Organisationsform erfordern. Man spricht in diesem Zusammenhang auch von der **Sekundärorganisation,** weil diese Organisationsformen wie ein Netz über die vorhandenen Strukturen gelegt werden.

A] Projektorganisation

Die Projektorganisation unterscheidet sich von den bisher besprochenen Formen, weil sie meist nicht ein Unternehmen als Ganzes strukturiert, sondern nur **vorübergehend** eingesetzt wird. Sie kommt insbesondere bei der Planung und Realisierung grösserer Vorhaben (d. h. bei Projekten) zum Zug.

Die gängigsten Projekt-Organisationsformen sind:

- **Reine Projektorganisation:** Bildung einer eigenständigen Organisationseinheit; vollumfängliche Führungs- und Managementfunktion des Projektleiters; die eingesetzten Projektmitarbeitenden arbeiten ausschliesslich für das Projekt. Diese Organisationsform hat sich besonders bei grossen, langfristigen und/oder komplexen Vorhaben bewährt und ist häufig bei Projekten anzutreffen, bei denen Spezialisten eingesetzt werden (z. B. bei IT- oder Produkt-Entwicklungsprojekten).
- **Stabs-Projektorganisation:** Vollumfängliche Beibehaltung der Linienorganisation; ausschliesslich Koordinationsfunktion des Projektleiters; die Projektmitarbeitenden arbeiten «nebenbei» (d. h. neben ihrer ordentlichen Funktion) für das Projekt. In der Praxis wird diese Organisationsform meist bei kleineren Vorhaben mit kurzer Dauer und/oder geringer Komplexität angewandt.
- **Matrix-Projektorganisation:** Aufteilung der Projekt- und Linienaufgaben; Projektleiter ist im Rahmen des Projektauftrags entscheidungs- und weisungsbefugt; die Projektmitarbeitenden arbeiten sowohl für das Projekt als auch in ihrer ordentlichen Funktion. In der Projektpraxis kommt diese Organisationsform am häufigsten vor.

Abb. [5-15] **Matrix-Projektorganisation – Beispiel**

Im Projekt «Verkaufssystem» setzt sich das Projektteam aus Mitarbeitenden des Verkaufs Privatkunden und Unternehmenskunden, des CRM (Customer-Relationship-Management) und der Marketing-Services zusammen.

Hinweis	Die verschiedenen Formen der Projektorganisation, ihre Vor- und Nachteile sowie die Rollenverteilung zwischen der Linien- und der Projektorganisation werden im Kap. 16, S. 147 erörtert.

B] Kollegien

Bei Kollegien handelt es sich um eine Form der Teamorganisation. In einer Teamorganisation werden Aufgaben und Entscheidungen nicht einzelnen Personen, sondern Gruppen übertragen, die im Gegensatz zur Projektorganisation zeitlich nicht befristet, sondern dauerhaft eingesetzt werden. Die Koordination der Aufgaben erfolgt dabei nicht zwischen den einzelnen Leitungsstellen, sondern die Kompetenzen werden durch mehrere Stellen aus verschiedenen Bereichen und/oder hierarchischen Ebenen wahrgenommen, die zusammen ein Kollegium bilden.

Die bekanntesten Formen sind Kollegialinstanzen und Komitees oder Ausschüsse:

- In Kollegialinstanzen werden mehrere Instanzen zu einem Organ zusammengefasst, dessen Mitglieder sämtliche Leitungsaufgaben gemeinsam erfüllen. Typische Beispiele dafür sind die Geschäftsleitung und im politischen Bereich der Bundesrat bzw. die Exekutive auf Gemeinde- oder Kantonsebene.
- In Komitees oder Ausschüssen werden Personen vorübergehend für Sonderaufgaben zusammengefasst, die eine anderweitige hauptamtliche Stelle bekleiden. Typisch dafür sind das Beratungs- und das Entscheidungskomitee, wie z. B. das Projektausschussgremium, der Personalausschuss zur Einführung neuer Arbeitsrichtlinien oder der Finanzausschuss für grössere Investitionsvorhaben u. Ä.

5.5.6   Vor- und Nachteile der Organisationsformen

Die folgende Tabelle fasst die Vor- und die Nachteile der erwähnten Organisationsformen zusammen:

Abb. [5-16]   Vor- und Nachteile von Organisationsformen

	Vorteile	Nachteile
Funktionale Organisation	• Aufgabenspezialisierung durch eine starke Betonung der Fachkompetenzen • Verhinderung von Doppelspurigkeiten bei Abläufen	• Unübersichtlichkeit bei komplexeren Unternehmen • Neigung zur Überschätzung der eigenen Funktion, mangelnde Gesamtschau • Erschwerte bereichsübergreifende Zusammenarbeit zwischen den Funktionen
Divisionale oder Spartenorganisation	• Grosse, komplexe Unternehmen werden durch Aufspaltung in Teilsysteme (Divisionen/Sparten) steuerbar • Autonomie, dadurch hohe Effizienz • Hohe Flexibilität durch kürzere Kommunikationswege und grössere Frontnähe	• Abgrenzungsprobleme, Doppelspurigkeiten, Rivalität (statt Kooperation) zwischen den Sparten • Erschwerte Ausrichtung der Sparten auf eine übergeordnete Philosophie • Hoher Bedarf an qualifizierten Mitarbeitenden
Matrixorganisation	• Innovationspotenzial bei gleichzeitig hoher Flexibilität • Rasche Reaktionsmöglichkeit dank bereichsübergreifenden Entscheidungen • Hohe Identifikation der Beteiligten und dadurch qualitativ gute Umsetzungsergebnisse	• Gefahr von Kompetenzkonflikten und Machtkämpfen • Hohe Anforderungen an die Kooperationsfähigkeit der Mitarbeitenden

	Vorteile	Nachteile
Holding	• Marktnähe, klare Marktzuständigkeiten • Kleinere, bewegliche Einheiten, dadurch schnellere Entscheidungen • Freiraum für unternehmerisches Handeln • Klare Ergebniszuordnung • Einfachere Steuerung von Investitionen	• Mehrspurigkeiten, Behinderung des Aufbaus und der Nutzung gemeinsamer Kapazitäten • Erschwerung der Durchsetzung einheitlicher Strategien • Gefahr der Subventionierung unrentabler Gesellschaften • Erschwerte Kommunikation zwischen den Gesellschaften
Projekt-organisation	• Zusammenführung unterschiedlicher Fähigkeiten und Informationen • Kurze Kommunikationswege, hohe Kreativität • Flexibilität	• Grösserer Zeitaufwand, als wenn ein Einzelner das Projekt bearbeiten würde • Gefahr von zu vielen Kompromissen, wenn das Projektteam nicht konstruktiv zusammenarbeitet
Kollegien	• Entlastung der Leitungsspitze von Koordinationsaufgaben • Möglichkeit der Interessensvertretung • Ausgewogenere Entscheidungen dank Zusammenführung von Fachkompetenz • Mehr Flexibilität der Organisation	• Gefahr unbefriedigender Kompromisse anstelle klarer Entscheidungen • Verringerung des Veranwortungsgefühls der Einzelnen • Mehrbelastung der Mitglieder durch Doppelfunktionen • Konflikte in der Gruppe

5.6 Verbindungswege zwischen Stellen bestimmen

Eine Stelle erfüllt immer nur eine Teilaufgabe des Unternehmens, und daher ist der gegenseitige Kontakt und Austausch für die Zusammenarbeit mit anderen Stellen zwingend erforderlich. Zwischen den Stellen braucht es folglich Verbindungswege für den Austausch von erbrachten Teilleistungen und von Informationen.

5.6.1 Transportwege

Mit den Transportwegen ist der Austausch von **Objekten** gemeint, d. h. von Produkten oder Leistungen, die von einer Stelle kommen und an einer anderen Stelle weiterverarbeitet werden. Diese Verbindungswege werden als **Schnittstellen** bezeichnet. Eine Schnittstelle lässt sich als derjenige Punkt beschreiben, bei dem die **Verantwortung von einer Person auf eine andere** oder von einer Organisationseinheit auf eine andere übergeht. Im Rahmen der Organisationsgestaltung wird versucht, solche «Transportwege» möglichst kurz zu halten und unter eine gemeinsame organisatorische Zuständigkeit zu stellen. Es ist aber nicht immer möglich, alle ausführenden Stellen eng aneinander zu binden. Manchmal müssen die Ergebnisse zwischen weit entfernten Standorten verschoben werden.

Die Problematik von Schnittstellen in der Aufgabenerfüllung wird bei der Prozessorganisation ausführlich behandelt.

5.6.2 Informations- und Kommunikationswege

Informations- bzw. Kommunikationswege beschreiben, wie der **Austausch von Informationen** aller Art, d. h. von Mitteilungen, Entscheidungen, Vorschlägen, Anträgen, Rückfragen, Beschwerden oder Anordnungen, erfolgen sollte. Man spricht im Zusammenhang mit verbindlich einzuhaltenden Informations- bzw. Kommunikationswegen auch vom **formalen Dienstweg.**

Damit eine Gesamtleistung in Form von Produkten und Dienstleistungen für die Kunden entsteht, müssen innerhalb des Unternehmens Informationen ausgetauscht werden. Im Unternehmen besteht also ein eigentliches **Kommunikationssystem;** je mehr kommunikative

Beziehungen bestehen, desto komplexer ist das System. Dabei ist zu bedenken, dass mit jedem weiteren Informationsträger die Anzahl möglicher Kommunikationsbeziehungen progressiv wächst, wie das folgende Beispiel zeigt.

Beispiel

In einem Unternehmen von 50 Mitarbeitenden gibt es 1 225 mögliche zweiseitige Kommunikationsbeziehungen; bei 100 Mitarbeitenden bereits 4 950.

Diese Zahlen sprechen ein wichtiges Koordinationsproblem an: Der Informationsaustausch muss in einem Unternehmen gezielt reduziert, d. h. organisatorisch auf das unbedingt Notwendige beschränkt werden, weil andernfalls eine durchgehende Koordination kaum möglich sein dürfte.

Andererseits ist es unumgänglich, ein eigentliches Wissensmanagement aufzubauen, mit dem Ziel, das Wissen und die Fertigkeiten im Unternehmen gezielt zu entwickeln und zu nutzen sowie verborgene Wissenspotenziale zu erkennen und aufzugreifen. Der Einsatz moderner Informations- und Kommunikationssysteme, wie z. B. des Dokumentenmanagements, von Expertendatenbanksystemen, Workflow-Management-Systemen, Management-Reporting-Systemen usw., ist eine wesentliche Voraussetzung für ein funktionierendes Wissensmanagement im Unternehmen.

Wissensmanagement wird als ein Managementprozess beschrieben, der aus fünf Teilschritten besteht:[1]

1. der Definition von Wissenszielen, die sich aus den Unternehmenszielen ableiten;
2. der Wissensidentifikation, indem die unternehmensinternen und -externen Wissensquellen ausfindig gemacht werden und dieses Wissen in kommunizierbarer Form zur Verfügung gestellt wird;
3. der Wissens(ver)teilung und der Wissensspeicherung, sodass relevantes Wissen und Erfahrungen aus der Anwendung auch für spätere Problem- und Aufgabenbearbeitungen zur Verfügung stehen;
4. der Wissensanwendung bei der Lösung bestimmter Probleme bzw. zur Bearbeitung von Aufgaben im Unternehmen;
5. der Wissensbewertung, die für den regelmässigen Abgleich zwischen den Wissenszielen und den bewerteten Ergebnissen sorgt.

5.7 Einsatz von Sachmitteln

Viele Stellen benötigen bestimmte Hilfsmittel oder Instrumente, damit die Aufgabenträger bzw. Stelleninhaber die entsprechenden Aufgaben überhaupt oder zumindest besser erledigen können. Deren Einsatz ist bei der Stellenbildung zu berücksichtigen.

Typische Sachmittel sind:

- Räumlichkeiten: Arbeitsplätze, Arbeitsplatzausstattung, Toiletten, Garderoben usw.
- Versorgungseinrichtung: Elektrizität, Frischluft, Heizung, Licht, Wasser, Datenversorgung (IT-Netzwerke, Internet), Telefonnetz usw.
- IT-Infrastruktur: Hard- und Software
- Produktionsmaschinen und -anlagen
- Arbeits- und Kommunikationsmittel: Bürogeräte, Telefon, Fax, Verbrauchsmaterial
- Arbeitsunterlagen: Handbücher, Reglemente, Pläne usw.

[1] Probst, Gilbert J. B. ; Raub, Steffen; Romhardt, Kai: Wissen managen – Wie Unternehmen ihre wertvollste Ressource optimal nutzen, Gabler, Wiesbaden 2003.

Vorgehen	Begriff	Merkmal
Stellen-bildung	Aufgabenanalyse	Gliederung der Gesamtaufgabe in Teilaufgaben
	Aufgabensynthese	Bündelung der Teilaufgaben in Stellen: Aufgabeninhalt, Aufgabenspielraum, Aufgabenumfang
	Prinzipien	• Freie Stellenbildung: losgelöst von Personen • Einheit von Aufgabe, Kompetenz und Verantwortung
	Aufgabengliederung	Verteilung von Aufgaben auf Stellen nach dem Prinzip der Zentralisation oder der Dezentralisation: • Funktionale Gliederung: nach Verrichtungen bzw. Aufgaben • Divisionale Gliederung: nach Objekten • Regionale Gliederung: nach Raum • Phasengliederung: nach Phasen der Aufgabenerfüllung
Stellen-bildung	Rangstruktur	• Leitungsstellen bzw. Instanzen • Ausführende Stellen • Beratende Stellen bzw. Stabsstellen • Zentralstellen
	Stellenbeschreibung	Schriftliche Dokumentation der einzelnen Stelle
	Funktionsdiagramm	Zuordnung von Stellen und Aufgaben in einer Matrix
Leitungs-system	Hierarchie	• Leitungstiefe: Anzahl hierarchischer Ebenen • Leitungsbreite: Anzahl Leitungsstellen auf einer hierarchischen Ebene
	Delegation	Kompetenzenübertragung an untergeordnete Stellen: Ausführungs-, Entscheidungs-, Mitsprache-, Anordnungs-, Vertretungs- oder Richtlinienkompetenz
	Organisations-formen	• Grundformen: – Einlinien-System – Stablinien-System – Mehrlinien-System • In der Praxis vorkommende Organisationsformen: – Funktionale Organisation – Divisionale oder Spartenorganisation – Matrixorganisation – Holding (Finanzholding, strategische oder operative Managementholding) – Projektorganisation – Kollegien
Verbindungs-wege	Transportwege	Schnittstellen: Austausch von Objekten (Produkten, Leistungen), die von einer Stelle erbracht und von einer anderen Stelle weiterverarbeitet werden
	Informations- und Kommunikations-wege	• Austausch von Informationen aller Art, auch Dienstweg genannt • Wissensmanagement
Sachmittel	Hilfsmittel und Instrumente	Ermöglichen oder erleichtern die Aufgabenerfüllung

Repetitionsfragen

| 11 | Nehmen Sie in ein paar Sätzen Stellung zu den folgenden Aussagen. |

A] «Engagierte Mitarbeitende holen sich die Kompetenzen, die sie brauchen.»

B] «Eine Stelle muss auf die Person des Stelleninhabers zugeschnitten sein.»

C] «Die optimale Leitungsspanne einer Führungskraft beträgt mindestens sechs und höchstens zehn Mitarbeitende.»

D] «Die Holding sollte nicht massiv ins Tagesgeschäft der Gesellschaften eingreifen.»

| 12 | Nach welcher Art sind die Aufgaben in Ihrer Abteilung oder in Ihrem Unternehmen gegliedert? |

A] Beschreiben Sie die Art der Aufgabengliederung in Stichworten.

B] In vielen Fällen gibt es verschiedene Möglichkeiten, die Aufgaben zu gliedern. Machen Sie deshalb für Ihre Abteilung oder Ihr Unternehmen einen Vorschlag einer anderen als der beschriebenen Aufgabengliederung.

| 13 | Was ist der Unterschied zwischen einem Profit-Center und einem Cost-Center? |

| 14 | Welche Kompetenz wird in den folgenden Beispielen angesprochen? |

A] Der Verkaufsleiter legt den Spielraum für Kundenrabatte fest; innerhalb dieses Rahmens können die Aussendienstmitarbeitenden selbstständig über die Rabatte entscheiden, die sie ihren Kunden gewähren.

B] Die Finanzchefin verhandelt im Namen des Unternehmens mit Finanzinstituten und mit den Steuerbehörden.

C] Bei einer Stellenbesetzung im Zuge einer Nachfolgeregelung erhält der Personalchef das Recht, sein Veto einzulegen.

D] Die Aussendienstmitarbeitenden dürfen das Geschäftsauto auch für private Fahrten benutzen.

| 15 | Schlagen Sie den folgenden Unternehmen eher eine funktionsorientierte oder eine divisionale Organisationsstruktur vor? |

A] Eine Bäckerei mit zwei Filialen

B] Ein mittelgrosses Krankenhaus

| 16 | Die Unisono GmbH ist ein relativ junges, erfolgreiches Beratungsunternehmen für Marketing & Kommunikation und zudem auf die Veranstaltungsorganisation spezialisiert. Sie beschäftigt derzeit 25 Mitarbeitende. Über die Organisationsform hat man sich bei der Unisono GmbH bisher wenig Gedanken gemacht. Die Geschäftsleitung hat eine klassische funktionale Organisation gewählt, und bei grösseren Projekten kam eine entsprechende Projektorganisation hinzu. Im Hinblick auf die baldige Fusion mit einer kleineren Werbeagentur hat die Geschäftsleitung die künftige strategische Ausrichtung der Unisono GmbH erarbeitet. Daraus haben sich auch Diskussionen über die Organisationsstruktur entwickelt: Ist sie überholt? Gibt es erfolgversprechende Alternativen zur funktionalen Organisation, und wenn ja, welche? |

Was würden Sie der Geschäftsleitung der Unisono GmbH raten? Begründen Sie Ihre Empfehlungen mit stichhaltigen Argumenten.

6 Prozessorganisation

Lernziele	Nach der Bearbeitung dieses Kapitels können Sie ...

Lernziele

Nach der Bearbeitung dieses Kapitels können Sie ...

- aufgrund von Beispielen aufzeigen, wie organisatorische Regelungen in der Prozessorganisation umgesetzt werden.
- bekannte Konzepte zur Prozessoptimierung gemäss der grundsätzlichen Fragestellung der Prozessoptimierung einordnen.

Schlüsselbegriffe

Benchmarking, Business Process Reengineering (BPR), Effektivität, Effizienz, Flussdiagramm, Geschäftsprozess, Geschäftsprozess-Optimierung (GPO), Kaizen, Kette, Kundenorientierung, Lean Management, Organisationsentwicklung (OE), Prozess, prozessorientierte Organisation, Prozesshierarchiediagramm, Schnittstellen, Total Quality Management (TQM), verzweigte Folgebeziehungen, Wertschöpfung

Die Prozessorganisation befasst sich mit der zeitlich-logischen Reihenfolge der Aufgaben innerhalb eines Unternehmens, also mit den **Aufgabenerfüllungsprozessen**. Sie bezweckt eine möglichst effiziente Regelung der Prozesse und somit der **dynamischen Beziehungen** innerhalb eines Unternehmens.

In diesem Kapitel lernen Sie die wichtigsten Begriffe und Zusammenhänge der Prozessorganisation kennen, um als Führungskraft ein besseres Verständnis für das prozessorientierte Denken und Handeln zu gewinnen.

6.1 Merkmale eines Prozesses

Mit der folgenden Definition lassen sich alle Arten von Prozessen erfassen, unabhängig davon, ob sie im Unternehmen oder z. B. im Haushalt oder im Sport stattfinden:

- Ein Prozess ist eine **Vielzahl von Aufgaben,** die von Menschen und/oder Maschinen bestimmte **Inputs** in einer **vorgegebenen Abfolge** zu **Outputs** verarbeiten und dabei durch den Einsatz von Informationssystemen unterstützt werden. Man nennt diese Aufgabenfolge auch eine Aufgabenkette.
- Ein Prozess dient dazu, einen **Wert für Kunden** zu schaffen. Die Wertschöpfung ergibt sich aus der Summe der Teilleistungen, die im Rahmen eines solchen Prozesses erbracht werden.

Unter der **Prozessorganisation** wird demzufolge die Summe aller Prozesse verstanden.

Aus der obigen Definition ergeben sich die **Kernelemente eines Prozesses,** die wir im Folgenden noch etwas genauer beleuchten:

Abb. [6-1]

Prozesselemente

| Kunden-anforderung
• Auftrag
• Anfrage
• Problem | Input
• Produkt
• Leistung | Aufgabenfolge | Output
• Produkt
• Leistung | Kunde
• Nutzen |

6.1.1 Input/Output

In Prozessen werden Inputs verarbeitet und Outputs erzeugt:

- Beim **Input** handelt es sich um das **Startereignis;** er wird von einem entsprechenden **Lieferanten** in Form eines Produkts oder einer Leistung bereitgestellt.
- Die für die **Kunden** erzeugten Produkte oder Leistungen bilden den **Output** eines Prozesses und stellen dessen relevantes **Endereignis** dar.

Zum besseren Verständnis der Unterscheidung von Lieferanten und Kunden dient der folgende Merksatz: **Jeder Prozess ist Kunde des vorhergehenden und zugleich Lieferant des nachfolgenden Prozesses.**

Hinweis	Inputs und Outputs werden in der Organisationslehre auch als «Objekt» bezeichnet; für Inputs wird oftmals auch die Bezeichnung «Trigger» verwendet.

6.1.2 Kunden, Kundenanforderungen, Kundennutzen

Als **Kunden** werden alle Personen oder Organisationseinheiten bezeichnet, die Leistungen (Produkte oder Dienstleistungen) vom betrachteten Prozess empfangen, unabhängig davon, ob sie diese «bezahlen» oder nicht.

- Ein zentrales Element bei der Prozessgestaltung sind die **Kundenanforderungen,** die in Form eines Auftrags, einer Anfrage oder eines Problems gestellt werden.
- Der Output eines Prozesses muss einen **Nutzen** für den Kunden bringen.

Ein Prozess ist demzufolge **wertschöpfend,** wenn er die Anforderungen des Kunden in zufriedenstellendem Ausmass erfüllt.

6.1.3 Aufgabenfolge

Aufgaben mit logischen Folgebeziehungen stellen den eigentlichen Prozess dar. Aufgaben sind nur vollständig beschrieben, wenn festgelegt wird, **was** zu tun ist und **woran** es getan werden soll. Man spricht in diesem Zusammenhang von den Verrichtungs- und von den Objektfolgen:

- **Verrichtungsfolgen** (was?): Welche Verrichtungen sind für die Erfüllung einer Aufgabe erforderlich, und in welcher Reihenfolge müssen sie angeordnet werden? Verrichtungsfolgen an einem bestimmten Objekt werden auch **Stückprozesse** genannt.
- **Objektfolgen** (woran?): In welcher Reihenfolge sollen verschiedene Inputs bearbeitet werden?

6.2 Prozesse erheben

Bei der Prozessbeschreibung werden die einzelnen **Aufgaben** innerhalb eines Prozesses und deren **fachlich korrekte Abfolge** definiert. Dazu sind die folgenden Informationen notwendig: der Input (der Auslöser) der Aufgabe, die für die Erfüllung der Aufgabe notwendigen Tätigkeiten (Verrichtungen) und der Output (das Ergebnis) der Aufgabe.

Für eine übersichtliche Prozessbeschreibung empfiehlt sich die Tabellenform und die Nummerierung der Aufgaben. Nachfolgend sehen Sie einen Auszug aus der Prozessbeschreibung «Artikel bestellen».

Abb. [6-2]   Prozessbeschreibung Prozess «Artikel bestellen» – Beispiel

Nr.	Aufgabe	Auslöser (Input)	Tätigkeiten (Verrichtungen)	Ergebnis (Output)
1.1	Kunde identifizieren	Kunde bestellt Artikel per E-Mail, Telefon oder Brief	Der Kunde wird in der Kundendatenbank identifiziert: • Bei bestehenden Kunden kann die Bestellung aufgenommen werden (s. 1.5) • Bei Neukunden wird eine Bonitätsprüfung durchgeführt (s. 1.2)	Eigenschaft «bestehender Kunde» oder «Neukunde»
1.2	Bonität prüfen	Eigenschaft «Neukunde»	Die Bonität wird mit einem Auszug aus dem Betreibungsregister geprüft. • Sind keine Betreibungen hängig oder weniger als ein Jahr alt, wird ein Kundenkonto eröffnet (s. 1.3) • Sind Betreibungen hängig oder weniger als ein Jahr alt, wird der Kunde abgelehnt (s. 1.4)	Bonitätsentscheidung
1.3	Kundenkonto eröffnen	Bonitätsentscheidung	Kundenkonto wird in Kundendatenbank eröffnet: Kundendaten (Name, Adresse).	Neukunde erfasst
1.4	Bestellung ablehnen	Bonitätsentscheidung	• Ablehnungsmitteilung erstellen • Ablehnungsmitteilung verschicken • Bestellung löschen	Ablehnungsmitteilung, Bestellung gelöscht
1.5	Bestellung erfassen	Bestehender Kunde oder Neukunde erfasst	Die Bestellung wird im Auftragsabwicklungssystem erfasst: Bestelldaten (Datum der Bestellung, Bestellmenge, bestellte Artikel)	Bestelldaten
...	...	...	...	...

6.3   Prozesse modellieren

Prozesse modellieren bedeutet, die einzelnen Aufgaben oder Teilprozesse in ihrer zeitlich-logischen Abfolge darzustellen. Dabei ist es wichtig, innerhalb des Unternehmens eine **einheitliche Darstellungsform** zu verwenden, um die verschiedenen Prozesse jederzeit vergleichen und besser nachvollziehen zu können.

6.3.1   Folgebeziehungen bestimmen

Selbst die kompliziertesten Prozesse bestehen immer aus einer Kombination von sechs logischen Folgebeziehungen, die auch als **Grundformen der Prozessorganisation** bezeichnet werden. Diese Tatsache erleichtert die Darstellung prozessorganisatorischer Zusammenhänge.

Man unterscheidet dabei die unverzweigten von den verzweigten Folgebeziehungen:

- **Unverzweigte Folgebeziehungen:**   Kette
- **Verzweigte Folgebeziehungen:**
  - UND-Verzweigung
  - UND-Verknüpfung
  - ODER-Verzweigung
  - ODER-Verknüpfung
  - ODER-Rückkopplung

A] Unverzweigte Folgebeziehungen: Kette

Bei der Kette handelt es sich um eine unverzweigte Folge von Aufgaben oder von Tätigkeiten innerhalb einer Aufgabe. Diese werden als Rechtecke dargestellt, die Pfeile zwischen den Rechtecken zeigen die Abfolge an.

Abb. [6-3]   **Darstellung einer Kette – Beispiel**

B] Verzweigte Folgebeziehungen: Und – Oder

Man unterscheidet fünf verschiedene Formen verzweigter Abläufe, die in der folgenden Grafik dargestellt und in der Tabelle erklärt werden:

- Folgen: UND-Verzweigung sowie -Verknüpfung
- Bedingungen: ODER-Verzweigung, -Verknüpfung sowie -Rückkopplung

Abb. [6-4]   **Übersicht über verzweigte Abläufe**

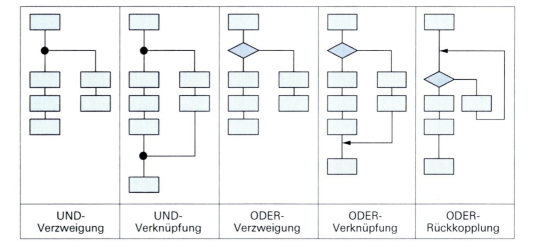

	Beschreibung	Beispiel
UND-Verzweigung	• Bei einer UND-Verzweigung werden zwei Teilaufgaben **parallel** nebeneinander erledigt. • UND-Verzweigungen werden durch einen **Punkt** • gekennzeichnet.	Der auszuliefernde Artikel wird verpackt; gleichzeitig wird die Kundenrechnung geschrieben.
UND-Verknüpfung	• Die nach einer UND-Verzweigung parallel verlaufenden Äste können sich wieder **vereinigen** und eine **gemeinsame Fortsetzung** haben. • Die Notwendigkeit einer solchen UND-Verknüpfung entsteht immer, wenn die Stückprozesse nur **Teilergebnisse** bringen, die erst dann zu einem Endresultat führen, wenn sie zusammengefügt werden.	Der verpackte Artikel und die Rechnung müssen zusammengeführt werden. Den Output stellt das versandbereite Paket dar.
ODER-Verzweigung	• Wichtig ist bei dieser Verzweigungsart das «Entweder – Oder». Die Alternativen **schliessen sich gegenseitig aus.** • Bei der Darstellung von Abläufen wird eine **Raute** «◇» eingesetzt, von der beliebig viele Äste abzweigen können.	Bonität des Kunden ok? (Ja – Nein) Lagerbestand ok? (Ja – Nein)
ODER-Verknüpfung	• Auch nach einer ODER-Verzweigung ist es möglich, dass die alternativen Äste eine gemeinsame Fortsetzung haben und deshalb **wieder zusammengeführt** werden können. • Die Zusammenführung wird als **Pfeil** dargestellt.	Nach der positiven Bonitätsentscheidung bei Neukunden und der Eröffnung des Kundenkontos wird die Bestellung erfasst.
ODER-Rückkopplung	• Wie es der Name schon sagt, handelt es sich bei der ODER-Rückkopplung um eine Verzweigung oder Verknüpfung, die wieder **vor die Bedingungsabfrage zurückführt**. Sie geht also nicht nach «unten», sondern nach «oben».	Falls die Bestellung Lücken aufweist, ist eine Rückfrage beim Kunden notwendig. Erst wenn die Bestellung vollständig ist, wird der Abrufvorgang des Lagerbestands ausgelöst.

6.3.2 Darstellung von Prozessen in einem Flussdiagramm

Die Abbildung auf der nächsten Seite zeigt beispielhaft den vorhin beschriebenen Prozess «Artikel bestellen» mit den beteiligten Stellen in einem Flussdiagramm.

Nachfolgend sind die im Flussdiagramm verwendeten **Symbole** für Aufgabe, Entscheidung, Teilprozess und Zusammenführung paralleler Arbeitsabläufe in der linken Spalte dargestellt. Die Symbole für Daten und Dokumente in der rechten Spalte werden vor allem bei der Prozessmodellierung unter Einbezug der Informatiionstechnik (IT) verwendet; wir zeigen sie im Flussdiagramm nur stellenweise auf.

Abb. [6-5]

Symbole für die Modellierung von Prozessen

Aufgabe

Daten

Entscheidung

Dokument

Teilprozess

Zusammenführung paralleler Arbeitsabläufe

Hinweis

In diesem Lehrmittel beschränken wir uns bewusst auf einen einfachen Prozess und auf die Abbildung der grundlegenden Symbole. Für weitere Darstellungsmöglichkeiten von Prozesselementen verweisen wir auf die entsprechende Fachliteratur.

Abb. [6-6]   Prozessmodell für «Artikel bestellen» – Beispiel

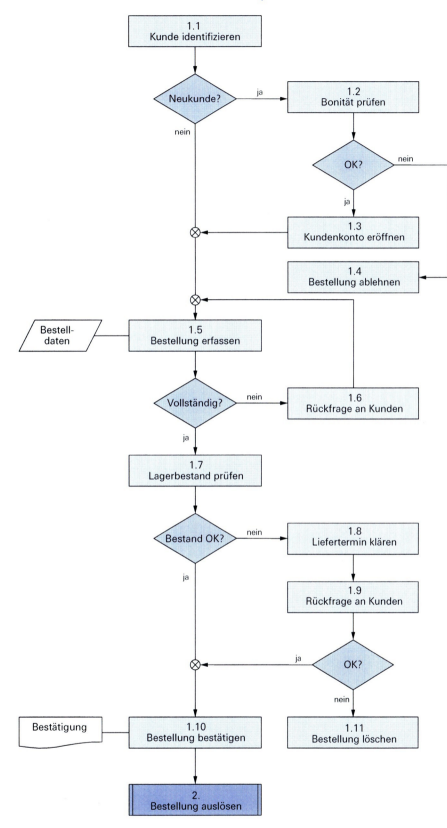

6.3.3 Darstellung von Prozessen in Prozesshierarchiediagrammen

Eine Prozesshierarchie entsteht, indem Prozesse stufenweise untergliedert werden. Das Vorgehen bei der Prozesszergliederung entspricht dem Vorgehen bei der Aufgabenanalyse: Aufgaben werden so lange in Teilaufgaben zergliedert, als sinnvolle Teilaufgaben identifiziert werden können. Die Anzahl der Gliederungsstufen kann allerdings je nach Bereich und Zielsetzung stark variieren.

In der Praxis werden für diese **Prozessebenen** unterschiedliche Begriffe verwendet. Wir beschränken uns hier auf die allgemeine Definition und fügen wo nötig weitere, oft verwendete Definitionen in Klammern an:

- **Oberste Ebene:** Hauptprozess (Unternehmensprozess, Geschäftsprozess)
- **Zweite Ebene:** Teilprozesse
- **Dritte Ebene:** Aufgaben (Prozessschritte)
- **Vierte Ebene:** Tätigkeiten (Aktivitäten, Arbeitsschritte)

Mit dem Prozesshierarchiediagramm können die verschiedenen Prozessebenen anschaulich dargestellt werden.

Im folgenden Beispiel ist «Auftragsabwicklungsprozess» die oberste Prozessebene, also der Hauptprozess. Als Teilprozess gilt die zweite Ebene, wie z. B. «Bestellung prüfen». Die dritte Ebene sind Aufgaben, wie z. B. «Disponieren», und die vierte Ebene stellt Tätigkeiten dar, wie z. B. «Lieferanten auswählen».

Abb. [6-7]   **Prozesshierarchiediagramm – Beispiel**

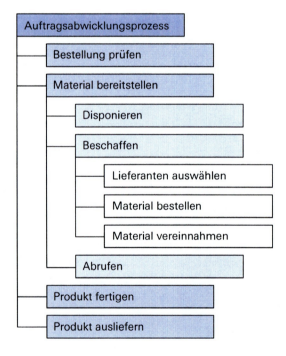

6.4 Schnittstellen definieren

Sobald die Outputs einer Aufgabe vorliegen, müssen sie der nächsten Stelle im Prozessablauf als Inputs übergeben werden. Schnittstellen werden also durch Inputs bzw. Outputs von Prozessen definiert.

Schnittstellen können zu Einschränkungen bezüglich Effizienz und Effektivität führen, insbesondere dann, wenn mehrere Organisationseinheiten an einem Prozess beteiligt sind. Nachfolgend einige Beispiele typischer Schnittstellenprobleme:

- Verlängerung der Durchlaufzeiten aufgrund «gestörter» Material- und Informationsflüsse
- Reibungsverluste aufgrund unterschiedlicher Ziel- und Erfolgskriterien bei den beteiligten Organisationseinheiten (Anforderungen, Prioritäten)
- Erhöhter Informations- und Koordinationsaufwand bei der Weiterleitung des Prozessobjekts (z. B. Auftrag)
- Kommunikationsprobleme (fehlende oder falsche Informationen, Missverständnisse)
- Mangelnde Abstimmung über Verantwortlichkeiten und Zuständigkeiten
- Konflikte (Ressort-, Motiv-, Ressourcen- und Verteilungskonflikte)
- Unterschiedliche Art der Informatik-Unterstützung, Medienbrüche

Bei der Analyse der Schnittstellen ergeben sich deshalb u. a. die folgenden Fragen:

- Welche organisatorischen Einheiten arbeiten im Rahmen eines Prozesses zusammen?
- Wo werden Informationen über eine organisatorische Schnittstelle ausgetauscht (z. B. per E-Mail, Formular oder Telefon) oder mithilfe einer technischen Schnittstelle (z. B. zwischen verschiedenen Informatiklösungen)?
- Welche Informationen werden zwischen diesen Schnittstellen ausgetauscht?

6.5 Sachmittel bestimmen

Im Rahmen der Sachmittelspezifikation werden alle Sachmittel festgelegt, die für die Erledigung einer bestimmten Aufgabe benötigt werden. Wir sind darauf bereits im Kap. 5.7, S. 61 eingegangen.

Für den Beispielprozess «Artikel bestellen» könnte die Sachmittelbeschreibung wie folgt aussehen:

Abb. [6-8]   Sachmittelbeschreibung – Beispiel

Nr.	Tätigkeit	Sachmittel / Beschreibung
...	...	...
1.3	Kundenkonto eröffnen	Kundendatenbank: Der neue Kunde wird angelegt und die verlangten Stammdaten werden erfasst. Der neue Kunde wird Teil des Kundenstamms.
1.4.	Bestellung ablehnen	Textverarbeitungsprogramm: Der Ablehnungsbescheid wird mithilfe von MS Word anhand einer Briefvorlage erstellt.
1.5	Bestellung erfassen	Auftragsabwicklungssystem: Die neue Bestellung wird angelegt und die Artikelpositionen werden erfasst.
...	...	...

6.6 Informationsbedarf definieren

Bei der Abwicklung der meisten Geschäftsprozesse werden **Daten erzeugt und verändert** sowie **Informationen als Ausführungs- oder Entscheidungshilfen** benötigt. Aufgrund der zunehmenden Durchdringung der Unternehmen durch ICT-Systeme werden immer mehr Daten erhoben, gespeichert und verarbeitet.

Im Rahmen der Informationsspezifikation werden alle Informationen ermittelt, die für die Erledigung einer Aufgabe benötigt werden. Es stellen sich dabei u. a. folgende Fragen:

- Welche Informationen werden genau benötigt?
- Wie müssen diese Informationen aufbereitet sein?
- In welchen Systemen sind diese Informationen enthalten?
- Wie schnell müssen die Informationen verfügbar sein?
- Wie aktuell müssen die Informationen sein?
- Wie häufig wird auf die Informationen zugegriffen?

Für den Beispielprozess «Artikel bestellen» könnte der **Informationsbedarf** wie folgt aussehen:

Abb. [6-9]

Informationsbedarf – Beispiel

Nr.	Information	Quelle	Bemerkung
1	Stammdaten und bisherige Bestellungen	Kundendatenbank	Stammdaten des Kunden
		Auftragsabwicklung	Anzeige aller bisherigen Bestellungen
2	Lagerbestand	Lagersystem	Anzeige des Lagerbestands für alle Artikel
...	...	...	...

6.7 Prozessmanagement

Wir verlassen nun die Betrachtung des einzelnen Prozesses und gehen auf die Prozessorganisation im Unternehmen ein. Dabei handelt es sich nicht «nur» um organisatorische Regelungen der Prozesse innerhalb eines Unternehmens oder eines Geschäftsbereichs, sondern um ein ganzheitliches Managementkonzept. Man spricht in diesem Zusammenhang auch vom Prozessmanagement oder – bei bereichsübergreifenden Prozessen – vom **Geschäftsprozessmanagement.**

Ein systematisches Prozessmanagement zeichnet sich nicht dadurch aus, dass alle möglichen Prozesse des Unternehmens identifiziert, beschrieben, grafisch aufbereitet und den Mitarbeitenden zur Verfügung gestellt werden. Vielmehr bedeutet es eine dauerhafte Aufgabe: Die Prozesse müssen im Einklang mit der Unternehmensstrategie und den daraus abgeleiteten Zielen stehen und **konsequent umgesetzt** werden.

6.7.1 Merkmale von Geschäftsprozessen

Die allgemein gültige Begriffsdefinition von Prozessen trifft genauso auf Geschäftsprozesse zu. An dieser Stelle fügen wir dennoch eine genauere Definition aus der Fachliteratur an: Geschäftsprozesse sind durch die Bündelung und die strukturierte Reihenfolge von funktionsübergreifenden Aktivitäten mit einem Anfang und einem Ende sowie klar definierten Inputs und Outputs gekennzeichnet.[1]

[1] Davenport, Thomas H.: Process Innovation: Reengineering Work Through Information Technology, Harvard Business School Press, 1992.

Somit lassen sich die folgenden Aussagen zum Geschäftsprozess machen:

- Ein Geschäftsprozess beinhaltet **mehrere Aufgaben,** die einen festgelegten Beginn und ein festgelegtes Ende haben sowie in einer festgelegten Ablauffolge ausgeführt werden. Eine Aufgabe kann sich aus verschiedenen Aktivitäten zusammensetzen.
- Ein Geschäftsprozess beeinflusst die **Wettbewerbsposition** eines Unternehmens langfristig und nachhaltig.
- Die **Wertschöpfung** eines Geschäftsprozesses besteht darin, dass Inputs mittels Einsatz von Arbeitsleistungen zu Outputs mit höherem Wert umgeformt und an externe oder interne Empfänger (Prozesskunden) ausgeliefert werden.
- An einem Geschäftsprozess können **mehrere Organisationseinheiten** beteiligt sein.

Die Geschäftsprozesse in einer prozessorientierten Organisation lassen sich anhand folgender **Begriffe und Merkmale** charakterisieren:

Abb. [6-10]

Begriffe und Merkmale von Geschäftsprozessen

Begriffe	Merkmale
Marktorientierung	Ausrichtung der Prozesse auf die Marktpartner des Unternehmens (Kunden, Lieferanten usw.)
Ergebnisorientierung	Keine Prozesse bzw. Aktivitäten ohne definierte Ergebnisse
Geschäftszielorientierung	Direkte oder indirekte Ausrichtung der Prozesse auf die Ziele des Unternehmens (Geschäftsziele)

Beispiel

Die Auftragsabwicklung ist ein Geschäftsprozess eines Handelsunternehmens. Der Auftragsabwicklungsprozess hat durch die Auftragserteilung und Auslieferung des Produkts Schnittstellen zum Kunden. Ergebnis ist die Auslieferung eines Produkts oder einer Dienstleistung. Die schnelle und zuverlässige Auslieferung ist das Prozessziel, das dem Kundenwunsch entspricht. Die Auftragsabwicklung ist auf das Geschäftsziel der Umsatzsteigerung bzw. Gewinnsteigerung ausgerichtet.

6.7.2 Ziele der prozessorientierten Organisation

Das Prozessmanagement und somit auch jede prozessorientierte Organisation strebt **fünf Ziele** an: Kundenorientierung, Wertschöpfung, Prozess-Effektivität und -Effizienz sowie eine Minimierung von Schnittstellenproblemen.

A] Kundenorientierung

Die Kundenorientierung als oberste Zielsetzung einer prozessorientierten Organisation zeigt sich in der **Kundenzufriedenheit.** Sie gilt als Massstab für die Planung und Steuerung eines Prozesses. Allerdings wird die Kundenorientierung nicht nur gegen aussen verstanden, sondern auch für die internen Kunden im Unternehmen. Wie der externe benötigt auch der interne Kunde die erbrachte Leistung in einer definierten Qualität, um selbst wieder eine gute Leistung erbringen zu können. Das Unternehmen wird so zu einem Netzwerk von Kunden- und Lieferantenbeziehungen.

B] Konzentration auf die Wertschöpfung

Wertschöpfung bedeutet nicht nur, dass das **Prozessergebnis** (Output) für einen Kunden einen Wert darstellt. Vielmehr muss **jede Aufgabe** wertschöpfend sein, die zu diesem Ergebnis führt. Daher steht hinter jeder geplanten Aufgabe die Frage: Wäre der Kunde bereit, dafür zu bezahlen?

Beispiel	Das Zwischenlagern von Produkten stellt i. d. R. keine direkte Wertschöpfung dar. Indirekt kann es jedoch zur Wertschöpfung beitragen, wenn dadurch eine hohe Lieferbereitschaft gegenüber dem Kunden sichergestellt wird.

C] Effektivität der Prozesse

Effektivität steht für die **Aussensicht** der Prozesse. Sie beantwortet die folgenden beiden Fragen: Wird das gewünschte Ergebnis erzielt? Entsprechen die Leistungen den Erwartungen des Kunden?

Ein Prozess wird effektiv durchgeführt, wenn das gewünschte Ergebnis erreicht bzw. die gewünschte Wirkung erzielt wird. Mit anderen Worten: Effektivität bedeutet, **das Richtige tun.**

Beispiel	Die richtigen Märkte auswählen, die richtigen Produkte entwickeln, die richtigen Kernkompetenzen im Unternehmen aufbauen und weiterentwickeln usw.

6.7.3 Effizienz der Prozesse

Effizienz steht für die **Innensicht der Prozesse:** Werden die Prozesse mit dem kleinstmöglichen Ressourceneinsatz durchgeführt?

Ein Prozess wird effizient durchgeführt, wenn das gewünschte Ergebnis bzw. die gesetzten Ziele wirtschaftlich (d. h. unter minimalem Ressourceneinsatz) erreicht werden. Mit anderen Worten: Effizienz bedeutet, **etwas richtig tun.** Grundlage für die Bewertung der Effizienz sind die **Kosten- und Nutzenbetrachtungen.**

Abb. [6-11]

Massnahmen zur Unterstützung der Effizienz – Beispiele

Kriterium	Merkmal	Bezug zur Kundenorientierung
Kosten	Minimierung der Kosten	Der Kunde soll die bestellte Leistung möglichst preisgünstig bekommen.
Zeit	Verkürzung der Durchlaufzeit	Der Kunde soll die bestellte Leistung möglichst schnell bekommen.
Qualität	Verringerung der Produktfehler	Der Kunde soll den maximalen Nutzen haben.

Prozesseffizienz heisst demnach: Produkte sollen in möglichst **kurzer Zeit** mit möglichst **niedrigen Kosten** in möglichst **hoher Qualität** hergestellt werden. Dabei ist zu beachten, dass die Kriterien Kosten, Zeit und Qualität miteinander verzahnt sind und deshalb permanent ausbalanciert werden müssen:

- **Zeit und Qualität:** Zeit und Qualität sind häufig gegenläufige Kriterien. Die Sicherstellung von Qualität kostet gewöhnlich dadurch Zeit, dass Qualitätsprüfungen durchgeführt werden. Die Herausforderung des Prozessmanagements besteht darin, die Qualität durch Beherrschung der Prozesse ohne zusätzliche, zeitverzögernde Prüfaktivitäten sicherzustellen.

- **Kosten und Zeit:** Die Forderung nach Zeiteffizienz kann dazu führen, dass höhere Kosten in Kauf genommen werden, um eine kürzere Produktions- oder Dienstleistungszeit zu erreichen. Zeitoptimierung kann also zu höheren Kosten führen, z. B. wenn zusätzliche Ressourcen verwendet werden müssen, um den Produktionsprozess oder Dienstleistungsprozess zu beschleunigen. Andrerseits kann Zeitoptimierung auch dazu führen, dass Ressourcen weniger lange in Anspruch genommen werden und dadurch besser genutzt werden können.
- **Qualität und Kosten:** Die Forderung nach Qualität kann dazu führen, dass höhere Kosten in Kauf genommen werden, um eine bessere Produkt- oder Dienstleistungsqualität zu erreichen. Qualitätskosten können in Fehlerkosten (externe und interne) und in Kosten für das Qualitätsmanagement (Fehlerverhütung und Prüfung) aufgeteilt werden. Ziel des Qualitätsmanagements unter dem Aspekt der Effizienz ist es, die Fehlerkosten zu senken, und zwar bei angemessenen Kosten für das Qualitätsmanagement.

| Abb. [6-12] | **Magisches Dreieck Kosten, Zeit und Qualität** |

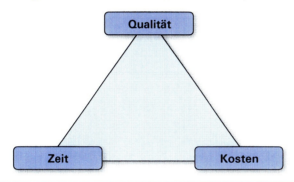

| Hinweis | - Zeit hat auch einen Einfluss auf die Effektivität, denn eine schnelle bzw. zeitgerechte Dienstleistung oder Produktlieferung führt zu erhöhter Kundenzufriedenheit. |
| | - Qualität hat auch einen Einfluss auf die Effektivität, denn ein den Kundenanforderungen entsprechendes Produkt führt zu Kundenzufriedenheit. |

A] Minimierung der Schnittstellen

Ein wesentliches Ziel der prozessorientierten Organisation ist es, durchgängige Prozesse mit **möglichst wenig Schnittstellen** vom Lieferanten bis zum Kunden zu gestalten und dadurch Schnittstellenprobleme zu vermeiden bzw. zu vermindern. Auch wenn in der prozessorientierten Organisation weitgehend durchgängige Abläufe realisiert werden können, so bleiben i. d. R. immer noch Schnittstellen übrig. Das **Schnittstellenmanagement** soll helfen, typische Schnittstellenprobleme zu vermeiden bzw. zu lösen, wie die folgende Tabelle zeigt.

| Abb. [6-13] | **Schnittstellenmanagement** |

Ziele	Mögliche Massnahmen
Abteilungsziele aufeinander abstimmen	- Fokus auf Prozessorientierung legen - Erfolg mittels Prozesskenngrössen messen - Bereichsübergreifende interne und externe Zusammenarbeit einführen
Kundenerwartungen und Lieferantenleistungen aufeinander abstimmen	- Anforderungen schriftlich festlegen - Schnittstellen vereinbaren - Service-Level-Agreements vereinbaren
Durchgängige Kommunikation sicherstellen	- Vernetzung, z. B. durch elektronische Kommunikationsmittel, integrierte Datenbank - Wissensmanagement aufbauen

Ziele	Mögliche Massnahmen
Vertrauensvolles Verhältnis zu den Kunden aufbauen	• Kundenaufträge effizient bearbeiten • Zentrale Anlaufstelle für Kunden schaffen • Fallbearbeitung aus einer Hand sicherstellen
Vertrauensvolles Verhältnis zu den Lieferanten aufbauen	• Lieferantenbestellungen effizient bearbeiten • Lieferantenzahl optimieren • Prozesse gemeinsam mit den Lieferanten optimieren

6.8 Prozesse optimieren

Die Zielsetzungen der Prozessorganisation weisen darauf hin, dass es dabei nicht «nur» um organisatorische Regelungen der Abläufe innerhalb eines Unternehmens oder eines Geschäftsbereichs geht, sondern es sich um ein ganzheitliches **Managementkonzept** handelt. Die Prozesse werden nicht nur als organisatorische Regelungen der Abläufe im Unternehmen gesehen, sondern es kommen neue Akzente hinzu, wie z. B. die Frage nach der optimalen Kundenorientierung.

Bei der Optimierung von Prozessen stellt sich eine **grundsätzliche Frage:** Geht es darum, bestehende Prozesse zu optimieren oder die Prozesse völlig neu zu gestalten?

Die Antwort darauf ist wegweisend für den Ansatz, der für eine prozessorientierte Reorganisation gewählt werden sollte: Die Geschäftsprozess-Optimierung dient der laufenden Verbesserung bestehender Prozesse, wohingegen das Business Process Reengineering einen radikalen Umbruch bedeutet und die Prozesse sozusagen auf der «grünen Wiese» von Grund auf neu definiert.

6.8.1 Geschäftsprozess-Optimierung (GPO)

Die Geschäftsprozess-Optimierung (GPO) wird als ein Konzept der **schrittweisen Verbesserung** von Prozessen beschrieben. In der Fachsprache bezeichnet man die Geschäftsprozess-Optimierung deshalb auch als evolutionären Verbesserungsprozess oder als **«Bottom-up»-Optimierungsansatz.**

Abb. [6-14]

Bottom-up-Optimierung

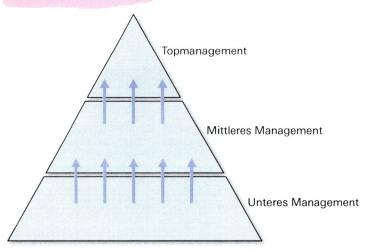

Verbesserungen werden von den unteren Hierarchiestufen ausgelöst und gesteuert. Sie verlaufen von unten nach oben (daher die englische Bezeichnung «bottom-up»).

Den Ausgangspunkt bilden die **bestehenden Abläufe;** diese werden auf Schwachstellen untersucht und schrittweise optimiert. Bestehende Stärken werden genutzt und schrittweise ausgebaut. Das Konzept der Geschäftsprozess-Optimierung baut auf der **bestehenden Organisationsstruktur** auf. Voraussetzung für die Durchführung von Optimierungsmassnahmen ist, dass im Unternehmen bereits Prozesse definiert sind.

Das **betriebliche Vorschlagswesen** ist ein traditionsreiches Mitwirkungs- und Prozessoptimierungsinstrument in vielen Unternehmen, das die folgenden Zielsetzungen verfolgt:

- Verantwortliches Mitdenken möglichst vieler Mitarbeitender
- Verbesserung der Zusammenarbeit
- Optimierung der Arbeitsprozesse und -ergebnisse

In der nachfolgenden Tabelle finden Sie einige weitere bekannte Ansätze für die Geschäftsprozess-Optimierung:

Abb. [6-15]   **Ansätze für eine kontinuierliche Verbesserung der Geschäftsprozesse**

Ansatz	Kurzbeschreibung
Kaizen (Japanische Bedeutung: Verbesserung)	In westlichen Unternehmen wurde Kaizen unter der Bezeichnung «**Kontinuierlicher Verbesserungsprozess (KVP)**» eingeführt. Insgesamt soll Kaizen zu einer höheren Identifikation der Mitarbeitenden mit dem Unternehmen und letztlich zu einer stetigen Verbesserung der Wettbewerbsposition beitragen. Eine verbreitete Anwendung des Kaizen-Gedankens sind **Qualitätszirkel** in Unternehmen. Prinzipien des Kaizen: - Perfektionierung des betrieblichen Vorschlagswesens - Investition in die Weiterbildung der Mitarbeitenden - Mitarbeiterorientierte Führung - Prozessorientierung - Einführung eines Qualitätsmanagements
Lean Management	Das Hauptanliegen des «Lean-Thinking» ist die **Vermeidung von Verschwendung** und die Konzentration auf wertsteigernde Aktivitäten. Prinzipien des Lean Management: - Ausrichtung aller Tätigkeiten auf den Kunden - Konzentration auf die eigenen Stärken - Laufende Optimierung von Geschäftsprozessen - Ständige Verbesserung der Qualität - Interne Kundenorientierung als Leitprinzip - Eigenverantwortung, Empowerment und Teamarbeit - Dezentrale, kundenorientierte Strukturen - Führen ist Service am Mitarbeitenden - Offene Information und Feedback-Prozesse - Einstellungs- und Kulturwandel im Unternehmen
Benchmarking	Das **systematische Vergleichen** von Dienstleistungen, Prozessen, Methoden und Praktiken mit denjenigen der Konkurrenten lässt eigene Stärken und Schwächen erkennen. Prinzip des Benchmarkings: - Vergleich und Orientierung an «**Best Practices**»: an der Art und Weise, wie andere dieselben oder ähnliche Herausforderungen besser meistern
Total Quality Management (TQM)	**Umfassendes Qualitätsmanagement** beschränkt sich nicht auf die technischen Funktionen zur Sicherstellung der Produktqualität, sondern definiert sich aus der Beziehung zwischen dem Unternehmen und seinen Kunden. Das verbreitetste TQM-Konzept ist das **EFQM-Modell** für «Business Excellence der European Foundation for Quality Management». Prinzipien der TQM-Philosophie: - Qualität orientiert sich am Kunden - Qualität wird mit Mitarbeitenden aller Bereiche und Ebenen erzielt - Qualität umfasst mehrere Dimensionen, die durch Kriterien zu operationalisieren sind - Qualität ist kein Ziel, sondern ein Prozess, der nie zu Ende ist - Qualität bezieht sich nicht nur auf Produkte, sondern auch auf Dienstleistungen - Qualität setzt aktives Handeln voraus und muss erarbeitet werden

Ansatz	Kurzbeschreibung
Organisations-entwicklung (OE)	**Ganzheitlicher, kontinuierlicher Entwicklungs- und Veränderungsprozess** unter Einbezug aller Betroffenen mit dem Ziel, gleichzeitig die Leistungsfähigkeit der Organisation als System und die Qualität des Arbeitslebens zu verbessern. Organisationsentwicklung ist langfristig angelegt und nur bei einer starken Verankerung in der Unternehmensführung wirkungsvoll einsetzbar. Hinter der Organisationsentwicklung steht die Idee der **lernenden Organisation,** d. h. • das gemeinsame Reflektieren von Konzepten, Handlungen und deren Ergebnissen, • das Entwickeln von Ideen für Veränderungen und • das Umsetzen in Strukturen, Prozessen und Massnahmen. Grundlage dazu bildet ein systematisches Informations- und Wissensmanagement.

6.8.2 Business Process Reengineering

Das Business Process Reengineering (BPR) verfolgt einen viel radikaleren Verbesserungsansatz als die Geschäftsprozess-Optimierungsansätze, nämlich die Organisation eines Unternehmens von Grund auf und ohne Rücksichtnahme auf bisherige Prozesse **völlig neu zu entwerfen.** Seinen Ursprung hat das Business Process Reengineering im aus den USA stammenden Konzept des **Business Reengineering,** das 1993 von Michael Hammer und James Champy[1] vorgestellt wurde. Ihr Modell bemängelt an der Idee der Geschäftsprozess-Optimierung, dass eine fliessende, «schmerzlose» Neuausrichtung von Prozessen zu wenig effektiv sei. Ihrer Meinung nach wird dadurch die Chance versäumt, unkonventionelle, auf den ersten Blick als «revolutionär» erscheinende Lösungen zu suchen.

Die Kernidee des Business Process Reengineering besteht also darin, mit der Reorganisation buchstäblich auf der grünen Wiese anzufangen und alle Prozesse und Organisationsstrukturen neu zu definieren. Mit dem Hauptziel, die Wünsche **interner und externer Kunden** auf effektive und effiziente Weise zu befriedigen und somit die **Wettbewerbsfähigkeit** des Unternehmens zu verbessern.

Der Grundsatz des Business Reengineering lautet: «Structure follows process follows strategy»:

• Ausgangspunkt und richtungsweisend für die Prozess-Neugestaltung ist die **Unternehmensstrategie,** die schriftlich vorliegen muss.
• Die internen Prozesse werden **neu gestaltet** und die Möglichkeiten der Informationstechnik besser genutzt. Das Business Process Reengineering strebt «quantensprungartige» Kosten-, Zeit- und Qualitätsverbesserungen an.
• Die **Strukturen** im Unternehmen richten sich konsequent auf die neu definierten Geschäftsprozesse aus.

Weil das Business Process Reengineering radikale Veränderungen nach sich zieht, kann er nur von der Unternehmensspitze wirksam initiiert und umgesetzt werden. Die **Beteiligung des obersten Managements** an einem solchen Projekt ist also zwingend. Die konzeptionelle Vorgehensweise erfordert deshalb einen **«Top-down-Ansatz».**

[1] Hammer, Michael; Champy, James: Business Reengineering – die Radikalkur für das Unternehmen, Campus Verlag, Frankfurt/Main, 1996.

Abb. [6-16]   **Top-down-Optimierung**

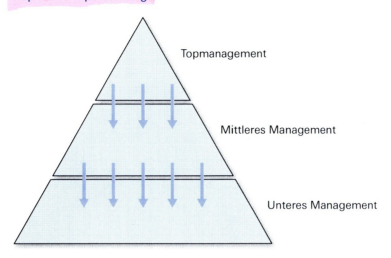

Der Veränderungsprozess wird von der Spitze der Organisation ausgelöst und gesteuert. Die einzelnen Hierarchiestufen werden stufenweise von oben nach unten durchlaufen (daher die englische Bezeichnung «top-down»).

Das Vorgehen «top-down» bedeutet möglicherweise, dass die direkt betroffenen Mitarbeitenden nur ungenügend beteiligt werden. In der daraus folgenden mangelnden Akzeptanz mag der Hauptgrund dafür liegen, dass viele Business-Process-Reengineering-Projekte ihre hohen Zielsetzungen verfehlt haben oder in der Umsetzung komplett gescheitert sind.

Ausserdem ist kritisch anzumerken, dass es sich beim Business Process Reengineering um ein **beratungsorientiertes Konzept** handelt. Weder ist erwiesen, dass es funktioniert, noch schafft es Klarheit über die Rahmenbedingungen, die für eine erfolgreiche, funktionierende Reorganisation der Prozesse gegeben sein müssen.

Generell ist die Reorganisation nach dem BPR mit folgenden **Schwächen und Risiken** verbunden:

- Hoher **Umsetzungsaufwand** aufgrund völlig neuer Strukturen.
- Hohes **Umsetzungsrisiko,** da nicht auf bestehenden Strukturen aufgebaut, sondern Neuland betreten wird.
- Grosses **Konfliktpotenzial,** weil die Machtstrukturen verändert werden und tiefgreifende Veränderungen bei den betroffenen Personen Ängste auslösen.
- Hohes **Erfolgsrisiko,** weil den enormen Reorganisationskosten ein nur schwer abschätzbarer Nutzen (Leistungs- und Kostenvorteile) gegenübersteht.

6.8.3   Auswirkungen auf die Prozessorganisation

Es ist offensichtlich, dass es vom gewählten Ansatz der Reorganisation abhängig ist, auf welche Art und Weise Geschäftsprozesse erhoben und modelliert werden:

- Bei der **Geschäftsprozess-Optimierung** hält man sich weitgehend an die gegebenen Abläufe, dokumentiert und analysiert diese sorgfältig, um sie nach und nach anzupassen.
- Beim **Business Process Reengineering** wird es demgegenüber geradezu als Hindernis empfunden, wenn man sich zu sehr am Bestehenden orientiert, da die Organisation und die Prozesse völlig neu gestaltet werden sollen.

Ein Prozess besteht aus den Kernelementen:

- **Input:** Startereignis in Form eines Produkts oder einer Leistung eines Lieferanten
- **Output:** Endereignis in Form eines Produkts oder einer Leistung für den Kunden
- **Kundenwert:** Befriedigung von Kundenanforderungen, Kundennutzen schaffen
- Prozess als **Folge von Aufgaben:** Verrichtungsfolgen (was muss getan werden?) und Objektfolgen (woran muss es getan werden?)

Die Prozessorganisation ist die Summe aller Prozesse.

Vorgehen	Merkmal
Prozesse erheben	• Einzelne Aufgaben innerhalb eines Prozesses und deren fachlich korrekte Abfolge definieren • Darstellung in Tabellenform ermöglicht eine bessere Übersicht

Prozesse modellieren	Prozesse können sechs **Folgebeziehungen** aufweisen:
	• Unverzweigte Folgebeziehungen: Kette einzelner Aufgaben/Verrichtungen
	• Verzweigte Folgebeziehungen:
	  – UND-Verzweigungen (parallel nebeneinander laufende Aktivitäten)
	  – UND-Verknüpfungen (Vereinigung parallel nebeneinander laufender Aktivitäten)
	  – ODER-Verzweigungen (alternative Aktivitäten)
	  – ODER-Verknüpfungen (Wiedervereinigung alternativer Aktivitäten)
	  – ODER-Rückkopplungen (Zurückführung alternativer Aktivitäten vor die Bedingungsabfrage)

	Geläufige **Darstellungsformen** für Prozesse sind: • Flussdiagramme für einzelne Prozesse • Prozesshierarchiediagramme für Prozesshierarchien
Schnittstellen definieren	Inputs und Outputs von Prozessen bilden Schnittstellen
Sachmittel bestimmen	Hilfsmittel für die Erledigung einer Aufgabe
Informationsbedarf definieren	Informationen, die für die Erledigung einer Aufgabe benötigt werden

Das **Geschäftsprozessmanagement** versteht sich als ein ganzheitliches Konzept zur Gestaltung und Steuerung der Unternehmensprozesse. Geschäftsprozesse zeichnen sich durch eine hohe Markt-, Ergebnis- und Geschäftszielorientierung aus. Eine prozessorientierte Organisation strebt demnach fünf Ziele an:

- **Kundenzufriedenheit** bei externen und internen Kunden
- Konzentration auf die **Wertschöpfung**
- **Effektivität** der Prozesse (Aussensicht): Kundenerwartungen erfüllen
- **Effizienz** der Prozesse (Innensicht): Ressourcen optimal einsetzen, d.h. Kosten-/Nutzenbetrachtung im Spannungsfeld zwischen Zeit-/Kostenminimierung und Qualitätssteigerung
- **Schnittstellenminimierung** durch aktives Schnittstellenmanagement

Es werden zwei Ansätze der **prozessorientierten Reorganisation** unterschieden:

Ansatz	Erklärung
Geschäftsprozess-Optimierung (GPO)	• Permanente Verbesserung der bestehenden Prozesse • Bekannte Ansätze: Kaizen, Lean Management, Total Quality Management (TQM), Organisationsentwicklung (OE) und Benchmarking • Bottom-up-Ansatz
Business Process Reengineering (BPR)	• Neugestaltung der Prozesse, radikaler Umbruch • Basiert auf dem Business Reengineering • Top-down-Ansatz

17   Was ist Effektivität, was ist Effizienz? Ordnen Sie die folgenden Begriffe zu.

Begriffe	Effektivität	Effizienz
Kostenoptimierung	☐	☒
Kundenzufriedenheit	☒	☐
Zeitoptimierung	☐	☒
Produktqualität	☐	☒
Flexibilität	☒	☐

18   Zählen Sie mindestens drei wesentliche Schnittstellenprobleme auf, mit denen sich Ihre Organisationseinheit befassen muss.

19   Was ist Geschäftsprozess-Optimierung (GPO), was ist Business Process Reengineering (BPR)? Ordnen Sie die folgenden Begriffe zu.

Begriffe	GPO	BPR
Aufbau auf bestehenden Organisationsstrukturen	☒	☐
Innovativer, einmaliger Veränderungsprozess	☐	☒
Radikaler Umbruch	☐	☒
Orientierung an bestehenden Prozessen und Aufgaben	☒	☐
Bottom-up-Vorgehensweise	☒	☐
Permanenter Verbesserungsprozess	☒	☐
Top-down-Vorgehensweise	☐	☒
Neudefinition der Prozesse und Aufgaben	☐	☒

20   Es gibt berechtigte Argumente, die für eine Reorganisation auf der Basis bestehender Prozesse wie auch für eine komplette Neugestaltung der Prozesse sprechen. Nennen Sie mindestens zwei Argumente für jede der Vorgehensweisen.

21   Im Zusammenhang mit den Zielen der Prozessorganisation spricht man von einem magischen Dreieck bei Kosten, Zeit und Qualität.

A] Erklären Sie einem Kollegen in ein paar Sätzen, was damit gemeint ist.

B] Zeigen Sie anhand eines konkreten Beispiels aus Ihrem Tätigkeitsbereich die Problematik von Kosten, Zeit und Qualität auf.

Welche Grundformen der Prozessstruktur erkennen Sie innerhalb der folgenden Darstellung? Tragen Sie diese bitte jeweils neben der Prozessstruktur ein.

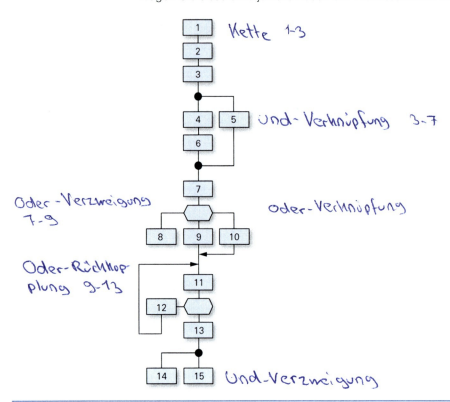

Kette 1-3

Und-Verknüpfung 3-7

Oder-Verzweigung 7-9

Oder-Verknüpfung

Oder-Rückkopplung 9-13

Und-Verzweigung

Buch 2: Projektmanagement

Teil C Grundlagen des Projektmanagements und Projekte initialisieren

7 Grundbegriffe des Projektmanagements

Lernziele

Nach der Bearbeitung dieses Kapitels können Sie …

- anhand von Beispielen bestimmen, ob die typischen Merkmale eines Projekts gegeben sind.
- erklären, woraus Projektmanagement besteht.
- die Erfolgsfaktoren für Projekte beschreiben.

Schlüsselbegriffe

Erfolgsfaktoren für Projekte, Merkmale von Projekten, Projektarten, Projektmanagement

Die Veränderung bzw. Entwicklung von Unternehmen findet fast ausschliesslich über Projekte statt. – In den meisten Unternehmen hat sich diese Erkenntnis durchgesetzt.

Die heutige Welt ist in betriebs- und volkswirtschaftlicher Hinsicht durch eine Vielzahl von Einflussfaktoren gekennzeichnet, die in der Vergangenheit bei weitem nicht dieselbe Bedeutung hatten. Diese Entwicklungen sind auch dafür verantwortlich, dass in vielen Fällen herkömmliche Arbeitsmethoden nicht mehr angemessen sind:

- **Technischer Fortschritt und Zeitdruck:** Die Innovationszyklen werden immer kürzer. Man kann nicht einfach abwarten und zuschauen, was die anderen machen. Eine solche Haltung würde in vielen Fällen bereits einen Wettbewerbsnachteil zur Folge haben. Dies erzeugt in vielen Situationen einen ungewünschten Zeitdruck.
- **Steigende Komplexität:** Viele reale Situationen werden immer komplexer. Die Menge an Vorschriften, Gesetzen usw., die bei Gestaltungsaufgaben beachtet werden müssen, nimmt permanent zu. Zudem kann man heute selten nur noch mit Blick auf das eigene Unternehmen Veränderungen vornehmen, da die Globalisierung der Märkte, die Konzentration der Unternehmen zu immer grösseren Konzernen eine zunehmend ganzheitlichere Denkweise erfordern.
- **Das notwendige Wissen nimmt zu:** Das notwendige Wissen zur Anwendung der zur Verfügung stehenden Technologien wird immer anspruchsvoller, sodass vermehrt Spezialisten in den einzelnen Veränderungsaufgaben eingesetzt werden müssen. Dies führt dazu, dass man zur Bewältigung von Aufgaben immer mehr Personen benötigt und schon aus diesem Grund vermehrt auf Teamarbeit setzen muss.

Die organisatorische Antwort auf diese Veränderungen ist die Bildung von Projekten und damit notwendigerweise auch die Definition eines organisatorischen Rahmens, in dem diese Projekte geregelt ablaufen können.

7.1 Was ist ein Projekt?

Ein Projekt ist gekennzeichnet durch eine Reihe von Charakteristika, die nicht unbedingt alle gleichzeitig zutreffen müssen. **Typische Merkmale** von Projekten sind:

- **Zeitlich befristet:** Sie haben einen definierten Anfang und ein definiertes Ende.
- **Komplexität:** Viele Faktoren, die untereinander in einer Wechselbeziehung stehen, müssen gleichzeitig berücksichtigt werden.
- **Einmaligkeit:** Die spezifischen Bedingungen, die Ausgangslage und die Zielsetzung des Projekts sind einmalig, d. h. waren genau in diesem Setting noch nicht in anderen Projekten vorhanden.
- **Begrenzte Ressourcen:** Alle Ressourcen wie Personal, Sachmittel, finanzielle Mittel usw. sind nur begrenzt vorhanden.

- **Innovativ:** Das Resultat des Projekts hat in aller Regel einen Neuigkeitswert.
- **Risikobehaftet:** Da mit einem Projekt in irgendeiner Form Neuland betreten wird, kann man sich nicht in allen Situationen auf Erfahrungswerte beziehen, und so haften Projekten immer auch Risiken an.

Abb. [7-1]   Projektmerkmale

Der Übergang von Projektarbeit zu Linienarbeit kann sehr fliessend sein und ist sicher nicht eindeutig. Häufig werden firmeninterne Kriterien angewendet, um zu entscheiden, ob ein Vorhaben in Projektform oder in der Linie abzuwickeln ist.

7.2   Welche Projektarten gibt es?

Projekte können nach verschiedenen Kriterien klassifiziert werden. Um die Unterschiede zwischen Projekten aufzuzeigen, werden typischerweise die folgenden Einteilungskriterien verwendet:

- Projektinhalt
- Grösse und Umfang (kleines, mittleres, grosses Projekt)
- Komplexität (hoch oder gering)
- Laufzeit (kurz-, mittel- oder langfristiges Projekt)
- Bedeutung für das Unternehmen (strategische Wichtigkeit)
- Reichweite (regional, national, international, Abteilung, Unternehmen, Konzern)
- Stellung des Kunden bzw. Auftraggebers (externe und interne Projekte)

Differenziert man nach dem Inhalt, kommen in Unternehmen vor allem folgende Projektarten vor: Investitions-, F&E-, Organisations-, IT- und Marketingprojekte. Die nachfolgende Liste zeigt einige solcher Unternehmensprojekte auf; sie ist jedoch nicht abschliessend.

Abb. [7-2]   Projektarten

Art	Merkmale bzw. Ziele	Beispiele
Bau- und Investitionsprojekte	Herstellung, Errichtung oder Beschaffung von Sachanlagen	• Bauvorhaben • Beschaffung eines vollautomatischen Hochregallagersystems • Erweiterung Fabrikationsanlagen
(F&E)-Projekte	Produkt- oder Prozessinnovationen: Einsatz neuer Techniken, Materialien, Produkteigenschaften, Produktionsverfahren usw.	• Medizinische Forschung • Produkt(weiter)entwicklung • Entwicklung eines Prototyps
Organisationsprojekte	Entwicklung oder Veränderung der Aufbau- und Ablauforganisation, Verbesserung der Leistungsfähigkeit einer Organisationseinheit	• Reorganisation: Abteilungen, Prozesse • Gründung eines Unternehmens (Startup) • Zusammenlegen von Standorten nach einer Fusion
IT-Projekte	Entwicklung von Softwareprogrammen, Aufbau oder Anpassung der IT-Infrastruktur	• Neue Software für Auftragsbearbeitung • Implementierung eines neuen PC-Betriebssystems • Aufbau einer neuen Software-Entwicklungsumgebung
Marketingprojekte	Marktbezogene Entwicklungsvorhaben zur Kundenakquisition und Kundenbindung	• Aufbau neuer Vertriebskanäle • Verkaufs-Sonderaktionen • Kundenevents, Sponsoring, Kongresse

Als Abgrenzung bringen wir hier noch einige Beispiele von **typischen Nicht-Projekten:**

- Herstellung von Produkten
- Einmalige Lieferung von Produkten
- Erbringen von einmaligen Dienstleistungen
- Wartung einer Produktionsanlage
- Reparatur eines Servers

7.3   Was ist Projektmanagement?

Projektmanagement verfolgt – kurz gesagt – das Ziel, ein Projekt von der ersten Idee bis zum Abschluss des Projekts aus Sicht des Auftraggebers führbar zu gestalten und die Wahrscheinlichkeit für den Projekterfolg so hoch wie möglich zu halten.

Ebenso soll die Anwendung von Methoden und Techniken des Projektmanagements den Projektleiter im Hinblick auf die Abwicklung des Projekts optimal unterstützen.

Projektmanagement kann man aus **zwei Perspektiven** betrachten:

- Aus der **Sicht des Unternehmens** mit Blick auf alle Projekte: Hierunter wird die Institutionalisierung des Projektmanagements (das unternehmensspezifische Projekt-Gefäss) und das Multiprojektmanagement (Management aller Projekte im Unternehmen) verstanden. Diese Sichtweise wird in diesem Lehrmittel nicht behandelt.
- Aus der **Sicht des Einzelprojekts:** Hierunter sind alle Methoden, Techniken und Prozesse zu verstehen, die sich mit der Führung und Abwicklung des Projekts vom Projektanstoss bis zum Abschluss des Projekts beschäftigen. Das vorliegende Lehrmittel beschäftigt sich ausführlich mit dieser Sichtweise.

Beim **Einzelprojekt** sind die in der nachfolgenden Tabelle aufgelisteten Schlüsselfragen, die daraus abgeleiteten typischen Aufgaben und die dazugehörigen Projektmanagementkomponenten von Bedeutung.

Abb. [7-3]   Schlüsselfragen und typische Aufgaben im Einzelprojektmanagement

Frage	Typische Aufgaben	Projektmanagement-Komponente
Bearbeiten wir die richtigen Projekte?	• Projektideen strategisch beurteilen • Prioritäten im Projektportfolio setzen • Projektaufträge formulieren	Projektinitialisierung
Wie bearbeiten wir das Projekt fachgemäss?	• Projektorganisation bilden • Projektaufgaben strukturieren • Meilensteine definieren, Ressourceneinsatz und Kosten planen	Projektplanung
Wie bleiben wir auf dem geplanten Kurs?	• Projektstatus ermitteln und überprüfen • Soll/Ist-Vergleiche durchführen • Steuerungs- und Korrekturmassnahmen entwickeln	Projektsteuerung (Projektcontrolling)
Wie gehen wir mit betroffenen Menschen konstruktiv um?	• Projektteams führen und motivieren • Die vom Projekt betroffenen Personen einbeziehen • Konflikte konstruktiv nutzen	Projektführung
Wie verschaffen wir dem Projekt den besten Rückenwind?	• Beziehungen mit Stakeholdern gestalten • Für das Projekt werben • Mit Entscheidern kooperieren	Projektmarketing
Wie gehen wir mit Informationen professionell um?	• Informationsbedürfnisse ermitteln • Informationsfluss konzipieren • Entscheidungen dokumentieren	Projektinformation und -dokumentation
Wie beenden wir das Projekt zweckmässig?	• Projektorganisation auflösen • Schlussbericht verfassen • Lessons Learned reflektieren	Projektabschluss

7.3.1 Projektinitialisierung

In der Projektinitialisierung geht es darum, eine Projektidee so zu konkretisieren und mit Informationen anzureichern, dass eine **Entscheidungsgrundlage** darüber vorliegt, ob es sich derzeit lohnt, das Projekt durchzuführen, oder ob andere Projektideen Vorrang haben sollten. Typischerweise endet die Projektinitialisierung mit einem (genehmigten) **Projektauftrag,** d. h. mit der **Projektfreigabe**. Im Projektauftrag werden dann unter anderem bereits konkrete Aussagen zur Projektorganisation gemacht.

7.3.2 Projektplanung

In der Projektplanung geht es zunächst um die Frage: Was alles muss getan werden, um das Projektziel zu erreichen? Der **Projektstrukturplan** (PSP) eignet sich sehr gut als Entwicklungs- und Darstellungsinstrument für die Aufgabenbestimmung. Aus dem Projektstrukturplan ergeben sich die weiteren planerischen Elemente. Insbesondere sind dies die **Zeit-, die Kosten- und die Ressourcenplanung.** Eine gute Projektplanung liefert eine wesentliche Grundlage für die Projektsteuerung und somit auch für die Erreichung der Projektziele.

7.3.3 Projektsteuerung

Das Projekt auf Kurs gemäss der Projektplanung zu halten oder – wenn dies nicht (mehr) realistisch ist – den Anstoss für eine Planungsanpassung zu geben, ist die Hauptzielsetzung der Projektsteuerung. Hierfür sind das Sammeln der relevanten Informationen zum **Projektstatus** und das Vergleichen mit den Planwerten notwendig. Werden dabei Abweichungen festgestellt, müssen sie auf Ursachen untersucht und auf die Situation zugeschnittene **Steuerungsmassnahmen** entwickelt bzw. umgesetzt werden. Die Projektsteuerung bzw. das Projektcontrolling umfasst nicht nur die vergangenheits- und gegenwartsbezogene Betrachtung während des Projektverlaufs, sondern auch den Blick in die Zukunft, der mit der **Risikoanalyse** abgedeckt wird.

7.3.4 Projektabschluss

Unter dem Projektabschluss werden alle Aufgaben zusammengefasst, die sich mit dem ordnungsgemässen Abschliessen des Projekts und der **Übergabe an den Auftraggeber** befassen. Dazu gehören z. B. die Auflösung des Projektteams, das Sicherstellen der weiteren Betreuung des erarbeiteten Projektresultats, die Analyse des gesamten Projekts hinsichtlich der wichtigen **«Lessons Learned»** (d. h. der Erkenntnisse, die für weitere Projekte gewonnen werden können) und natürlich auch die formale Übergabe des erarbeiteten Projektresultats an den Auftraggeber.

7.3.5 Projektführung

Die Führungsarbeit im Projekt bezieht sich vor allem auf die Schaffung, Erhaltung und Weiterentwicklung der Arbeitsfähigkeit des Projektteams, um dadurch – unter Berücksichtigung der individuellen Fähigkeiten der Teammitglieder – eine optimale Gesamtleistung zu erreichen. Wie bei jeder anderen Führungsposition erfordern diese Aufgaben auch von der Projektleitung ausgeprägte **Leadership-Fähigkeiten.** Darunter werden vor allem Fähigkeiten im Umgang mit anderen Menschen bzw. in der Beziehungsgestaltung verstanden. Sie sind unzweifelhaft ein zentraler Baustein des Projekterfolgs. In diesem Lehrmittel behandeln wir sie nicht vertieft, sondern verweisen auf entsprechende Spezialliteratur.

7.3.6 Projektmarketing

Alle Aktivitäten, die im weitesten Sinne auf den **«Verkauf» des Projekts** ausgerichtet sind, werden als Projektmarketing bezeichnet. Dazu gehören die Identifikation der relevanten **Stakeholder** eines Projekts und das Festlegen der Aktivitäten für diese Interessen- bzw. Anspruchsgruppen. Für das Gelingen eines Projekts ist ein zweckmässiges Marketing ein entscheidender Erfolgsfaktor.

7.3.7 Projektinformation und -dokumentation

Da Projekte ausserhalb der etablierten und eingespielten Linienorganisation abgewickelt werden, ist es von besonderer Wichtigkeit, eine gute Informationspolitik zu betreiben. Diese dient dazu, die direkten und indirekten **Projektbeteiligten** angemessen zu informieren und den **Entscheidungsgremien** die notwendigen Grundlagen zu liefern. Die Projektdokumentation dient einerseits dazu, den **Projektverlauf** festzuhalten und dadurch die Nachvollziehbarkeit der erzielten **Ergebnisse** sicherzustellen; andererseits werden auch die **inhaltlichen Arbeitsergebnisse** in Form von Lösungskonzepten, Evaluationsberichten usw. aufgezeichnet. Die Projektdokumentation verringert überdies die Abhängigkeit von einzelnen am Projekt mitwirkenden Schlüsselpersonen.

7.4 Erfolgsfaktoren für Projekte

Erfolgsfaktoren sind Faktoren, die zur Erreichung eines gewünschten Soll-Zustands entscheidend beitragen. Die Erfolgsfaktoren stehen in wechselseitiger Beziehung zueinander, was die Projektarbeit erschwerend beeinflusst. Es ist nämlich wesentlich einfacher, einen einzelnen Erfolgsfaktor im Auge zu behalten als gleichzeitig mehrere.

Die nachfolgende Abbildung soll dieses «Beziehungsgeflecht» innerhalb der Erfolgsfaktoren verdeutlichen.

Abb. [7-4]   Erfolgsfaktoren für Projekte

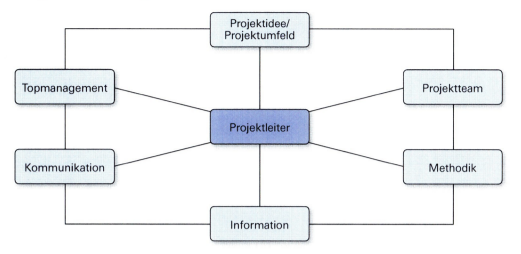

7.4.1   Erfolgsfaktor «Projektidee/Projektumfeld»

Der Erfolg eines Projekts ist massgeblich davon abhängig, ob das Projektumfeld die dahinter stehende Idee akzeptiert. Jedes Projekt ist in ein bestimmtes Umfeld eingebettet, und zwischen dem Projekt und seinem Umfeld herrschen Wechselwirkungen.

Hinweis   Die DIN 69 904 definiert das Projektumfeld als das «Umfeld, in dem ein Projekt entsteht und durchgeführt wird, das das Projekt beeinflusst und von dessen Auswirkungen das Projekt beeinflusst wird.»

Nebst dem unmittelbaren **betrieblichen Umfeld** sind besonders auch die Bedingungen aus dem **erweiterten Projektumfeld** zu beachten. Meist sind sie nicht oder kaum beeinflussbar und daher als gegebene Grössen zu betrachten. Typische Einflussfaktoren aus dem erweiterten Projektumfeld sind:

- Technologie: Materialeigenschaften, Klima, IT-Umgebung usw.
- Strukturen und Prozesse: Unternehmensorganisation, Geschäftsprozesse usw.
- Rechtliche Normen, Vorschriften, Gesetze, Richtlinien usw.
- Ansprüche von Interessengruppen (Öffentlichkeit, Kunden, Fachstellen usw.)
- Ökonomische Leitplanken: Budgetvorgaben, Amortisationszeiten usw.
- Zeitliche Rahmenbedingungen: frühester Beginn, sog. Deadlines usw.

Eine Projektumfeldanalyse, d. h. die Zusammenstellung und Analyse aller denkbaren Wechselwirkungen zwischen dem Projekt und seinem Umfeld, ist daher unerlässlicher Bestandteil des Projekts. Wir gehen im Projektmarketing näher darauf ein.

Wenn folgende Voraussetzungen im Bereich «Projektidee/Projektumfeld» erfüllt sind, stehen die Zeichen für ein erfolgreiches Projekt günstig, und die Fähigkeiten und Möglichkeiten der Projektleiterin sowie der Mitglieder aus dem Projektteam kommen voll zum Tragen:

- Alle am Projekt Interessierten stellen sich für das Projekt zur Verfügung.
- Der Auftraggeber setzt sich für das Projekt ein.
- Promotoren und Sponsoren unterstützen das Projekt aktiv.
- Die künftigen Benutzer bzw. Anwender werden in das Projekt integriert.
- Die direkt und indirekt betroffenen Personen werden zielgerecht informiert.
- Es wird ein aktives Projektmarketing betrieben.

7.4.2 Erfolgsfaktor «Topmanagement»

Dem Topmanagement kommt eine besondere Bedeutung für das Projektmanagement zu. Hier sind die Personen anzutreffen, die **Entscheidungskompetenz** über das Projekt und seine Rahmenbedingungen haben. Sie können das Projekt sowohl fördern als auch blockieren. Dabei sollte den Beteiligten dieser Managementebene bewusst sein, dass ein von ihnen nicht gefördertes oder nur am Rande beachtetes Projekt gerade durch diese passive Einstellung blockiert werden kann.

Der Erfolg eines Projekts hängt nicht zuletzt auch davon ab, ob das Topmanagement Entscheidungen zeitnah trifft. Einem durch Entscheidungsverzug unzureichend unterstützten Projekt droht der Stillstand. Zwischen dem Topmanagement und den Projektteams besteht nicht selten eine ziemlich tiefe Kluft, und man betrachtet einander eher als Gegner denn als Partner.

Beispiel

In einem Entwicklungsprojekt verkündet das Topmanagement bereits das Datum der Fertigstellung, ohne die verantwortlichen Ingenieure vorher in die Zeitplanung einbezogen zu haben. Daraufhin werden die Ingenieure gebeten, eine detaillierte Planung zu erstellen. Der von ihnen ermittelte Fertigstellungstermin weicht vom angekündigten Datum des Topmanagements erheblich ab.

Dieses Beispiel verdeutlicht, dass eine Kluft entsteht, wenn die massgeblich am Projekt Beteiligten nur unzureichend in wichtige Entscheidungsprozesse eingebunden werden. Ebenso, wenn das Topmanagement Entscheidungen und Ziele nicht transparent macht. Wenn die Mitarbeitenden ständig darüber rätseln, was sich «die da oben» wieder mal ausgedacht haben, ist man von einer partnerschaftlichen Zusammenarbeit noch weit entfernt.

7.4.3 Erfolgsfaktor «Projektleiter»

Die Projektleiterin ist massgeblich am Projekterfolg beteiligt, denn sie schafft die Rahmenbedingungen, in denen sich die Projektmitarbeitenden zu einem eingeschworenen Team entwickeln können, oder aber sie kann das genaue Gegenteil bewirken.

Die **Akzeptanz** des Projektleiters durch das Team ist ein wesentlicher Erfolgsfaktor. Bei der Auswahl des Projektleiters wird das Hauptaugenmerk oft auf die Fachkompetenz gelegt. Diese spielt zwar eine wichtige Rolle, dennoch ist für das Gelingen eines Projekts nicht selten die **soziale Kompetenz** ausschlaggebend, da der Projektleiter eher Generalist als Spezialist ist. Eine Hauptaufgabe der Projektleiterin besteht darin, ihrem Team die Arbeit zu ermöglichen. Der Auftraggeber muss das gleiche für die Projektleiterin tun. Man kann nur dann seine Aufgaben erledigen, wenn man mit den notwendigen Kompetenzen ausgestattet ist. Zwei wesentliche Faktoren für den Erfolg einer Projektleiterin sind die ihr erteilten Kompetenzen und die sichtbare Unterstützung durch den Auftraggeber.

7.4.4 Erfolgsfaktor «Projektteam»

Für viele Unternehmen ist «Team» eine Art Zauberwort geworden. Die Mitarbeitenden bilden ein grosses Team, anstehende Aufgaben werden in Teamarbeit erledigt und über allen schwebt der sogenannte Teamgeist. Ebenso ist es Mode geworden, jede Aufgabe als ein Projekt zu bezeichnen; aus ganz alltäglichen Aufgaben werden allzu schnell Projekte. Der Ruf nach dem dazugehörigen Projektteam lässt nicht lange auf sich warten. Die alltäglichen Aufgaben lassen sich jedoch meist besser in Einzelarbeit bewerkstelligen. Ein Team ist einer schnellen und effizienten Erledigung eher abträglich. Es wird sinnvollerweise dann eingesetzt, wenn die Gruppe gegenüber dem Einzelkämpfer Vorteile bringt – etwa bei komplexen, funktionsübergreifenden oder neuartigen Aufgabenstellungen, kurz: in Projekten. Man kann sich das durchaus wörtlich vorstellen: Menschen, die man «zusammenstellt», bilden zwar eine

Gruppe, jedoch nicht zwangsläufig ein Team. Ein Team muss allmählich zusammenwachsen. Bevor also aus einer Gruppe ein Team wird, bevor ein Wir-Gefühl und schliesslich eine kreative und produktive Zusammenarbeit entsteht, durchläuft sie verschiedene typische Teambildungs-Phasen.

Eine wesentliche Führungsaufgabe des Projektleiters ist daher, diesen Teambildungsprozess aktiv zu unterstützen, indem er z. B. Aktivitäten fördert, die dem Team innert kurzer Zeit Erfolgserlebnisse verschaffen.

7.4.5 Erfolgsfaktor «Methodik»

Dem Anwenden einer geeigneten Methodik im Projekt kommt vor allem deswegen eine besondere Bedeutung zu, da es sich beim Projekt um ein einmaliges Vorhaben handelt, das in dieser Form noch nicht abgewickelt wurde. Man kann folglich nicht auf Erfahrung oder Routine zurückgreifen und ist daher auf Leitplanken angewiesen, wie sie sich aus dem Anwenden einer geeigneten Methodik für ein Projekt ergeben.

Die Praxis zeigt, dass ohne solche Leitplanken ein eher willkürlicher Projektverlauf resultiert, der immer wieder von zufälligen Entscheiden beeinflusst wird. Die Projektsteuerung ist dann genauso schwierig zu realisieren wie eine effiziente Abwicklung. Auch die Qualität der erzielten Resultate leidet unter solchen unklaren bzw. willkürlichen Bedingungen.

7.4.6 Erfolgsfaktor «Information»

Das Projekt und sein Umfeld bewegen sich ausserhalb der im Unternehmen bestehenden Aufbauorganisation und damit auch ausserhalb der eingespielten Informationsbeziehungen. Aus diesem Grund ist es notwendig, den Informationsfluss gut zu durchdenken und zu regeln. Typischerweise mündet das in ein eigens für das Projekt zu entwickelndes Informationskonzept. Fehlt ein solches oder ist es unvollständig, so sind Missverständnisse, Doppelspurigkeiten, fehlende Akzeptanz im näheren und weiteren Projektumfeld die typische Folge.

Beispiel

Im Projekt «Neues IT-System für die Auftragsbearbeitung» beschäftigen sich zwei Teilprojekte mit dem Thema «Schulung». Jede Arbeitsgruppe entwickelt Grundsätze und auch ein eigenes Konzept für die Schulung in ihrem Teilprojekt.

Mögliche negative Folgen dieser Situation sind hier kurz aufgeführt:

* Motivationsverlust in den Teilprojektteams, da die eigene Arbeit möglicherweise nicht oder nur zu einem kleinen Teil benutzt werden kann
* Effizienzverlust durch Doppelspurigkeiten
* Verunsicherte Benutzer, da sie von unterschiedlichen Stellen des gleichen Projekts unterschiedliche Signale erhalten

7.4.7 Erfolgsfaktor «Kommunikation»

Unter Kommunikation wird die Art und Weise des Informationsaustauschs verstanden. Projektarbeit erfordert die Zusammenarbeit (und somit auch einen intensiven Informationsaustausch) zwischen unterschiedlichen Abteilungen, unterschiedlichen Hierarchieebenen und zunehmend auch zwischen unterschiedlichen Firmen mit ihren eigenen Kulturen. Zudem wirken sich Veränderungen, die im Rahmen von Projekten initiiert werden, häufig unmittelbar auf die tägliche Arbeit aus. Wir befinden uns also auf einem zwischenmenschlichen «Minenfeld», was einen ausserordentlich sorgsamen Umgang mit der Kommunikation bedingt. Das Thema «Kommunikation in der Projektarbeit» ist so vielschichtig, dass es im Rahmen dieses Lehrmittels nur angeschnitten werden kann.

Zusammenfassung

Typische Merkmale von Projekten sind:

- Zeitlich befristet (klarer Anfang und klares Ende)
- Komplexität (vielschichtig)
- Einmaligkeit
- Begrenzte Ressourcen
- Innovativ (Neuigkeitswert)
- Risikobehaftet

Als typische Einteilungskriterien für **Projektarten** werden folgende herangezogen:

- Projektinhalt
- Grösse und Umfang
- Komplexität
- Laufzeit
- Bedeutung für das Unternehmen
- Reichweite

Stellung des Kunden bzw. Auftraggebers

Das Ziel des Projektmanagements ist, den Projekterfolg durch die bewusste Gestaltung und Lenkung des Projektverlaufs zu gewährleisten.

Die **Erfolgsfaktoren** für Projekte können in folgende Gruppen zusammengefasst werden, die in wechselseitiger Beziehung zueinander stehen:

- Projektidee/Projektumfeld
- Topmanagement
- Projektleiter
- Projektteam
- Methodik
- Information
- Kommunikation

Repetitionsfragen

23 Nachfolgend finden Sie vier Aussagen über Projekterfahrungen. Nennen Sie den Erfolgsfaktor, der jeweils angesprochen wird.

A] «Ich stelle immer wieder fest, dass in unserem Unternehmen auch aufwendige Projekte viel zu wenig systematisch angegangen werden.» *Methodik*

B] «Es ist wie bei so vielen anderen Vorhaben: Das Wir-Gefühl ist ein entscheidender Faktor für das Gelingen eines Projekts.» *Projektteam*

C] «Jedes Projekt braucht Promotoren, die es aktiv unterstützen.» *Projektleiter Topmanagement*

D] «In vielen Projekten kümmert man sich viel zu stark um die Systematik und viel zu wenig darum, wie man die Betroffenen zu Beteiligten macht.» *Information / Kommunikation*

24 Erklären Sie kurz, was unter Projektmanagement zu verstehen ist.

25   Handelt es sich bei den folgenden sechs Vorhaben um ein Projekt? Kreuzen Sie die zutreffende Spalte an, und begründen Sie Ihre Antwort in Stichworten.

Vorhaben	Projekt?		Begründung
	Ja	Nein	
Kongress eines Berufsverbands (zum 100-jährigen Jubiläum)	X		1X
Umbau des Einfamilienhauses Meisenweg 12	X		1x
Aufbau eines MIS (Management-Informationssystems)	X		1X
Jahresplanung der Logistikabteilung		X	wiederkehrend
Reorganisation des Verkaufs-Aussendienstes	X		
Führungsworkshop des mittleren Kaders		X	

8 Projektziele definieren

Lernziele

Nach der Bearbeitung dieses Kapitels können Sie ...

- anhand von Beispielen beurteilen, ob Projektziele korrekt formuliert wurden.
- einen vorliegenden Zielkatalog von Kann-Zielen korrekt klassifizieren.
- die Bedeutung der Zielgewichtung erklären.

Schlüsselbegriffe

Echte und unechte Ziele, funktionelle Ziele, Kann-Ziele, Muss-Ziele, Präferenzmatrix, redundante Ziele, soziale Ziele, Stakeholder, stufenweise Gewichtung, Systemziele, Vorgehensziele, wirtschaftliche Ziele, Zieldefinitionsprozess, Zieldokumentation, Zielkonflikte, Zielstruktur

Ein Ziel ist ein angestrebter **Soll-Zustand** oder eine erwünschte **Wirkung.** Projektziele beschreiben somit **künftige Ergebnisse,** die durch das betreffende Projekt erreicht werden sollen.

Ziele braucht es im Projektmanagement in vielerlei Hinsicht:

- **Koordination:** Ziele bilden die Ausgangslage für sämtliche anfallenden Aufgaben.
- **Steuerung:** Ziele setzen Leitplanken sowohl für den Projektbearbeitungsprozess als auch für die Zusammenarbeit im Projektteam und mit den verschiedenen Gremien der Projektorganisation.
- **Motivation:** Ziele wirken auf die beteiligten Personen leistungsfördernd und erhöhen die Akzeptanz bei den Stakeholdern; man weiss, worum es geht.
- **Lösungssuche:** Ziele definieren einen Soll-Zustand; sie sind wegweisend für das Entwickeln von Lösungsideen.
- **Entscheidungsfindung:** Ziele sind gleichzeitig Bewertungskriterien für die Lösungsvarianten.
- **Erfolgskontrolle:** Anhand der gesetzten Ziele lassen sich die erreichten Ergebnisse messen (als Soll/Ist-Vergleich).

Ziele zu definieren ist keine einfache Aufgabe; deshalb tun sich auch viele Projektleiter schwer damit. In diesem Kapitel lernen Sie deshalb, worauf es bei guten, eindeutigen und ganzheitlichen Zielsetzungen in Projekten ankommt.

Für eine systematische Zieldefinition braucht es die folgenden **Vorgehensschritte,** auf die wir nachfolgend näher eingehen:

Abb. [8-1]   **Systematischer Zieldefinitionsprozess**

8.1 Ziele ermitteln

An den Ergebnissen eines Projekts sind verschiedene Personengruppen interessiert, wobei jede **Interessengruppe** – oft sogar jede Person – unterschiedliche Vorstellungen hat, wie diese Ergebnisse oder die Zwischenergebnisse aussehen bzw. was diese bewirken sollen. Anstelle des Begriffs «Interessengruppe» wird oft auch der Begriff «Anspruchsgruppe» oder der englische Fachbegriff **«Stakeholder»** verwendet.

Die **Projektumfeldanalyse** (s. Kap. 19.3.1, S. 185) ist ein bewährtes Vorgehen, um die Interessen und Erwartungen der verschiedenen Stakeholder an das Projekt möglichst vollständig und systematisch zu ermitteln. Natürlich sind nicht alle Ziele der einzelnen Stakeholder verschieden. Im Gegenteil, in fast jedem Projekt gibt es Ziele, die von mehreren Stakeholdern gleichzeitig angestrebt werden und daher automatisch ein grösseres Gewicht haben.

Um aufgrund der unterschiedlichen Ansprüche verschiedener Interessengruppen möglichst **alle Ziele für ein Projekt** ermitteln zu können, sind nebst der Projektumfeldanalyse noch weitere Abklärungen und Analysen erforderlich:

- Unternehmerische Rahmenbedingungen und Ist-Situation analysieren
- Unternehmensstrategie und -ziele berücksichtigen
- Projektziele parallel laufender Projekte einfordern
- Anforderungen des Qualitätsmanagements aufnehmen
- Gesetzliche Anforderungen beachten
- Verträge (z. B. mit Lieferanten, Systemanbietern usw.) konsultieren

Die ermittelten Anforderungen – Rahmenbedingungen, Bedürfnisse, (Lösungs-)Vorstellungen, Ansprüche usw. – müssen nun in eindeutige und zweckmässige Ziele umformuliert und schriftlich festgehalten werden.

Beispiel	Verschiedene Mitarbeitende haben als Bedürfnis geäussert: «Mein Büroarbeitsplatz ist so einzurichten, dass ich keine Gesundheitsprobleme bekomme.» Daraus ergibt sich das Ziel: «Die Büroarbeitsplätze sollen möglichst viele der SUVA-Richtlinien zur ergonomischen Gestaltung erfüllen.»

Bei der Definition **eindeutiger und zweckmässiger Ziele** für ein Projekt stellen sich u. a. folgende Fragen:

- Was macht ein **gutes Ziel** aus?
- Wie muss ein Ziel **verständlich formuliert** werden?
- Worauf ist zu achten, damit die **Zielerreichung überprüft** werden kann?
- Wie kann sichergestellt werden, dass **alle relevanten Ziele** des Projekts berücksichtigt werden?
- Wie kann beurteilt werden, ob die Projektziele zur Erreichung der übergeordneten **Unternehmensstrategie** beitragen?
- Wie kann erreicht werden, dass sich die verschiedenen Ziele **nicht konkurrenzieren** oder sich gar **widersprechen?**

8.2 Ziele analysieren

In einem nächsten Schritt müssen Sie die formulierten Ziele kritisch prüfen, um sie danach klassifizieren zu können. Die folgenden **fünf Fragen** helfen dabei:

1. Handelt es sich wirklich um ein Ziel?
2. Beziehen sich die Ziele auf das Projekt?
3. Kommen dieselben Ziele mehrfach vor; sind bestimmte Ziele somit redundant?
4. Handelt es sich um Muss- oder um Kann-Ziele?
5. Gibt es Zielkonflikte, weil Ziele sich konkurrenzieren oder widersprechen?

8.2.1 Handelt es sich wirklich um ein Ziel?

Bei der Beurteilung, ob es sich um «echte» Ziele handelt, können Sie folgende Kriterien berücksichtigen:

Ein «echtes» Ziel …
- liegt in der Zukunft,
- ist vorstellbar,
- ist realistisch,
- kann nur durch aktives Handeln erreicht werden,
- wird bewusst angestrebt,
- will erreicht werden und
- ist lösungsneutral formuliert.

In folgenden Fällen liegt demnach ein «unechtes» Ziel vor:

Abb. [8-2]

Unechte Ziele – Kriterien und Beispiele

Kriterium	Beispiel
Ein Ereignis, das in Zukunft **sowieso eintritt**	Mit dem geplanten Vorhaben 10 % mehr Umsatz erreichen, obwohl die Auftragsbücher für das Folgejahr bereits 30 % mehr Umsatz als das Vorjahr zeigen.
Ein Ereignis, das **ohne Aktivität erreicht** wird	10 % der Mitarbeitenden zu entlassen, obwohl auf übergeordneter Ebene bereits ein Abbau von 15 % der Mitarbeitenden vorgesehen und kommuniziert ist.
Ein **unerwünschtes Ereignis**	Die Zusammenlegung von zwei Abteilungen anstreben, obwohl dies von den Entscheidungsträgern als unerwünscht bezeichnet wurde.
Die Beschreibung einer **Problemlösung**	Wir wollen ein bereichsübergreifendes Mitarbeiterbeurteilungssystem einführen.
Die Beschreibung eines **Lösungswegs**	Die Neukonzeption des Internetauftritts soll mittels einer Vor-, Haupt- und Detailstudie entwickelt werden.

8.2.2 Beziehen sich die Ziele auf das Projekt?

Ziele, die nicht zum Projektauftrag passen oder im Rahmen des Projekts nicht erreicht oder beeinflusst werden können, müssen identifiziert und eliminiert werden.

Beispiel

Im Projekt mit dem Ziel «Erhöhung der nutzbaren Bürofläche für die Mitarbeitenden» hat das Ziel «Erhalt aller Arbeitsplätze» keinen Projektbezug; es wird folglich aus dem Zielkatalog gestrichen.

8.2.3 Kommen redundante Ziele vor?

Redundante Ziele sind **unnötige Ziele,** da sie – beispielsweise in einer anderen Formulierung – bereits bestehen und deshalb doppelt oder mehrfach vorkommen. Ähnliche oder gleiche Ansprüche von Interessengruppen können zu solch redundanten Zielen führen, die nicht immer auf den ersten Blick erkennbar sind.

Beispiel

Die beiden Ziele «Erhöhung der nutzbaren Bürofläche für die Mitarbeitenden» und «Verringerung unproduktiver Flächen» sind redundante Ziele.

Deshalb müssen sämtliche definierten Ziele sorgfältig überprüft und redundante Ziele **konsequent bereinigt** werden, indem man sie zu einem einzigen Ziel zusammenfasst oder die überflüssigen Ziele streicht. Diese Bereinigung ist v. a. bei der Beurteilung mehrerer Lösungsvarianten von grosser Bedeutung; redundante Ziele können zu **«verzerrten» Bewertungsergebnissen** führen.

8.2.4   Handelt es sich um Muss- oder um Kann-Ziele?

Für eine weitere **Strukturierung** eignet sich die Einteilung in Muss- und Kann-Ziele.

Muss-Ziele müssen unbedingt erreicht werden. Sie lassen sich i. d. R. aus den **gesetzlichen Anforderungen** und den **übergeordneten Zielen** (Unternehmensziele, Projektziele) herleiten oder aber aus **zwingenden Vorgaben des Entscheiders.** Muss-Ziele sind so zu formulieren, dass eindeutig entschieden werden kann, ob sie erfüllt sind oder nicht. Aus diesem Grund sind sie bei der Beurteilung mehrerer Lösungsvarianten von grosser Bedeutung, da gewisse Lösungen durch diese Ziele ausgeschlossen werden. Muss-Ziele werden deshalb auch **Restriktionen** oder «K.O.-Kriterien» (Knock-out-Kriterien) genannt.

Kann-Ziele sind Ziele, die mehr oder weniger gut erfüllt sein können, ohne dass dadurch die Lösung insgesamt schon in Frage gestellt würde. Die unterschiedliche Wichtigkeit der Kann-Ziele wird durch eine **unterschiedlich starke Gewichtung** zum Ausdruck gebracht.

Beispiel	• Muss-Ziel: «Keine zusätzliche Funktionalität in das bestehende System einbauen.» • Kann-Ziel: «Möglichst hohe ergonomische Ausgestaltung des Systems.»

8.2.5   Gibt es Zielkonflikte?

Es kommt immer wieder vor, dass Ziele definiert werden, die sich gegenseitig konkurrenzieren oder einander sogar direkt widersprechen. Man spricht dann von einem Zielkonflikt.

Beispiel	Im Umbauprojekt «Büroräumlichkeiten» besteht ein Konflikt zwischen den folgenden Zielen: • Der Umbau soll möglichst kostengünstig erfolgen. • Die Sitzungszimmer sollen mit der modernsten technischen Infrastruktur ausgestattet werden.

Zielkonflikte haben zur Folge, dass die Erreichung eines bestimmten Ziels behindert oder gar verunmöglicht wird, wenn ein anderes Ziel bzw. wenn andere Ziele verfolgt werden. Die **Zielbeziehungsmatrix** ermöglicht es, die einzelnen Ziele zueinander in Beziehung zu setzen und dadurch auch mögliche Zielkonflikte aufzudecken.

Im Projekt «Neues Verkaufs- und Kundeninformationssystem» ergibt sich beispielsweise die folgende Zielbeziehungsmatrix:

Abb. [8-3]   **Zielbeziehungsmatrix – Beispiel**

	Zielformulierung	Ziel 1 (Kann)	Ziel 2 (Kann)	Ziel 3 (Kann)	Ziel 4 (Muss)	Ziel 5 (Muss)
Ziel 1 (Kann)	Geringe Investitionssumme		k	k	u	k
Ziel 2 (Kann)	Ergonomische Ausgestaltung des Systems	k		a	a	a
Ziel 3 (Kann)	Qualitätssteigerung	k	a		a	a
Ziel 4 (Muss)	Keine zusätzlichen Funktionalitäten einbauen	u	a	a		k
Ziel 5 (Muss)	Mindestens der Bereich Auftragskalkulation muss neu unterstützt werden	k	a	a	k	

Legende: a = ist autonom gegenüber; k = steht in Konflikt mit; u = unterstützt

Gemäss dieser Zielbeziehungsmatrix steht das Ziel 1 gegenüber den Zielen 2, 3 und 5 in einem Konflikt; es unterstützt hingegen das Ziel 4. Das Ziel 2 ist gegenüber den Zielen 3, 4 und 5 autonom. usw.

Beachten Sie die Grundsätze im **Umgang mit Zielkonflikten:**

- Wenn sich **zwei Muss-Ziele** widersprechen, so besteht ein starker Konflikt, der unbedingt **bereinigt** werden muss, denn ohne eine solche Bereinigung kann keine Lösung gefunden werden.
- Konkurrenzieren sich **zwei Kann-Ziele,** so besteht ein schwacher Konflikt, der meist gelöst werden kann, indem die Ziele entsprechend **gewichtet,** d. h. bei den Kann-Zielen Prioritäten gesetzt werden.

Beispiel	Bemerkenswert ist der Konflikt zwischen Ziel 4 und Ziel 5, da beides Mussziele sind. Hier ist eine Bereinigung unumgänglich. Der Konflikt zwischen Ziel 1 und Ziel 2 kann dadurch «gelöst» werden, dass diese Ziele später unterschiedlich gewichtet werden.

8.3 Ziele klassifizieren

Um die **Kann-Ziele** detaillierter zu bearbeiten und sie gewichten zu können, eignet sich eine weitere Unterscheidung in System- und Vorgehensziele. **Muss-Ziele** werden in der Regel nicht mehr weiter untergliedert, sondern neben der entstehenden Zielstruktur separat aufgeführt, um ihren besonderen Stellenwert auch optisch hervorzuheben.

8.3.1 Systemziele

Systemziele beziehen sich auf die erwartete Lösung und dienen gleichzeitig als Kriterien bei der Beurteilung von Lösungsvorschlägen.

Abb. [8-4]

Klassifizierung der Systemziele

In der Praxis haben sich drei Klassen von Systemzielen durchgesetzt:

- **Wirtschaftliche Ziele** besagen, welche Anforderungen an die Wirtschaftlichkeit der neuen Lösung gestellt werden und welche Investitionen dafür maximal getätigt werden dürfen.
- **Leistungsziele** besagen, welche Anforderungen an die Funktion(en) und Leistung(en) der neuen Lösung gestellt werden.
- **Personelle Ziele** betreffen die vom Projekt direkt oder indirekt betroffenen Personen mit ihren menschlichen Bedürfnissen.

Beispiel	Wirtschaftliche Ziele: - Mit der Lösung soll eine möglichst hohe Senkung der fixen Kosten erreicht werden. - Die Amortisation des Projektvorhabens soll maximal zwei Jahre betragen. Leistungsziele: - Alle internen Prozessschritte einer Kundenreklamation sollen durch die neue Software-Lösung überwacht werden können. - Die Sitzungszimmer sollen mit der modernsten technischen Infrastruktur ausgestattet sein. Personelle Ziele: - Das neue «Verkaufs- und Kundeninformationssystem» soll einfach zu verstehen und zu bedienen sein (Benutzerfreundlichkeit). - Möglichst viele Mitarbeitende sollen dem Umbauprojekt zustimmen (Akzeptanz).

8.3.2 Vorgehensziele

Um die Systemziele zu erreichen, definiert der Projektleiter separate Ziele im Hinblick auf das Vorgehen bzw. auf die Abwicklung des Projekts. Diese Vorgehensziele bzw. Abwicklungsziele entsprechen Etappenzielen bezüglich der erwarteten Leistung bzw. Qualität, Zeit und Kosten. Gemeinsam repräsentieren sie den angestrebten Entwicklungsfortschritt des Projekts.

Die Vorgehensziele dienen dem Auftraggeber und der Projektleiterin als Führungsgrössen und sind eine unumgängliche Voraussetzung für die Projektplanung, wie das folgende Beispiel für ein Software-Entwicklungsprojekt «Neues Verkaufs- und Kundeninformationssystem» zeigt.

Beispiel

- Die detaillierten Anforderungen an die Parametrisierung der Software sind bis zum 30. April 20xx (Zeit) in einem einzigen Dokument zu beschreiben (Leistung).
- Nach der Vernehmlassung durch die Benutzervertreter darf das Dokument keine kritischen Befunde (Qualität) mehr aufweisen.
- Für die Erstellung des Dokuments darf der Kostenrahmen von CHF 65 000.– nicht überschritten werden (Kosten).

8.3.3 Zielstruktur

Anhand der klassifizierten Ziele und der zuvor getroffenen Einteilung in Muss- und Kann-Ziele können Sie eine Zielstruktur erstellen. Sie gibt Auskunft über die Art und Dringlichkeit der erhobenen Ziele.

Nachfolgend finden Sie ein Beispiel, wie eine solche Zielstruktur für das Projekt «Neues Kundeninformations- und Verkaufssystem» aussehen könnte.

Abb. [8-5]   **Zielstruktur – Beispiel**

Systemziele	Wirtschaftliche Ziele	Möglichst hohe Senkung der fixen Kosten pro Kundenauftrag
	Leistungsziele	Überwachung aller internen Prozessschritte einer Kundenreklamation sicherstellen
	Personelle Ziele	Möglichst hohe Benutzerfreundlichkeit
Vorgehensziele	• Rasche Realisierung des Projekts • Einbezug möglichst vieler Stakeholder in die Projektdefinition	
Mussziele	• Nutzung der bestehenden Infrastruktur • Kostenrahmen für das Dokument: CHF 65 000.–	

8.4   Ziele operationalisieren → messbar machen

«Ziele operationalisieren» bedeutet, Ziele messbar und damit die Erreichung der Ziele beurteilbar zu machen. Zusätzlich dienen operationalisierte Ziele dazu, Lösungsvarianten zu vergleichen, und damit als Entscheidungshilfe, welche Variante weiterverfolgt werden soll.

Im Rahmen der Operationalisierung sind die Ziele eines Projekts so zu formulieren, dass von vornherein bekannt ist, nach welchem Massstab die Zielerreichung beurteilt werden soll. Als Massstab können quantitative und/oder qualitative Kriterien gelten.

- Für den Vergleich zwischen Lösungsvarianten eignet sich eine Bewertung der Ziele nach dem Kriterium «wie gut erreicht?» als Entscheidungshilfe. In diesem Fall enthält der Massstab in der Regel noch keinen Grenzwert.
- Ziele, die einen Massstab mit Grenzwert aufweisen, eignen sich besonders gut für die Projekterfolgskontrolle, weil so eine eindeutige Beurteilung möglich ist: «erreicht oder nicht erreicht?» Doch können sie auch dem Vergleich zwischen Lösungsvarianten dienen.

Ziel-Massstab ohne Grenzwert:

- Möglichst hohe Beschleunigung der Durchlaufzeit der Auftragsbearbeitung
- Möglichst grosse Zustimmung zur Einführung des neuen Mitarbeiterbeurteilungssystems

Ziel-Massstab mit Grenzwert:

- Die durchschnittliche Reaktionszeit bei schriftlichen Kundenreklamationen ist bis Ende des nächsten Jahres um mindestens 20 % kürzer gegenüber dem laufenden Jahr (ohne personelle Mehrkosten).
- Die Fehlerquote in der Produktion liegt per 31.12.20xx bei maximal 0.05 %.

Operationalisierte Ziele sind nicht nur für die Beurteilung der Zielerreichung fundamental. Sie stellen für die Projektleiterin auch ein wichtiges **Führungsinstrument** dar. Der Grund: Das am Projekt beteiligte Team weiss genau, worauf es ankommt, und ist daher i. d. R. besser motiviert als bei nicht-operationalisierten Zielen. Dieser Nutzen kann noch gesteigert werden, indem der Prozess der Zieldefinition dokumentiert und allen betroffenen Mitarbeitenden transparent aufgezeigt wird.

8.5 Ziele gewichten

Nicht alle Ziele haben dieselbe Bedeutung; dies zeigt die Unterscheidung in Muss- und Kann-Ziele. Die unterschiedliche Bedeutung kann auch durch die Gewichtung zum Ausdruck gebracht werden. Dabei ist zu beachten:

- **Muss-Ziele** sind nicht zu gewichten, da sie zwingend einzuhalten sind.
- Ebenso werden in vielen Projekten nur die **Systemziele** gewichtet, da die Vorgehensziele nach Projektende meist nicht mehr relevant sind.
- Die Gewichtung der Kann-Ziele sollte **vor dem Vorliegen der Lösungsvarianten** erfolgen.
- Die Gewichtung ist selbst unter Anwendung bester Methoden ein **subjektiver Vorgang,** da sie von den Interessenlagen der involvierten Personen abhängt.
- Der **Auftraggeber entscheidet** letztendlich über die Gewichtung.
- Mit Vorteil werden in einem Projekt beide nachfolgend aufgeführten Gewichtungstechniken angewandt, da man dabei sowohl die **Frosch-** als auch die **Vogelperspektive** einnimmt.

In den nachfolgenden Beispielen werden nur die Systemziele gewichtet.

8.5.1 Stufenweise Gewichtung

Bei der stufenweisen Gewichtung einer Zielstruktur wird, ausgehend von 100 % der obersten Stufe, jeweils die entsprechende Prozentzahl auf die direkt darunter liegenden Äste verteilt. Dieser Prozess geht so lange, bis alle untersten Äste einer Struktur ein Gewicht erhalten haben. Diese Gewichtungsmethode entspricht der **Vogelperspektive,** da man von oben nach unten vorgeht.

Um diesen Zusammenhang aufzuzeigen, verwenden wir als Beispiel das Projekt «Verbesserung der Transportverhältnisse in der Stadt».

Abb. [8-6]   Stufenweise Gewichtung – Beispiel   *Vogelperspehtive*

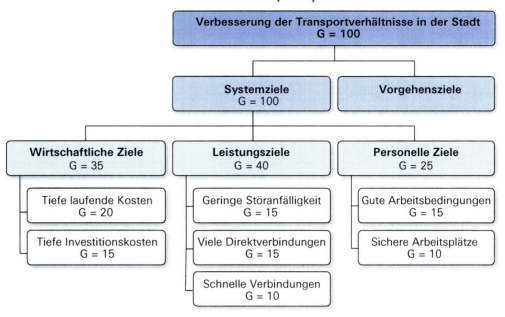

G = Gewichtung (Wichtigkeit eines Ziels in % der gesamten Ziele)

8.5.2 Präferenzmatrix

Die Präferenzmatrix wird typischerweise auf die Ziele der untersten Hierarchiestufe angewendet, sie ist aber auch auf jeder anderen Ebene einsetzbar. Diese Gewichtungsmethode entspricht der Froschperspektive, da man Detailvergleiche auf der untersten Ebene vornimmt und die Ergebnisse dann nach oben verdichten kann. Man geht dabei von der plausiblen Überlegung aus, dass ein Ziel sehr wichtig sein muss, wenn es im direkten Vergleich mit allen anderen Zielen sehr oft bevorzugt (d.h. präferiert) wurde.

Das folgende Beispiel zeigt die Präferenzmatrix für das Projekt «Verbesserung der Transportverhältnisse in der Stadt», das zuvor stufenweise gewichtet wurde.

Abb. [8-7]   Präferenzmatrix – Beispiel   *Froschperspehtive*

M	G	R	N	Nr.	Ziele
22	19	2	4	a	Tiefe laufende Kosten
10	10	5	2	b	Tiefe Investitionskosten
13	14	3	3	c	Geringe Störanfälligkeit
13	14	3	3	d	Viele Direktverbindungen
25	28	1	6	e	Schnelle Verbindungen
7	5	7	1	f	Gute Arbeitsbedingungen
10	10	5	2	g	Sichere Arbeitsplätze
100%	100%		21		

Spalten der Präferenzmatrix:
M = Modifizierte Gewichtung des Ziels (gerundet)
G = Prozentuale Gewichtung des Ziels (gerundet)
R = Rangreihenfolge des Ziels
N = Anzahl der Nennungen des Ziels im paarweisen Vergleich

Die Vorgehensschritte sind die folgenden:

1. In der Präferenzmatrix wird jedes Ziel mit jedem anderen verglichen und das jeweils **präferierte Ziel** im Schnittpunkt notiert (a, b, c usw.).
2. Sind alle Ziele miteinander verglichen, wird die Anzahl **Nennungen** (N) je Ziel summiert und die entsprechende **Gewichtung** (G) berechnet.
3. Aus der Gewichtung ergibt sich die **Rangreihenfolge** (R) der Ziele.
4. Anschliessend kann die Gewichtung noch **modifiziert** werden, wobei jedoch die Rangfolge und das Total der Gewichte nicht verändert werden dürfen. Die neuen Gewichtungen werden in die erste Spalte M eingetragen.

Wenn aus der Gewichtung aus der Vogel- und aus der Froschperspektive **grosse Unterschiede** resultieren, sollte man den **Ursachen** nachgehen. Aufgrund dieser Abklärungen braucht es die Entscheidung, wie die Zielgewichtung im weiteren Projektverlauf erfolgen soll.

Beispiel

Im obigen Beispiel erhält insbesondere das Ziel «Schnelle Verbindungen» in der Präferenzmatrix eine wesentliche höhere Gewichtung (28 %) als in der stufenweise Gewichtung (10 %).

Demgegenüber wird das Ziel «Gute Arbeitsbedingungen» in der Präferenzmatrix mit nur 5 % wesentlich niedriger bewertet als in der stufenweisen Gewichtung. Es stellt sich die Frage, woher diese Differenz resultiert.

Durch die Modifikation der Gewichtsprozente in der Präferenzmatrix (z. B. «Schnelle Verbindungen» von 28% auf 25%) kann eine Annäherung erreicht werden, ohne dass die Rangfolge der Ziele in der Präferenzmatrix verändert wird.

8.6 Zielentscheid herbeiführen

Die **Zieldokumentation** wird am besten im Verlauf der Zieldefinition erstellt. Wenn die Entstehungsgeschichte der zu erreichenden Ziele lückenlos aufgezeichnet ist, bleibt sie für jedermann und jederzeit nachvollziehbar. Um den Prozess der Zieldefinition systematisch festzuhalten, hat sich für die Zieldokumentation folgender **Aufbau** bewährt:

1. Auftrag
2. Projektziele
3. Ansprüche aller Interessengruppen
4. Zielanalyse
5. Zielstruktur

Die Zieldokumentation ist in der Initialisierungsphase ein **Bestandteil des Projektauftrags** und muss daher von den **Entscheidungsträgern genehmigt** werden. Falls Ziele im weiteren Projektverlauf angepasst oder aufgegeben werden sollten, muss die Projektleiterin die veränderte Zieldokumentation erneut zur Entscheidung vorlegen.

8.7 Ziele kommunizieren

Es empfiehlt sich, die definierten Ziele dem Projektteam in einem speziell dafür anberaumten **Kick-off-Meeting** (Projektstart-Sitzung) zu präsentieren. Auch später – im Verlauf der Projektabwicklung – lohnt es sich, die gesteckten Ziele immer wieder den am Projekt beteiligten Mitarbeitenden aufzuzeigen. Hilfreich sind u. a. die folgenden Massnahmen:

- Die Ziele gut sichtbar an die Wand des Projektbüros oder des Sitzungszimmers hängen.
- Immer wieder (z. B. bei jeder Projektsitzung) auf die Ziele hinweisen.
- Bei jeder Projektsitzung den Projektfortschritt anhand der erreichten Ziele überprüfen.
- Die Zielerreichung belohnen und auch allen Beteiligten und Betroffenen des Gesamtprojekts mitteilen.

Zusammenfassung

Für die Führung und Steuerung des Projekts sind v. a. die Ziele von fundamentaler Bedeutung.

Eine **systematische Zieldefinition** umfasst folgende Schritte:

Vorgehensschritte	Aktivitäten
1. Ziele ermitteln	Ziele aufgrund der Ansprüche unterschiedlicher Interessengruppen (Stakeholder) sammeln. Ansprüche in eindeutige, zweckmässige Ziele umformulieren und schriftlich festhalten.
2. Ziele analysieren	Kritische Prüfung der formulierten Ziele nach den Kriterien: «echte» Ziele; Bezug zum Projekt; keine redundanten Ziele; Gliederung in Muss- und Kann-Ziele; Zielkonflikte.
3. Ziele klassifizieren	Kann-Ziele nach Systemzielen (wirtschaftliche Ziele, Leistungsziele oder personelle Ziele) und Vorgehenszielen (Etappenziele des Projekts) klassifizieren.
4. Ziele operationalisieren	Massstab für Projektziele festlegen, als Entscheidungs- und Beurteilungsgrundlage.
5. Ziele gewichten	Kann-Ziele durch eine stufenweise Gewichtung und/oder in Form einer Präferenzmatrix gewichten. Oft werden nur Systemziele gewichtet.
6. Zielentscheid herbeiführen	Systematische schriftliche Zieldokumentation als Bestandteil des Projektauftrags: Nachvollziehbarkeit des Zieldefinitionsprozesses gewährleisten. Zielentscheid bei Entscheidungsgremium herbeiführen.
7. Ziele kommunizieren	Ziele allen am Projekt Beteiligten präsentieren.

Repetitionsfragen

26   Welche der folgenden vier Aussagen über den Zieldefinitionsprozess sind richtig?

A] Es darf in einem Projekt keine Zielkonflikte geben.

B] Ein unechtes Projektziel ist z. B.: «Wir wollen die Controllingprozesse in sämtlichen Unternehmensbereichen automatisieren.»

C] Die Vorgehensziele eines Projekts beziehen sich auf dessen Abwicklung.

D] Alle Muss- und Kann-Ziele sind zu gewichten, damit man später die Lösungsvarianten objektiv beurteilen kann.

27   Erklären Sie, warum operationalisierte Ziele für ein Projekt wichtig sind.

28   Bekanntlich müssen die Ziele bei den relevanten Interessengruppen erhoben werden.

A] Nennen Sie für ein aktuelles Projekt in Ihrem Unternehmen die verschiedenen Interessengruppen (Stakeholder).

B] Beschreiben Sie in Stichworten, welche Interessen jeder Stakeholder in diesem Projekt verfolgt. (Bemerkung: Falls nicht alle Interessen offen gelegt wurden, treffen Sie bitte eine plausible Annahme.)

9   Projektinitialisierungsprozess

Lernziele   Nach der Bearbeitung dieses Kapitels können Sie ...

- anhand von Beispielen aufzeigen, welche Anforderungen ein Projektantrag erfüllen muss.
- einen Projektauftrag auf Klarheit und Vollständigkeit hin prüfen.

Schlüsselbegriffe   Antragsprüfung, Auftraggeber, Bewilligungsgremium, Entscheid, Inhalt des Projektantrags, Inhalt des Projektauftrags, Projektfreigabe, Projektidee, Projektportfolio, Projektservicestelle

Der Aufwand, den ein Unternehmen leisten muss, um neben den alltäglichen Aufgaben auch noch ein Projekt abzuwickeln, ist nicht zu unterschätzen. Projekte zu realisieren, die dem Unternehmen keinen oder nur einen kleinen Nutzen bringen, ist über kurz oder lang ein grosser Risikofaktor für das Unternehmen.

Auf der anderen Seite gibt es immer wieder wichtige, einmalige Sonderaufgaben zu bewältigen, für die insgesamt nur begrenzte Ressourcen zur Verfügung stehen. Es liegt auf der Hand, dass ein Unternehmen seine Kräfte auf die wirklich wichtigen Projekte konzentrieren muss. Es geht also darum, die richtigen Projekte zu bearbeiten.

Wie gelingt es, die Frage nach den richtigen Projekten angemessen und kompetent zu beantworten? – Die folgende Grafik gibt einen Überblick über den Initialisierungsprozess; die einzelnen Schritte werden in den folgenden Abschnitten erläutert:

Abb. [9-1]   Projektinitialisierungsprozess

Projektidee → Projektantrag → Antragsprüfung → Entscheid → Projektauftrag → Projektfreigabe

9.1   Projektidee

Projektideen entstehen aus den unterschiedlichsten Situationen heraus:

Beispiel
- Die Kunden reklamieren seit einiger Zeit über unverhältnismässig lange Lieferzeiten.
- Eine Verkaufsmitarbeiterin überlegt sich, wie man mit einem speziellen Dienstleistungsangebot neue Kundengruppen ansprechen könnte.
- Viele Benutzer einer Software-Applikation beklagen sich lauthals über deren schlechte Benutzerführung; es entsteht das Bedürfnis, diese Software zu modernisieren.
- Aus der neuen Unternehmensstrategie ergeben sich Expansionsmöglichkeiten für verschiedene Produktbereiche.

Es lassen sich grundsätzlich zwei Typen von Projektideen unterscheiden:

- **Reaktive Ideen:** Die Idee entsteht als Reaktion auf einen – meist als unbefriedigend wahrgenommenen – Zustand (z. B. die langen Lieferzeiten oder die schlechte Benutzerführung). *aus einer Situation oder Reklamation heraus*
- **Visionäre Ideen:** Hier kommt die Idee nicht als Reaktion auf eine reale Situation, sondern entsteht aus dem Wittern einer Chance, die sich aus Sicht des Ideenhabers im Moment für das Unternehmen gerade bietet (z. B. das Dienstleistungsangebot oder die Expansionsmöglichkeiten). *ein Traum z.B.*

Verschiedene Untersuchungen haben gezeigt, dass sich Unternehmen, die die visionäre Projektarbeit fördern, erfolgreicher behaupten als jene Unternehmen, die ihre Projektkraft vorwiegend in reaktive Projektideen einsetzen.

9.2   Projektantrag

Unabhängig davon, woher die Ideen kommen, ist es wichtig, diese nun in eine für weitere Abklärungen geeignete Form zu bringen. In der Praxis hat sich hierfür der Projektantrag bewährt.

9.2.1   Inhalt eines Projektantrags

Eine einheitliche Form ermöglicht es, alle Projektideen miteinander zu vergleichen und vorschnelle oder einseitige Entscheide zu vermeiden. Grundsätzlich sollten im Projektantrag sämtliche Informationen enthalten sein, die zu diesem Zeitpunkt bereits vorliegen. Dadurch können der Entscheid des «Go/No-Go» (das Projekt zu starten bzw. abzulehnen) erleichtert und die notwendigen Abklärungen bei der Antragsprüfung vereinfacht werden.

Der Projektantrag macht zumindest grobe Aussagen zu den nachfolgenden Inhalten, wobei je nach unternehmensspezifischen Gegebenheiten die Vorgaben für einen Projektantrag noch wesentlich umfangreicher ausfallen können:

Abb. [9-2]   Projektantrag

Projektantrag

- Ausgangslage
- Probleme
- Grobe Lösungsidee
- Erwarteter Nutzen, Projektziele
- Überlegungen zur Wirtschaftlichkeit
- Grobschätzung des Realisierungszeitraums
- ...

A] Ausgangslage

Der aktuelle Zustand bzw. die aktuelle Situation bildet den Ausgangspunkt für die im Projektantrag enthaltenen Überlegungen. Da der Projektantrag in gewisser Weise auch ein Verkaufsdokument darstellt, empfiehlt es sich, die Ausgangslage so zu beschreiben, dass ein Handlungsbedarf klar zu erkennen ist.

B] Probleme

Aus der Ausgangslage ergibt sich die Schilderung der daraus entstehenden Probleme und Folgen, z. B. für eine bestimmte Benutzergruppe oder das Gesamtunternehmen. Bei visionären Projektanträgen werden nicht die Probleme, sondern die sich durch das Projekt bietenden bzw. die «verpassten» Chancen beschrieben.

C] Grobe Lösungsidee

Es geht in diesem Punkt natürlich nicht darum, bereits fertige und ausgefeilte Lösungsvorschläge zu unterbreiten. Vielmehr sollen die Empfänger des Antrags erkennen, dass tatsächlich Lösungsmöglichkeiten für die aktuelle Situation bzw. das vorhandene Problem bestehen. Es ist auch zulässig, im Projektantrag diesen Punkt offen zu lassen, falls noch keine Lösungsideen vorhanden sind.

D] Erwarteter Nutzen, Projektziele

Ein Projektantrag hat selbstverständlich bessere Chancen, bewilligt zu werden, wenn es gelingt, den Nutzen für das Unternehmen nachvollziehbar aufzuzeigen. Der erwartete Nutzen ist oftmals auch eine wichtige Informationsquelle für die anzustrebenden Projektziele. Im Projektantrag werden noch keine allzu konkreten, detaillierten Zielkataloge erwartet, sondern – wie bei der Lösungsidee – mögliche Grobziele.

E] Überlegungen zur Wirtschaftlichkeit

Dies ist der wohl heikelste Punkt im gesamten Dokument, denn auf welcher Basis soll man zu diesem frühen Zeitpunkt bereits konkrete Aussagen zu quantifizierbarem Nutzen und einmaligen und laufenden Kosten einer neuen Lösung machen? Trotzdem ist in einigen Unternehmen genau dieser Punkt ein massgebliches Bewilligungs-Entscheidungskriterium. In einem solchen Fall ist man gezwungen, die Wirtschaftlichkeitsüberlegungen durch grobe Schätzungen und das Treffen von Annahmen zu dokumentieren. Allerdings ist es auch erlaubt, die Wirtschaftlichkeitsüberlegungen zum Antragszeitpunkt noch offen zu lassen.

F] Grobschätzung des Realisierungszeitraums

Auch der Realisierungszeitraum ist zum Zeitpunkt des Projektantrags meist nicht klar abzuschätzen, da er von vielen weiteren, ebenfalls noch unsicheren Punkten abhängt. Dennoch braucht es eine Trendaussage im folgenden Sinn: Muss als Realisierungszeitraum für dieses Projekt mit Monaten oder eher mit einem oder sogar mehreren Jahren gerechnet werden?

9.2.2 Organisation des Antragsverfahrens

In vielen Unternehmen ist das Projektantragsverfahren klar geregelt. Es handelt sich dabei um ein Zusammenspiel der folgenden Beteiligten, die eine bestimmte Rolle einnehmen:

Abb. [9-3]   Organisation des Antragsverfahrens

Auftraggeber und somit auch Antragsteller für Projekte können sein:

- Mitarbeitende oder Leitende von Fachabteilungen
- Geschäftsleitung
- Organisationsabteilung
- Spezialisten

Alle Projektanträge werden an die zuständige Projektservicestelle weitergeleitet.

Das **Projekt-Bewilligungsgremium** trägt in der Praxis die unterschiedlichsten Namen, wie z. B. Projektausschuss oder Steuerungsausschuss. In kleinen und mittleren Unternehmen ist das Bewilligungsgremium meistens identisch mit der Geschäftsleitung. In grösseren Unternehmen setzt es sich aus leitenden Mitarbeitenden wichtiger Unternehmensbereiche zusammen und ist zeitlich unbefristet eingerichtet.

Manche Initianten sind überfordert, einen Projektantrag nach den formalen Anforderungen richtig und vollständig auszufüllen. Daher ist es wichtig, dass im Unternehmen hierfür eine Unterstützung in Form einer **Projektservicestelle** zur Verfügung steht. Gerade bei visionären Ideen besteht sonst die Gefahr, wegen der zu hohen Hürde des Projektantrags die Innovationskraft des Unternehmens als Ganzes unnötigerweise zu schwächen.

Je nach Kompetenzenregelung verwaltet die Projektservicestelle sämtliche Anträge und bereitet – soweit nötig – dazu Stellungnahmen vor. Beispielsweise ergänzt sie Zeit- und Aufwandschätzungen und macht Aussagen zu der Dringlichkeit und Wichtigkeit der Anträge. Über kleinere Vorhaben kann sie allenfalls auch selber entscheiden.

9.3 Antragsprüfung

Die eingereichten Projektanträge werden durch das entsprechende Bewilligungsgremium oder in dessen Auftrag einer näheren Analyse unterzogen; gegebenenfalls sind weitere Abklärungen oder zusätzliche Informationen notwendig. Für eine möglichst «objektive» Antragsprüfung ist von Vorteil, wenn das Unternehmen über ein möglichst breit abgestütztes Bewilligungsgremium verfügt, in dem alle Unternehmensbereiche vertreten sind.

Die seriöse Beantwortung der folgenden sieben Fragen steht bei der Antragsprüfung im Vordergrund:

1. Ist das beantragte Vorhaben ein Projekt?

Eine grundlegende Frage lautet, ob das im Projektantrag skizzierte Vorhaben sinnvollerweise in Form eines Projekts zu bearbeiten ist. Dabei kommen dieselben Kriterien zur Anwendung, die als typische Merkmale für Projekte gelten (siehe Kap. 1.1, S. 11).

Es liegt auf der Hand, dass eine weitere Prüfung des Projektantrags überflüssig wird, wenn in diesem Zusammenhang gegen ein Projekt entschieden wird. Die vorliegende Idee muss jedoch nicht in den Papierkorb wandern; sie wird lediglich nicht in Form eines Projekts weiterverfolgt.

2. Ist das Projekt mit der Unternehmensstrategie vereinbar? i Leitbild↑

Da Projekte in irgendeiner Form immer zu Veränderungen führen, ist es wichtig, dass diese Veränderung mit der Unternehmensstrategie vereinbar ist. Nur so kann man erreichen, dass die Strategie auch wirklich umgesetzt wird. Die Erfahrung zeigt: Viele Projekte würde man gar nicht angefangen haben, wenn man sich diese Frage zu Beginn ernsthaft gestellt hätte.

3. Wie hoch ist das Risiko für einen Misserfolg?

Lässt sich bereits vor Projektbeginn absehen, dass das betreffende Projekt mit vielen Risiken verbunden ist, wird ein Projekterfolg höchstwahrscheinlich schwieriger zu erreichen sein.

4. Stehen ausreichend Ressourcen für das Projekt zur Verfügung?

Es ist nicht besonders weitblickend und führt in vielen Fällen auch zu keinem befriedigenden Resultat, wenn man ein Projekt beginnt, ohne dass die dafür benötigten Ressourcen in ausreichendem Mass zur Verfügung stehen.

5. Besteht im Unternehmen grundsätzlich der Wille, eine Veränderung im Sinne des beantragten Projekts zu unterstützen?

Immer wieder kommt es vor, dass ein Projekt angestossen wird, ohne dass ein ausreichender Wille vorhanden ist, tatsächlich etwas zu verändern. Nicht selten schlafen solche Projekte früher oder später ein oder scheitern an vermeintlichen Kleinigkeiten. Tatsächlich aber haben die Verantwortlichen im Management das Vorhaben zu wenig unterstützt oder die betroffenen Mitarbeitenden das Vorankommen «blockiert». Ein gezieltes und umsichtiges Projektmarketing ist daher unerlässlich.

6. Welche wirtschaftlichen Überlegungen hängen mit dem Projekt zusammen?

Das Ermitteln der rechnerischen Grundlagen und das Sammeln der relevanten Daten, die die Basis für die Wirtschaftlichkeitsüberlegungen eines Projekts liefern, ist in vielen Fällen ziemlich aufwendig. Trotzdem ist gerade dieser Aspekt für die Entscheidung sehr bedeutsam, ob dieses Projekt begonnen werden soll (auch für den Auftraggeber).

7. Welche Konsequenzen hat eine Nicht-Durchführung des Projekts?

Nicht nur die Folgen der Realisierung eines Projekts beeinflussen die Entscheidung, sondern auch diejenigen einer Nicht-Realisierung. Denn die negativen Auswirkungen eines abgelehnten Projekts können auch ein Argument für das Projekt darstellen.

9.4 Entscheid

Als Hilfsmittel für die Entscheidungsfindung und für die Begründung des Entscheids dient das so genannte **Projektportfolio**. Es enthält alle beantragten und laufenden Projekte.

Die folgende Grafik zeigt ein solches Projektportfolio. Die Projekte P1 bis P5 stehen für fünf Projektanträge und/oder bereits laufende Projekte. Sie werden im Projektportfolio auf der horizontalen Achse nach der wirtschaftlichen Bedeutung und auf der vertikalen Achse nach der strategischen Bedeutung beurteilt:

- Die Projekte P1 und P2, die sowohl eine hohe wirtschaftliche als auch strategische Bedeutung haben (Bereich rechts/oben), werden durchgeführt.
- Das Projekt P5 ist weder wirtschaftlich noch strategisch bedeutend (Bereich links/unten); es wird abgelehnt oder zurückgestellt.
- Die Projekte P3 und P4 liegen dazwischen; sie werden je nach Situation durchgeführt oder ebenfalls zurückgestellt.

Abb. [9-4]   Projektportfolio – Beispiel

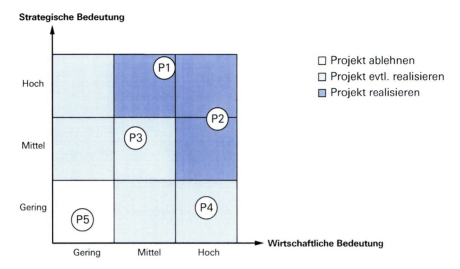

Aufgrund der Antragsprüfung und der Positionierung im Portfolio lässt sich nun entscheiden, ob der vorliegende Projektantrag weiterzuverfolgen ist oder nicht. Bei einem positiven Entscheid folgt die Ausarbeitung eines Projektauftrags.

Hinweis   Die Verwaltung des Projektportfolios wird als Portfoliomanagement bezeichnet; das Portfoliomanagement wird im Rahmen dieses Lehrmittels nicht eingehender behandelt.

9.5   Projektauftrag

Die im Projektantrag definierten Inhalte werden mit den zusätzlich gewonnenen Informationen aus dem Initialisierungsprozess ergänzt und als Projektauftrag formuliert. Er stellt eine klare und einvernehmliche **Zielvereinbarung** zwischen der Projektleiterin und dem Auftraggeber dar.

9.5.1   Inhalt eines Projektauftrags

Der Projektauftrag dient als Richtschnur während des gesamten Projekts. Zusammen mit dem Projektplan weist er den Weg durch die nachfolgenden Projektphasen. Es besteht so die Möglichkeit, jederzeit zu überprüfen, ob die Projektziele erreicht werden (können). Beachten Sie in diesem Zusammenhang jedoch die folgenden Einschränkungen:

- Der Projektauftrag liefert **keine exakten Planungswerte** bzw. Aussagen über den Status des Projekts. Erst die Verbindung von Projektauftrag und Projektplan ermöglicht eine konkrete Bewertung des Projektstatus.
- Der Projektauftrag stellt **keine unveränderliche Vorgabe** dar, die sozusagen in Stein gemeisselt ist, denn im Verlauf eines Projekts kommt es erfahrungsgemäss immer wieder zu Änderungen. Diese betreffen meistens die Ziele, das Budget oder die Termine und ziehen vielfach eine Korrektur des Projektauftrags nach sich.

Aufgrund des **vertraglichen Charakters,** den ein Projektauftrag hat, müssen in diesem Dokument die folgenden inhaltlichen Aspekte **möglichst genau beschrieben** werden:

Abb. [9-5]

Inhalt des Projektauftrags

Inhalt	Erklärungen
Ausgangslage	Auf welchen Informationen/Tatbeständen gründet dieser Auftrag?
Zielsetzung(en)	Gemäss Zieldokumentation.
Restriktionen	Welche internen und externen Vorgaben müssen unbedingt eingehalten werden?
Projektabgrenzung	Aufzählung der Komponenten, die zum Projekt gehören, und solcher, die explizit nicht zum Projekt gehören.
Projektorganisation	Projektleiter, Projektteam, Steuerungsausschuss, evtl. weitere Gremien.
Termine/Meilensteine	Aus methodischer Sicht ist es sinnvoll, vor Projektbeginn nur die Dauer der Vorstudie und einen allfälligen Wunsch-Endtermin festzulegen, in der Praxis ist dieser Punkt aber oft schwer durchsetzbar.
Budget	Festlegung des Budgets für die Vorstudie; manchmal existiert hier auch bereits ein Kostendach für das gesamte Projekt.
Abstimmungsbedarf	Abstimmungsbedarf mit anderen Projekten.
Informations- und Berichtswesen	In welcher Art und Weise wird informiert, welche Berichte werden wem wann zur Verfügung gestellt usw.?

9.5.2 Prüfung des Projektauftrags

Der Projektauftrag geht zur nochmaligen Prüfung an das Bewilligungsgremium oder an die entsprechende Entscheidungsinstanz in der Linie zurück. Beurteilt werden dabei:

- **Formale und inhaltliche Vollständigkeit** → evtl. Antrag auf Ergänzungen oder Rückweisung
- **Konsistenz zwischen Projektantrag und Projektauftrag** → evtl. Diskussion über Abweichungen
- Vergleich des **geplanten Aufwands** mit dem für das Projekt **reservierten Budget**
- **Personeller Ressourcenbedarf:** Verfügen die involvierten Personen über die notwendige Zeit und Kompetenz?
- **Vereinbarkeit der Systemziele:** Entsprechen die Systemziele den Wünschen des Auftraggebers und der anderen Stakeholder? Sind sie mit der Unternehmensstrategie kompatibel?

9.6 Projektfreigabe

Mit der gegenseitigen Unterzeichnung des Projektauftrags durch den Auftraggeber und durch den Projektleiter wird das Projekt einvernehmlich freigegeben. Sobald beide Seiten dem Vorhaben zugestimmt haben, ist – zumindest theoretisch – der Projektstart erfolgt.

Idealerweise findet nun eine offizielle Projektstart-Sitzung statt. In diesem sogenannten «Kick-off-Meeting» werden alle beteiligten und betroffenen Personen eingehend über die Ausgangslage und die Zielsetzungen des Projekts informiert. Vergleichen Sie dazu auch die Erläuterungen im Kapitel 18.2.2, S. 179 (Kommunikation mit dem Projektteam).

Wenn die Freigabe nicht erfolgt und somit das Projekt als abgelehnt gilt, muss diese **Ablehnung keine Niederlage** bedeuten, auch wenn dies in der Praxis oftmals so gesehen wird. Aus Sicht des Unternehmens werden dadurch nämlich sinnlose oder zumindest fragwürdige Ausgaben bzw. unnötige Beanspruchungen von Ressourcen vermieden.

Zusammenfassung

Der Projektinitialisierungsprozess besteht aus insgesamt sechs Vorgehensschritten:

Vorgehensschritt	Aktivitäten
Idee	• Reaktive Ideen: Veränderung des jetzigen Zustands • Visionäre Ideen: Chance für die Zukunft
Projektantrag	Inhalte eines vollständigen Projektantrags: • Ausgangslage • Probleme • Grobe Lösungsidee • Erwarteter Nutzen, Projektziele • Überlegungen zur Wirtschaftlichkeit • Grobschätzung des Realisierungszeitraums
Antragsprüfung	Beurteilungskriterien für den Projektantrag: • Projekttauglichkeit • Vereinbarkeit mit der Unternehmensstrategie • Risiko eines Misserfolgs • Deckung des Ressourcenbedarfs • Deckung des Know-how-Bedarfs • Wirtschaftlicher Nutzen • Konsequenzen der Nicht-Realisierung
Entscheid	Anwendung des Projektportfolios
Projektauftrag	Bedeutung: • Zielvereinbarung zwischen Projektleiter und Auftraggeberin • Richtschnur für Gesamtprojekt (zusammen mit dem Projektplan) Inhalt: • Ausgangslage • Zielsetzung • Restriktionen • Projektabgrenzung • Projektorganisation • Termine / Meilensteine • Budget • Abstimmungsbedarf • Informations- und Berichtswesen Prüfung anhand der folgenden Kriterien: • Formale und inhaltliche Vollständigkeit • Konsistenz zwischen Projektantrag und Projektauftrag • Vergleich geplanter Aufwand mit dem reservierten Budget • Personeller Ressourcenbedarf • Vereinbarkeit der Systemziele
Projektfreigabe	• Unterzeichnung des Projektauftrags • Projektstart-Sitzung

29 Welche der folgenden fünf Aussagen zum Projektinitialisierungsprozess sind richtig?

A] Bei der Antragsprüfung muss man sich u. a. die Frage stellen: «Ist dieses Projekt mit unserer Unternehmensstrategie zu vereinbaren?»

B] In einem Projektantrag muss bereits eine grobe Lösungsskizze enthalten sein.

C] Eine visionäre Projektidee ist z. B., wenn ein Grossverteiler beschliesst, genauso wie seine Mitbewerber eine Niedrigstpreis-Produktelinie in sein Sortiment aufzunehmen.

D] Ein Projektauftrag dient als Zielvereinbarung zwischen der Projektleiterin und ihrem Projektteam.

E] Vor der Projektfreigabe ist zu prüfen, ob der Projektauftrag mit dem Projektantrag vereinbar ist; bei Abweichungen ist eine Diskussion mit entsprechenden Beschlüssen notwendig.

30 Bei den fünf vorliegenden Projektanträgen kommt das Entscheidungsgremium zu einer klaren Einschätzung hinsichtlich der wirtschaftlichen und strategischen Bedeutung. Geben Sie aufgrund dieser Einschätzung eine Empfehlung dazu ab, was mit dem vorliegenden Projektantrag geschehen soll.

Projekt	Bedeutung		Ihr Entscheid (Empfehlung)
	Wirtschaftlich	Strategisch	
Projekt 1	Niedrig	Mittel	
Projekt 2	Hoch	Mittel	
Projekt 3	Hoch	Hoch	
Projekt 4	Niedrig	Niedrig	
Projekt 5	Mittel	Hoch	

Teil D   Projekte planen

10   Überblick

Lernziele

Nach der Bearbeitung dieses Kapitels können Sie ...

• die Zusammenhänge zwischen den wichtigsten Planungsinstrumenten nennen.

Schlüsselbegriffe

Ablauf- und Terminplanung, Einsatzmittelplanung, Kostenplanung, Projektstrukturplan

Als Grundlage für eine gute Planung liegen die definierten Ziele, das angestrebte Projektresultat und das Phasenkonzept mit der Projektvorgabe (oder aber nach Abschluss der Vorstudie) vor. Natürlich kann man auch ohne definitive Ziele und Resultate ein Projekt bereits planen; diese Planung erfolgt aber zwangsläufig weniger konkret. Der Projektstrukturplan liefert die Grundlagen für die weitere Projektplanung.

In diesem Teil des Lehrbuchs gehen wir auf die einzelnen Komponenten des Projekt-Planungsprozesses näher ein. Die folgende Grafik zeigt diese in der Übersicht:

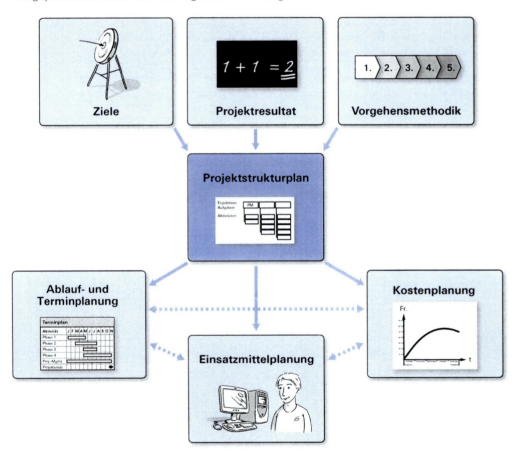

11 Vorgehensmethodik

Lernziele	Nach der Bearbeitung dieses Kapitels können Sie ... • ein einfaches Projekt in sinnvolle Teilschritte (Phasen) gliedern.
Schlüsselbegriffe	Basis-Phasenkonzept, Detailkonzept, Einführung, Erhaltung, Grobkonzept, Planungszyklus, Realisierung, Vorstudie

Zu den Grundlagen des Projektplanungsprozesses gehört die Wahl der passenden Vorgehensmethodik. In diesem Kapitel stellen wir Ihnen die bekanntesten Vorgehensmodelle und die dabei anfallenden Aufgaben der Projektleitung vor.

11.1 Zweck der Vorgehensmethodik

Mit einem methodischen Vorgehen strebt man vor allem folgende Ziele an:

• Einheitliches Vorgehen
• Transparenz für die Entscheidenden und das Projektteam
• Klare Meilensteine für Entscheidungen
• Unterstützung der Projektleitung bei der Projektplanung und -steuerung
• Überblick bewahren trotz Detailarbeit

In der Projektmanagementpraxis existiert eine Vielfalt an Methoden, mit denen die Projekte in einer für eine gute Planung geeigneten Art und Weise in verschiedene Phasen gegliedert werden können. Die Grundsätze sind bei den meisten Methoden dieselben:

• Top-down (vom Groben ins Detail)
• Phasenweises Vorgehen
• Trennung von Planung, Realisierung und Einführung

11.2 Basis-Phasenkonzept

Nebst dem hier näher vorgestellten Phasenkonzept gibt es zahlreiche andere Vorgehensmodelle. Wir verwenden dieses, weil es aufgrund der Phaseneinteilung und der Phasenbezeichnungen allgemein (für verschiedene Arten von Projekten) anwendbar ist. Das Basis-Phasenkonzept besteht aus insgesamt sechs Phasen: Vorstudie, Grobkonzept, Detailkonzept, Realisierung, Einführung und Erhaltung.

Abb. [11-1]   Basis-Phasenkonzept

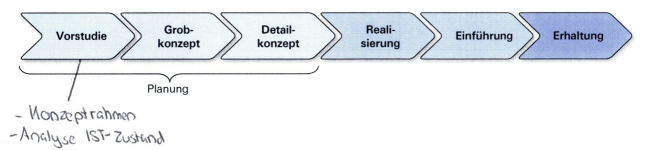

Planung

- Konzeptrahmen
- Analyse IST-Zustand

Die ersten drei Phasen gehören zur **Planung,** nämlich die Vorstudie, das Grob- und das Detailkonzept. In den einzelnen Planungsphasen, die mit zunehmendem Projektfortschritt detaillierter ausfallen, werden jeweils mehrere **Lösungsvarianten** ausgearbeitet. Eine Planungsphase endet gewöhnlich mit dem **Entscheid** für eine Variante, die dann in der folgenden Planungsphase weiter ausgearbeitet wird. Sobald ein **ausführungsreifes Konzept** vorliegt, ist die Planung abgeschlossen.

Die **Realisierung** ist die Umsetzungsphase des Konzepts, sodass die fertige Lösung in der Phase der **Einführung** den späteren Nutzern übergeben werden kann. Die letzte Phase des Basis-Phasenkonzepts betrifft die **Erhaltung** der eingeführten Lösung, d. h. die laufende Qualitätssicherung.

Je nach Projektgrösse und -komplexität können **einzelne Phasen zusammengelegt** oder auch ganz weggelassen werden.

11.2.1 Ziele und Ergebnisse der einzelnen Phasen

In der nachfolgenden Tabelle finden Sie eine Zusammenstellung der Zielsetzungen und typischen Ergebnisse der sechs Phasen.

Phase	Zielsetzung	Typische Ergebnisse	Bemerkungen
Vorstudie	Gibt es wirtschaftlich, sozial und politisch vertretbare Lösungsvarianten?	• Projektabgrenzung • Schnittstellen • Problemkatalog • Zielsystem • Lösungsvarianten • Wirtschaftlichkeitsanalyse • Vorgehensplanung • Aktualisierter Projektvertrag	Grundsätzlich wird in dieser Phase entschieden, ob das Projekt überhaupt durchgeführt werden soll.
Grobkonzept *Hauptstudie*	Globales Lösungskonzept auf Basis der gewählten Vorstudienvariante	• Konkretisierte Ziele • Zerlegung des Projekts in abgrenzbare Projekte (Unter- oder Teilsysteme) • Prioritäten für die Projekte • Globale Lösungen für die Projekte • Schnittstellen zwischen den Projekten	Bei Informatik-Projekten wird in dieser Phase, spätestens aber im Detailkonzept, das Pflichtenheft erstellt und die Evaluation durchgeführt.
Detailkonzept *Teilstudie*	Vollständige und ausführungsreife Pläne aller Teilsysteme (Teilprojekte)	• Verfeinerte Pläne für alle Lösungskomponenten • Einführungsstrategie • Definitives Budget • Aktualisierter Projektvertrag	Das Detailkonzept sollte vollständig fertig sein, bevor mit der Realisierung begonnen werden kann. Ausnahme: Projekte können separat realisiert werden.
Realisierung	Schlüsselfertiges System bzw. einzuführende Lösung	• Umgesetzte Pläne • Testberichte • Dokumentation	Vor allem bei Informatik-Projekten kommt dem Test eine starke Bedeutung zu.
Einführung	Übergabe an die Benutzer	• Durchgeführte Schulung bzw. Informationsveranstaltung • Eingerichtete Hotline • Erfolgskontrolle	Je nach Einführungsstrategie ist für die betroffenen Benutzer ein beträchtlicher Zusatzaufwand einzuplanen.
Erhaltung	System bzw. Lösung am Leben erhalten	• Erfolgskontrolle • Nachschulungen • Fehlerkorrekturen • Systemanpassungen	Für Erweiterungen oder grössere Modifikationen ist ein neues Projekt zu beantragen.

11.2.2 Zu erledigende Aufgaben in den einzelnen Phasen

Die folgende Liste enthält typische Aufgaben, die in den sechs Phasen anfallen. Sie können diese auch am Beispiel des Umbauprojekts «Büroräumlichkeiten» nachvollziehen.

Phase	Typische Aufgaben	Beispiel Umbauprojekt
Vorstudie	• Informationen erheben und analysieren • Situation modellieren • Projekt abgrenzen • Zielverfeinerung (auf der Basis von Stärken und Schwächen, Chancen und Risiken) • Wichtigste Funktionen der Lösung ermitteln (Was muss, soll sie leisten können?) • Grobe Lösungsvarianten bzw. prinzipielle Lösungsrichtungen entwerfen • Realisierbarkeit prüfen (machbar, durchsetzbar, sozial verträglich, wirtschaftlich sinnvoll?) • Bewertung durchführen • Empfehlung erarbeiten • Entscheidungspräsentation vorbereiten und durchführen	• Ziele des Bauherrn konkretisieren • Restriktionen vervollständigen • Lösungsskizzen (Grobvarianten) entwerfen • ...
Grobkonzept	• Verfeinerung der modellierten Situation • Fachliche Benutzeranforderungen ermitteln (im grösstmöglichen Detaillierungsgrad) • Qualitätsanforderungen ermitteln und detailliert beschreiben • Globale Lösungsvarianten für die abgegrenzten Projekte erarbeiten • Lösungsvarianten (Kosten / Nutzen) bewerten • Empfehlungen für eine Lösungsvariante erarbeiten • Technische Realisierbarkeit prüfen	• Varianten für die Büroaufteilung erarbeiten • Varianten für die Eingliederung und Nutzung der gemeinsamen Aufenthaltsräume (Kaffeeraum, Sitzungszimmer, Eingangsbereich usw.) erarbeiten • ...
Detailkonzept	• Zusätzliche Informationen bedarfsgerecht erheben und analysieren • Funktionale Anforderungen und Ziele vervollständigen • Ausführungsreife Pläne erstellen • Quantitative und qualitative Bedarfsermittlung (Finanzen, Personal, Raum und sonstige Sachmittel) • Pflichtenhefte / Anforderungskataloge ausarbeiten • Ausschreibungsunterlagen erstellen • Angebote einholen und bewerten • Einführung planen • Entscheidungsreife Vorlagen für die Realisierung erarbeiten	• Varianten für Bodenbelags-, Farb- und Beleuchtungskonzept für die Räumlichkeiten erarbeiten • Ausschreibung der Elektro- und Sanitärarbeiten • ...
Realisierung	• Pläne in arbeitsfähige Lösungen umsetzen • Vergabe und Überwachung von Fremdaufträgen • Bauliche Massnahmen ausführen • Installation notwendiger Sachmittel • Tests • Abschluss der Projektdokumentation • Benutzerdokumentation fertig stellen • Einführungsvorbereitung abschliessen	• Bauarbeiten ausführen gemäss Plänen • Installationsarbeiten ausführen • Möblierung der Räumlichkeiten • ...
Einführung	• Information der indirekt Betroffenen • Information und Schulung der direkt Betroffenen • Unterstützung der Anwender in der Anfangsphase • Störungsfreies Funktionieren sicherstellen (Stabilisierung der Lösung) • Entscheidung für die Nutzungsfreigabe vorbereiten	• Bauabnahme • Einweihungs- und Informationsveranstaltung für die Benutzer • Instruktion der Hausverwaltung • ...
Erhaltung	• Überwachen der Funktionsfähigkeit der Lösung • Korrektur aufgetretener Fehler • Anpassen der Lösung an veränderte Rahmenbedingungen (z. B. gesetzliche Bestimmungen usw.)	• Funktionsfähigkeit des Sicherheitssystems prüfen • Baumängel beheben • Anpassungsbedarf bei der Möblierung prüfen • ...

11.3 Vorgehen in den Planungsphasen (Planungszyklus)

Das Vorgehen in den einzelnen **Planungsphasen** besteht aus sechs typischen Teilschritten. Um das jeweilige Phasenziel zu erreichen, werden sie pro Phase mindestens einmal durchlaufen.

Abb. [11-2]   Planungszyklus

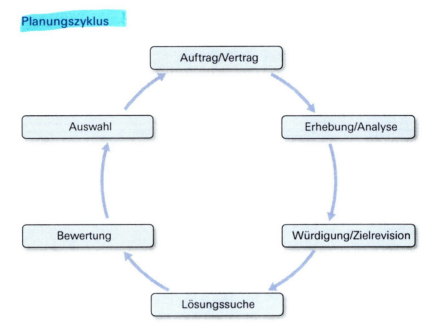

11.3.1 Auftrag/Vertrag

Dieser Schritt ist der zwingende Beginn jeder neuen Phase. Zwischen Auftraggeber und Auftragnehmer werden **verbindliche Vereinbarungen** getroffen, wie z. B. Zielsetzung, Termine, Budget usw. Eine **Überarbeitung des Vertrags** bzw. Auftrags wird bei erheblicher Änderung von Zielen, Budget oder auch Terminen notwendig, wobei jede Vertragsversion vom Auftraggeber zu visieren ist.

11.3.2 Erhebung/Analyse

Gemäss Auftrag werden die **relevanten Informationen** für die Erhebung und Analyse des Ist-Zustands **gesammelt** und **geordnet.** Tiefe und Dauer dieses Teilschritts hängen vom Detaillierungsgrad der aktuellen Phase ab. Wichtig ist, dass die Informationen wohl geordnet und strukturiert, jedoch **nicht bewertet** werden. Für diese Phase stehen verschiedene Erhebungstechniken zur Verfügung, wie z. B. Interview, Fragebogen, Beobachtungen usw.

11.3.3 Würdigung/Zielrevision

Die Würdigung dient dazu, den im vorherigen Schritt erhobenen Ist-Zustand kritisch zu beurteilen. Dabei stehen die **Stärken und Schwächen** (gegenwartsbezogene Beurteilung) sowie die **Chancen und Risiken** (zukunftsbezogene Beurteilung) im Vordergrund. Mit der Würdigung wird die Basis gelegt, um bei der Bearbeitung von Lösungsvarianten

- Stärken zu erhalten,
- Chancen zu nutzen,
- Schwächen zu eliminieren und
- Risiken zu vermeiden.

Die Beurteilung kann unter Umständen zu einer Überarbeitung der Ziele führen. In einem solchen Fall ist ein revidierter Auftrag/Vertrag zur Genehmigung vorzulegen.

11.3.4 Lösungssuche

Die Lösungssuche besteht aus zwei Teilaufgaben:

Abb. [11-3]   Lösungssuche

Der **Konzeptentwurf** beinhaltet das Sammeln möglicher Lösungen. In der Vorstudie sollte der Ist-Zustand (als sog. Nullvariante bzw. Null-Plus-Variante) grundsätzlich auch eine mögliche Lösungsvariante sein.

In der **Konzeptanalyse** werden die im Konzeptentwurf gesammelten Lösungsvarianten gewürdigt. Es geht darum, jene Lösungsvarianten auszuschalten, die mit den vorgegebenen Zielen nicht in Einklang gebracht werden können, Muss-Ziele oder gar Restriktionen verletzen.

11.3.5 Bewertung

Diejenigen Varianten, welche die Mussziele und Restriktionen einhalten, werden beurteilt und miteinander verglichen. Dabei steht vielfach der **Zielerreichungsgrad** im Zentrum der Bewertung. Der Auftraggeber bzw. das Entscheidungsgremium erwartet als Ergebnis einen **Vorschlag** für eine **weiterzuverfolgende Variante**.

11.3.6 Auswahl

Hier fällt der **definitive Entscheid** für eine der ausgearbeiteten Varianten. Der Entscheid wird grundsätzlich nicht vom Projektteam, sondern vom Auftraggeber oder vom Entscheidungsgremium getroffen.

Zusammenfassung   Das **methodische Vorgehen** in der Projektplanung bezweckt:

- Einheitlichkeit
- Transparenz
- Klare Entscheidungsgrundlagen
- Planungs- und Steuerungshilfe
- Übersicht

Das **Basis-Phasenkonzept** besteht aus sechs Phasen:

- Vorstudie, Grobkonzept und Detailkonzept gehören zur **Planung,** mit deren Abschluss ein **ausführungsreifes Konzept** vorliegen muss.
- Mit der **Realisierung** erfolgt die **Umsetzung** des verabschiedeten Konzepts.
- Die **Einführung** ist die **Übergabe** der Lösung bzw. des Systems an die Benutzer.
- Die laufende **Qualitätssicherung** der Lösung bzw. des Systems erfolgt in der letzten Phase, der **Erhaltung.**

Innerhalb der einzelnen Planungsphasen kommt der **Planungszyklus** zur Anwendung, der aus sechs Teilschritten besteht:

Schritt	Aktivitäten
1. Auftrag/Vertrag	Verbindliche Vereinbarungen, bei Änderungen Vertrag überarbeiten
2. Erhebung/Analyse	Sammeln und Ordnen relevanter Informationen
3. Würdigung/ Zielrevision	Stärken/Schwächen sowie Chancen/Risiken beurteilen, evtl. Überarbeitung der Ziele
4. Lösungssuche	Lösungen sammeln (Konzeptentwurf) und Lösungsvarianten würdigen (Konzeptanalyse)
5. Bewertung	Lösungsvarianten vergleichen und beurteilen, weiterzuverfolgende Variante vorschlagen
6. Auswahl	Definitiver Entscheid über zu verfolgende Lösung durch Auftraggeber oder Entscheidungsgremium

Repetitionsfragen

31   Ordnen Sie die folgenden Aufgaben den Projektphasen korrekt zu.

A] Bedürfnisabklärung (Interviews) bei Interessengruppen

B] Globale Lösungsvarianten für das Projekt erarbeiten

C] Handbuch für Benutzer verfassen

D] Ausschreibungsunterlagen (Pflichtenhefte) erstellen

32   Erklären Sie einem Aussenstehenden in wenigen Sätzen den Unterschied zwischen dem Phasenkonzept und dem Planungszyklus.

33   Drei Projektleiterinnen tauschen ihre ersten Erfahrungen aus. Welchen Zweck der Vorgehensmethodik sprechen sie jeweils an?

A] Audrey: «Immer wieder kommt es bei uns zu Grundsatzdiskussionen, ob man nun ein 3-Phasen- oder ein 6-Phasenmodell einsetzen muss. Ich finde, man sollte nicht ein Modell für alle Projekte vorschreiben, sondern dieses projektbezogen festlegen können.»

B] Bettina: «Ich bin ganz deiner Meinung, denn die Hauptsache ist: Der Auftraggeber, das Entscheidungsgremium und ich als Projektleiterin sind uns einig darüber, wann was zu entscheiden ist.»

C] Charlotte: «Mein letztes Projekt kam mir wie ein Hochseilakt vor, unter anderem, weil ich die Vorgehensmethodik nicht konsequent angewendet habe.»

12 Projektstrukturplan

Lernziele

Nach der Bearbeitung dieses Kapitels können Sie …

- den Zweck des Projektstrukturplans erklären.
- geeignete Gliederungsprinzipien für ein einfaches Projekt vorschlagen.
- die Inhaltselemente einer Arbeitspaketbeschreibung nennen.

Schlüsselbegriffe

Arbeitspaket, Funktions-Gliederung, Objekt-Gliederung, Projektphasen- Gliederung, Projektstrukturplan, Strukturelement

Anhand des Phasenkonzepts als Vorgehensmethodik, der definierten Ziele und des angestrebten Projektresultats können Sie Ihr Projekt strukturieren, indem Sie sämtliche Tätigkeiten festlegen, die zur Erreichung der erwarteten Ergebnisse notwendig sind. Wie eine solche Strukturierung erfolgt, zeigen wir Ihnen in diesem Kapitel.

Bei der Projektstrukturierung wird die Gesamtaufgabe des Projekts stufenweise in Teil-aufgaben zerlegt, und zwar so lange, bis man eine Stufe erreicht hat, bei der ein weiteres Zerlegen unnötig oder nicht mehr sinnvoll erscheint. Diese unterste Stufe bezeichnet man als ein Arbeitspaket.

Mit dem schrittweisen Zerlegen der Projektaufgaben stellen Sie sicher, dass

- keine Aufgaben übersehen bzw. vergessen werden,
- jede Aufgabe nur einmal bearbeitet wird und
- jede Aufgabe an der logisch richtigen Stelle des Projektablaufs bearbeitet wird.

12.1 Zweck des Projektstrukturplans

Das Ergebnis der Projektstrukturierung ist der Projektstrukturplan (PSP). Um alle anfallenden Aufgaben überblicken zu können, braucht es einen solchen Projektstrukturplan. Er liefert die Antworten auf die folgenden Fragen:

- Wie gliedern wir das Projekt inhaltlich?
- Welche Funktionen sind im Projekt zu erfüllen?
- Wie bilden wir sinnvolle Arbeitspakete innerhalb des Projekts?
- Mit welchen Kosten und Kapazitäten müssen wir rechnen?

Wie detailliert ein solcher Projektstrukturplan ausfallen muss, d. h., welcher Detaillierungsgrad notwendig ist, hängt von den folgenden Einflussgrössen ab:

- Komplexität des Projekts
- Grad der Aufgabenspezialisierung der beteiligten Mitarbeitenden
- Aufgaben, Verantwortlichkeiten und Kompetenzen im Projekt
- Einschätzung der Projektleiterin («Habe ich den Überblick über das ganze Projekt?»)

Allgemein gilt die folgende «Faustregel»: Wenn sich den am Projekt beteiligten Mitarbeitenden klare Arbeitsaufträge zuweisen lassen, ist eine angemessene Strukturierungstiefe gefunden.

12.2 Ebenen des Projektstrukturplans

Der Projektstrukturplan (PSP) erlaubt eine Aufteilung bzw. Gruppierung auf bis zu vier Ebenen, deren Beziehungen zueinander dargestellt werden können: Projekt, Teilprojekt, Teilaufgabe und Arbeitspaket.

Abb. [12-1]   **Aufbau des Projektstrukturplans**

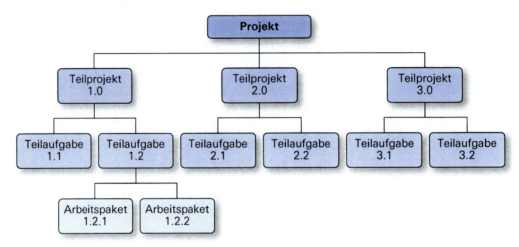

Bei der Strukturierung sind zwei Grundregeln zu beachten:

1. **Vom Groben zum Detail:** Man beginnt auf der obersten Ebene eines Projekts und erarbeitet die Details Schritt für Schritt.
2. **Immer zuerst in die Breite:** Jede Ebene muss zunächst vollständig ausgearbeitet werden, bevor man zur nächsten Ebene gelangt. Wenn man anders vorgeht und diese Regel nicht beachtet, läuft man Gefahr, wichtige Teilaufgaben oder Arbeitspakete zu vergessen oder die Übersicht zu verlieren.

12.3 Gliederungsprinzipien

Für die Strukturierung von Projekten werden in der Praxis die **vier Gliederungsprinzipien** verwendet, die wir in den folgenden Abschnitten behandeln:

Abb. [12-2]   **Gliederungsprinzipien der Projektstrukturierung**

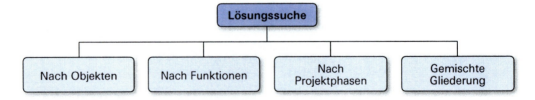

12.3.1 Gliederung nach Objekten

Für die Gliederung nach Objekten kommen alle Objekte in Frage, die im Rahmen des Projekts «bearbeitet» werden müssen. Bei einem Softwareentwicklungsprojekt können dies auf der Ausführungsebene z. B. bestimmte Applikationen oder Systemkomponenten sein, bei einem Marketingprojekt die verschiedenen Kunden-Zielgruppen und bei einem Organisationsprojekt die einzelnen Ländervertretungen (Tochtergesellschaften) eines Konzerns.

Nachfolgend finden Sie eine mögliche Gliederung nach Objekten für das Umbauprojekt «Büroräumlichkeiten»:

Abb. [12-3]   Gliederung nach Objekten – Beispiel

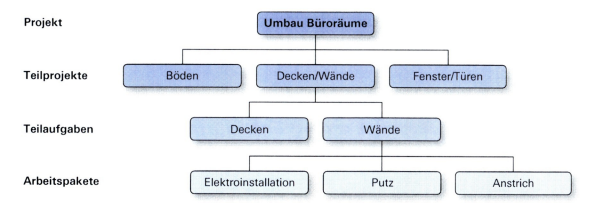

12.3.2 Gliederung nach Funktionen (Verrichtungen)

Für die Gliederung nach Funktionen kommen alle **Tätigkeiten** in Frage, die im Projekt verrichtet werden müssen. Dieses Gliederungsprinzip erweist sich vor allem in unteren Strukturebenen als nützlich. Eine solche Gliederung nach Verrichtungen könnte beim Umbauprojekt der Büroräume folgendermassen aussehen:

Abb. [12-4]   Gliederung nach Funktionen – Beispiel

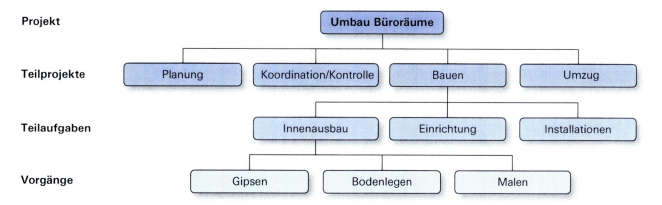

In Bauprojekten kommen verschiedene Handwerker als Spezialisten zum Einsatz; es herrscht eine klare Arbeitsteilung. Überdies gibt es eine logische Reihenfolge der Verrichtungen: die Planung (von den ersten Entwurfsskizzen über das Einholen von Baugenehmigungen bis zu den detaillierten Ausführungsplänen), die Koordination und Kontrolle der Bauarbeiten, das Bauen (Innenausbau-, Einrichtungs- und Installationsarbeiten) und den Umzug (Umzugsplanung, Transport, Organisation einer Eröffnungsfeier usw.). Die Ausführungsarbeiten beim Innenausbau umfassen z. B. das Gipsen, das Bodenlegen, Malen usw.

12.3.3 Gliederung nach Projektphasen

Die Gliederung nach Projektphasen geschieht gemäss der **Vorgehensmethodik,** die für ein Projekt angewendet wird (wie z. B. des Basis-Phasenkonzepts, siehe Kap. 11.2, S. 115). Die folgende Abbildung zeigt die Gliederung nach Projektphasen für das Software-Entwicklungsprojekt «Neues Verkaufssystem».

Abb. [12-5]

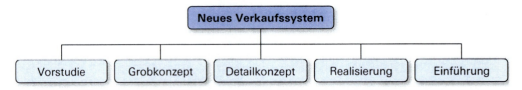

12.3.4 Gemischte Gliederung

In der Praxis werden die bisher vorgestellten Gliederungsprinzipien meist gemischt angewendet, denn nur selten ist es sinnvoll, die Struktur eines Projekts durchgängig nach dem gleichen Prinzip zu strukturieren.

In der folgenden Grafik sehen Sie die mögliche Projektstruktur für das Software-Entwicklungsprojekt «Neues Verkaufssystem» nach diesem Prinzip der gemischten Gliederung. Die Hauptgliederung erfolgt dabei nach den Projektphasen. Innerhalb der Projektphasen kommt entweder das Gliederungsprinzip nach Objekten (beim Projektmanagement) oder nach Funktionen (beim Grobkonzept, Detailkonzept, bei der Realisierung und Einführung) zur Anwendung.

Abb. [12-6]   Gemischte Gliederung – Beispiel

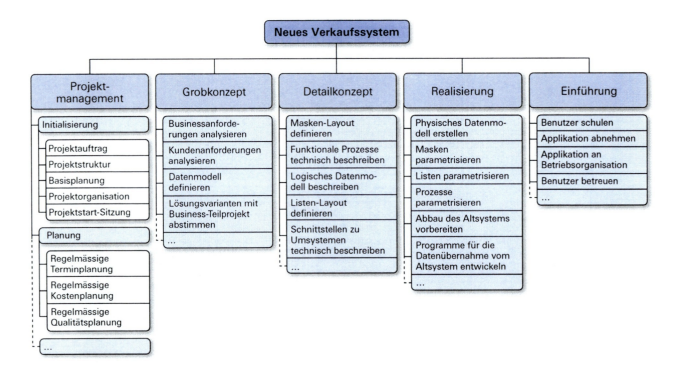

12.4 Strukturelemente kennzeichnen

Die konsequente Gliederung eines Projekts (nach Objekten, Funktionen und/oder Phasen) erlaubt es, rasch und gezielt alle Elemente des Projektstrukturplans zu finden, d.h. die Teilprojekte, Teilaufgaben und Arbeitspakete, die für die Planung und Abwicklung des betreffenden Projekts wichtig sind. Sie erleichtert überdies die Kommunikation innerhalb des Projektteams.

Diese Elemente werden auch Strukturelemente genannt. Damit die ermittelten Strukturelemente von nun an jederzeit **eindeutig identifiziert** werden können, empfiehlt es sich, diese entsprechend der Strukturhierarchie systematisch zu kennzeichnen. Normalerweise werden sie nummeriert:

Abb. [12-7]   **Strukturelemente kennzeichnen**

Ebene	Nummerierung	
Teilprojekte	1.0	2.0 usw.
Teilaufgaben	1.1, 1.2 usw.	2.1, 2.2 usw.
Arbeitspakete	1.1.1, 1.1.2 usw.	2.1.1, 2.1.2 usw.

Eine solche Kennzeichnung können Sie auch in der Grafik 12-1, S. 122 nachvollziehen.

12.5   Arbeitspakete beschreiben

Nachdem Sie alle wichtigen Aufgaben (Strukturelemente) des Projekts ermittelt und gekennzeichnet haben, beschreiben Sie in einem nächsten Schritt diese Aufgaben in Form so genannter «Arbeitspakete». Ein Arbeitspaket (AP) stellt somit die **unterste Ebene des Projektstrukturplans** dar; es wird nicht noch weiter untergliedert.

Zu diesem Zweck ergänzen Sie die ermittelten und gekennzeichneten Aufgaben des Projekts um die in der folgenden Tabelle aufgeführten Informationen.

Abb. [12-8]   **Inhalt einer Arbeitspaketbeschreibung**

Rubrik	Informationen (Beispiele)
Allgemein	• Eindeutige Kennzeichnung des Projekts • Eindeutige Kennzeichnung des Arbeitspakets • Titel des Arbeitspakets • Verantwortliche Person • Projektleiter als Auftraggeber • Start des Arbeitspakets (Anfangstermin) • Ende des Arbeitspakets (Endtermin)
Ziele	• Beschreibung der Ziele, die mit diesem Arbeitspaket zu erreichen sind
Ergebnis	• Beschreibung des Ergebnisses • Quantität und Qualität des Ergebnisses • Form der Präsentation und Prüfung des Ergebnisses
Schnittstellen	• Schnittstellen zu anderen Arbeitspaketen im Projekt • Schnittstellen zu Arbeitspaketen in anderen Projekten
Aktivitäten/Termine/Aufwand	• Teilschritte zur Erledigung des Arbeitspakets • Termine für die einzelnen Teilschritte • Aufwandschätzung für jeden Teilschritt
Voraussetzungen/Restriktionen	• Finanzielle Ressourcen (Kostenbudget für das betreffende Arbeitspaket) • Personelle Ressourcen (Wer mit welchem Aufwand?) • Zu beachtende Dokumente • Verfügbare Sachmittel
Anhang	• Dokumente • Pläne

Erst nach der detaillierten Beschreibung der Arbeitspakete kann eine **fundierte Planung des Projekts** vorgenommen werden. Gleichzeitig erfolgt die Vergabe von **Arbeitsaufträgen** an die dafür vorgesehenen Mitarbeitenden. Diese so genannten Arbeitspaketaufträge dienen im Rahmen der Projektfortschrittskontrolle als Sollwerte (siehe Kap. 17.1, S. 161).

Die **Vorteile** der sorgfältigen Arbeitspaketbeschreibung liegen auf der Hand:

- Anhand der detaillierten, schriftlichen Informationen sind die Projektmitarbeitenden in der Lage, ihr Arbeitspaket auftragsgemäss zu erledigen.
- Der Projektleiter behält den Überblick über die delegierten Arbeitsaufträge; gleichzeitig dienen sie ihm als Massstab für die Fortschrittskontrolle.
- Die beauftragten Mitarbeitenden können die Arbeitspakete selbstständig erledigen (d. h. entsprechend den Rahmenbedingungen nach eigenem Gutdünken selber organisieren und abwickeln).

In der folgenden Tabelle sehen Sie ein Beispiel eines Arbeitspaketauftrags für das Umbauprojekt «Büroräumlichkeiten»:

Abb. [12-9]

Arbeitspaketauftrag – Beispiel

Rubrik	Informationen
Allgemein	<ul><li>Projekt «Umbau Büroräumlichkeiten Stockerstrasse 15»</li><li>Bezeichnung AP: P2.4.3 / Variantenentwurf Büroaufteilung</li><li>Beauftragte(r): Valentin Fischlin, Architekt Fischlin+Schatzmann</li><li>Auftraggeber (Projektleiterin): Daniela Gadient</li><li>Start AP: 01.04.05</li><li>Ende AP: 22.04.05</li></ul>
Ziel	Die Entwürfe bilden die Entscheidungsgrundlage (Stufe Grobkonzept) für den Bauherrn.
Ergebnis	Erwartet werden 3 Entwürfe (siehe Spezifikation v. 26.02.05).
Schnittstellen	<ul><li>Wünsche/Anforderungen des Bauherrn (AP P1.2.2)</li><li>Restriktionen gemäss Vorstudie (AP P1.1)</li><li>Variantenentwürfe Eingangsbereich und Cafeteria (AP P2.4.1/2)</li></ul>
Aktivitäten/Termine	<ul><li>Skizzenentwürfe, Ausbaupläne (gemäss Spezifikation)</li><li>Entwürfe an Projektleiterin (Termin: 18.04.05, 18.00 Uhr)</li><li>Korrekturen (Termin: 21.04.05, 18.00 Uhr)</li><li>Präsentationstermin beim Bauherrn: 22.04.05, 16.15 Uhr</li></ul>
Voraussetzungen/ Restriktionen	<ul><li>Finanzielle Ressourcen: gemäss Offerte V. Fischlin v. 01.03.05</li><li>Personelle Ressourcen: gemäss Offerte V. Fischlin</li><li>Zu beachtende Dokumente: siehe Schnittstellen bzw. div. Planungsunterlagen an V. Fischlin am 26.02., 06.03., 31.03.05</li></ul>
Anhang	Keiner (Dokumente/Planungsunterlagen separat geschickt)

Zusammenfassung

Der **Projektstrukturplan** (PSP) ist das Ergebnis der Zerlegung des Projekts in Teilaufgaben; er dient der Projektleitung dazu, alle anfallenden Aufgaben zu überblicken.

Es gibt vier **Gliederungsprinzipien:**

- Die **Gliederung nach Objekten** erfolgt aufgrund der Objekte, die im Rahmen des Projekts «bearbeitet» werden müssen.
- Für die **Gliederung nach Funktionen** (Verrichtungen) kommen alle Tätigkeiten in Frage, die im Rahmen des Projekts verrichtet werden müssen.
- Bei der **Gliederung nach Projektphasen** werden die Phasen gemäss Vorgehensmethodik als Strukturierungshilfe beigezogen.
- Die **gemischte Gliederung** vereinigt die Gliederungsprinzipien nach Objekten, Funktionen und/oder Projektphasen; sie kommt in der Praxis häufig vor.

Damit die ermittelten Aufgaben bzw. **Strukturelemente** des Projekts jederzeit eindeutig **identifiziert** werden können, empfiehlt es sich, diese entsprechend der Strukturhierarchie **systematisch zu kennzeichnen.**

Die Beschreibung der Aufgaben bzw. Strukturelemente geschieht in Form von **Arbeitspaketen** (AP), die jeweils die folgenden Informationen enthalten sollten:

- Allgemeine Informationen zum Projekt und zum Arbeitspaket
- Ziele
- Ergebnis
- Schnittstellen
- Aktivitäten/Termine
- Voraussetzungen/Restriktionen
- Anhang

Die beschriebenen Arbeitspakete dienen einerseits als **Grundlage für die weitere Planung des Projekts** und andererseits als **Arbeitsaufträge** für die Projektmitarbeitenden.

Repetitionsfragen

---

34   Der Projektleiter des Kongresses «Lernen mit neuen Medien» weist im Projektstrukturplan die folgende Gliederung aus:

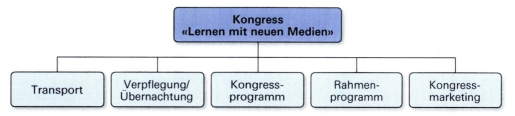

A] Um welches Gliederungsprinzip handelt es sich bei diesem Projekt?

B] Wie beurteilen Sie die gewählte Projektstruktur? Begründen Sie in Stichworten, warum Sie dieses Gliederungsprinzip gutheissen bzw. warum Sie ein anderes Gliederungsprinzip bevorzugen.

---

35   Was bezweckt ein Projektstrukurplan?

---

36   Cornelia Vetsch leitet das Projekt «Aufbau des Produktmanagements» für einen Möbelproduzenten von Betten, Tischen und Schränken. Die Möbel werden in der gesamten Schweiz sowie in Deutschland und den Niederlanden an ausgesuchte Möbelhandelsgeschäfte verkauft.

Machen Sie Cornelia Vetsch einen Vorschlag, wie sie dieses Projekt sinnvollerweise gliedern könnte, und begründen Sie Ihren Vorschlag in ein paar Sätzen.

---

37   Cornelia Vetsch weiss nicht genau, wie detailliert sie den Projektstrukturplan entwickeln muss. – Geben Sie ihr einen Ratschlag bezüglich des Detaillierungsgrads.

---

13   Ablauf- und Terminplanung

Lernziele   Nach der Bearbeitung dieses Kapitels können Sie ...

- ein vorliegendes Beispiel einer Ablauf- und Terminplanung auf ihre Vollständigkeit hin prüfen.

Schlüsselbegriffe   Ablauf- und Terminplanung, Balkendiagramm, kritischer Pfad, Meilensteine, MPM-Netzplan, Schätzverfahren, Vorgängervorgänge, Vorgangsliste

Das **Ziel** der Ablauf- und Terminplanung ist es, die Reihenfolge der Vorgänge eines Projekts, ihre Abhängigkeiten von anderen Vorgängen sowie die Start- und Endtermine jedes einzelnen Vorgangs zu bestimmen. Die Ablauf- und Terminplanung hängt wesentlich von der **Qualität des Projektstrukturplans** ab, der die Vorgaben liefert.

Wichtig ist auch, dass nicht die Projektleiterin alleine die Ablauf- und Terminplanung erstellt. Die Mitarbeitenden im Projektteam verfügen i. d. R. über mehr Fachwissen als ein Projektleiter. Dank einer **gemeinsamen Planung** sind die beteiligten Mitarbeitenden zudem besser informiert. Dadurch steigt auch ihre Motivation und Bereitschaft, für die eigenen Arbeitspakete Verantwortung zu übernehmen.

Die Ablauf- und Terminplanung anhand des Projektstrukturplans kann in folgende **drei Hauptschritte** gegliedert werden:

Abb. [13-1]   **Ablauf- und Terminplanung**

In einem ersten Schritt geht es darum, alle im Projektstrukturplan ermittelten Arbeitspakete logisch miteinander zu verknüpfen, ihre Dauer zu bestimmen sowie die jeweils **vorausgehenden und nachfolgenden Arbeitspakete** zu bestimmen. Daraus resultiert eine sog. **Vorgangsliste,** die gewöhnlich in tabellarischer Form dargestellt wird. Die Vorgangsliste bietet in vielen Fällen noch zu wenig Übersicht. Deshalb wird im **Netzplan** die logische Abfolge der verschiedenen Arbeitspakete dargestellt. Daraus lässt sich der **kritische Pfad** eines Projekts erkennen. Aus dem Netzplan ergibt sich schliesslich der **Terminplan** mit den konkreten **Anfangs- und Endterminen** der einzelnen Arbeitspakete. Er wird üblicherweise in Form eines **Balkendiagramms** dargestellt.

In diesem Kapitel erfahren Sie, welche Schätzverfahren sich für die Bestimmung der Vorgangsdauer anbieten, wie eine Ablauf- und eine Terminplanung erstellt wird und welche Darstellungstechniken sich dafür eignen.

13.1   Vorgangsliste erstellen

Aus dem Projektstrukturplan ergeben sich alle auszuführenden **Tätigkeiten** bzw. Vorgänge, die **chronologisch** in eine Vorgangsliste eingetragen werden. In der Regel handelt es sich bei diesen Vorgängen um die einzelnen **Arbeitspakete,** die bekanntlich auf der untersten Ebene des Projektstrukturplans stehen. Von jedem der systematisch gekennzeichneten Vorgänge bzw. Strukturelemente (siehe auch Kap. 12.4, S. 124) werden die Identifikationsnummer (ID) und die verantwortliche Person in der Vorgangsliste aufgeführt.

Im Folgenden sehen Sie das Beispiel einer Vorgangsliste für einen Ausschnitt aus einer Projekt-Vorstudie:

Abb. [13-2]

Vorgangsliste – Beispiel

ID	Vorgang (Arbeitspaket)	Dauer	Verantw.	Vorgänger
1	Erhebungsplan erstellen		P. Edel	
2	Vorbereitung Interviews		T. Hilbert	
3	Durchführung Interviews		T. Hilbert	
4	Auswertung Interviews		T. Hilbert	
5	Vorbereitung Fragebogen		O. Dillier	
6	Druck und Versand Fragebogen		O. Dillier	
7	Auswertung Fragebogen		O. Dillier	
8	Benutzer-Workshop durchführen		R. Nüssli	
9	Konsolidierung Fragebogen/Interviews		P. Edel	

Bemerkung: Die noch leeren Spalten dieser Vorgangsliste werden in den nächsten Abschnitten sukzessive gefüllt und erklärt.

13.1.1   Vorgangsdauer bestimmen

Die Vorgangsdauer ist die **Zeitspanne** zwischen Start und Ende **eines Arbeitspakets,** die benötigt wird, um alle mit dem Arbeitspaket zusammenhängenden Aufgaben vollständig zu erfüllen. Die Vorgangsdauer wird meist **in Tagen** (manchmal auch in Stunden) festgelegt; bei umfangreichen Arbeitspaketen empfiehlt sich die Angabe in Wochen oder sogar in Monaten. Eine seriös bestimmte Vorgangsdauer ist eine wesentliche Grundlage für die nachfolgende Termin-, Einsatzmittel- und Kostenplanung.

Manche Projektleiter fragen sich, wie im Voraus eine seriöse Bestimmung der Vorgangsdauer möglich ist. Hinter dieser Frage steckt nicht nur die Angst, sich bei einem (i. d. R. komplexen, erstmals zu realisierenden) Vorhaben auf bestimmte Termine festlegen zu müssen, sondern auch die Unsicherheit in der Anwendung von Schätzmethoden. Tatsächlich ist es nicht einfach, die Dauer eines Vorgangs möglichst realistisch zu schätzen, vor allem dann, wenn beim betreffenden Arbeitspaket viele Unwägbarkeiten bestehen.

Es gibt dennoch allgemein gültige **Zusammenhänge** bei der Bestimmung der Vorgangsdauer:

- Je detaillierter die **Projektstruktur** ist, desto genauer kann die Vorgangsdauer eines Arbeitspakets eingeschätzt werden.
- Je grösser die **Erfahrung des Projektleiters** ist, desto genauer kann die Vorgangsdauer eines Arbeitspakets eingeschätzt werden.
- Je weiter die **Projektabwicklung** vorangeschritten ist, desto besser wird die durchschnittliche Schätzgenauigkeit.

Der zuletzt genannte Zusammenhang zwischen Projektfortschritt und Schätzgenauigkeit lässt sich durch die bisher gewonnenen Erfahrungen bei der Entwicklung von IT-Systemen untermauern. Die folgende Grafik zeigt dies auf. Beachten Sie hierzu: Diese Kurve lässt sich sinngemäss für alle anderen Projektarten verallgemeinern.

Abb. [13-3]   Projektfortschritt und Schätzgenauigkeit

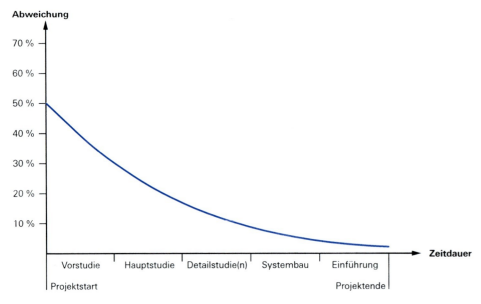

Quelle: Jenny, Bruno: Projektmanagement in der Wirtschaftsinformatik. Zürich 2001.

Wie Sie anhand obiger Grafik erkennen können, nimmt die Abweichung der Schätzgenauigkeit mit zunehmender Projektdauer ab: Während die Abweichung in der Planungsphase «Vorstudie» noch zwischen 30 und 50 Prozent liegt, sinkt sie in den Phasen «Systembau» und «Einführung» auf unter 10 Prozent.

13.1.2   Schätzverfahren auswählen

Bei der Auswahl des Schätzverfahrens empfiehlt es sich, folgende Aspekte zu beachten:

- Das Schätzverfahren soll zu **realistischen Resultaten** führen.
- Das Schätzverfahren soll wenn möglich auf **alle Projektphasen** anwendbar sein.
- Um den Aufwand für die Bestimmung der Vorgangsdauer möglichst gering zu halten, soll das Schätzverfahren leicht zu verstehen und **einfach** zu handhaben sein.
- Die **Schätzresultate** sollen für alle Beteiligten transparent und **nachvollziehbar** sein.

Die folgende Tabelle gibt eine Übersicht über die in der Praxis angewendeten Schätzverfahren zur Bestimmung der Vorgangsdauer. Die meisten Schätzverfahren basieren auf **Erfahrungswerten aus früheren Projekten,** wobei diese Erfahrungswerte für Vergleiche oder als Grundlage für mathematische Berechnungen verwendet werden.

Abb. [13-4]   Schätzverfahren zur Bestimmung der Vorgangsdauer

Verfahren	Art	Merkmale
Delphi-Methode	Vergleichs-verfahren	Systematische Befragung von mindestens zwei Fachspezialisten.
Analogieverfahren	Vergleichs-verfahren	Bei diesem Verfahren wird auf bereits gemachte Erfahrungen zurückgegriffen. Vergleich der Vorgangsdauer (Ist-Werte) aus früheren Projekten mit ähnlichen Problemstellungen.
Beta-Methode (Drei-Zeiten-Verfahren)	Vergleichs-verfahren	Kombination von optimistischer, normaler und pessimistischer Schätzung der Vorgangsdauer.
Prozentsatzverfahren (Extrapolation)	Kennzahlen-verfahren	Schätzung anhand eines für ein Projekt definierten Entwicklungsablaufs. Jeder Phase wird aufgrund von Erfahrungswerten aus früheren Projekten ein prozentualer Anteil der Vorgangsdauer zugeteilt.

Verfahren	Art	Merkmale
Standardwert-/ Multiplikator- Verfahren	Algorithmisches Verfahren	Dieses Verfahren stützt sich auf fest vorgegebene Standardwerte eines Projekts. Beispiele für Standardwerte sind: Aufwand pro Mitarbeitenden, Aufwand pro Datenbankzugriff usw.
Funktionsverfahren	Algorithmisches Verfahren	Gewichtung der Softwarefunktionen (wird bei IT-Projekten angewendet).
COCOMO-Verfahren (Abk. für: Constructive Cost Model. Engl. für: konstruktives Kostenmodell)	Algorithmisches Verfahren	Dieses Verfahren gilt als eines der besten Aufwandschätzverfahren für Software-Entwicklungsvorhaben. Der Entwicklungsaufwand wird nach der Anzahl an Objekten bzw. Codierzeilen berechnet und mit dem durchschnittlichen Entwicklungsaufwand für einfache, mittelschwere oder komplexe Softwareprojekte multipliziert.

Quelle: Jenny, Bruno: Projektmanagement in der Wirtschaftsinformatik. Zürich 2001.

13.1.3 Schätzverfahren anwenden

Vor der Anwendung eines bestimmten Schätzverfahrens muss sich der Projektleiter folgende Fragen stellen:

- Welches Schätzverfahren ist für mein Projekt bzw. für die aktuelle Phase sinnvoll?
- Wer soll an der Schätzung beteiligt werden?
- Wer überprüft die Resultate?
- Wie wird das Vorgehen bei der Schätzung dokumentiert (für allfällige Korrekturen)?
- Bis wann muss die Schätzung abgeschlossen sein?

Danach gilt das folgende Vorgehen:

1. Aufgabe(n) aus Arbeitspaket möglichst detailliert strukturieren
2. Vorgangsdauer für jede Aufgabe durch geeignetes Schätzverfahren bestimmen. Im Idealfall wird die Vorgangsdauer durch mehrere Personen geschätzt. Danach werden die Resultate auf ihre Angemessenheit hin überprüft und abgeglichen.
3. Geschätzte und ggf. abgeglichene Vorgangsdauer in die Vorgangsliste eintragen und als Vorgabe (Soll-Wert) kommunizieren
4. Tatsächliche Vorgangsdauer (Ist-Wert) während der Aufgabenerledigung erfassen und mit dem Soll-Wert vergleichen
5. Geschätzte Vorgangsdauer aufgrund bereinigter Ist-Werte fortlaufend aktualisieren

Nachdem Sie die Vorgangsdauer jedes Arbeitspakets bestimmt haben, tragen Sie die geschätzte Durchlaufzeit in die Spalte «Dauer» der Vorgangsliste ein. Beachten Sie dabei: Nicht den tatsächlichen Zeitaufwand der jeweiligen Person eintragen (in unserem Beispiel: 10 Tage), sondern die Dauer des Vorgangs (in unserem Beispiel: 13 Tage)! Im Beispielprojekt wird die entsprechende Vorgangsliste wie folgt ergänzt:

Abb. [13-5]   Vorgangsliste – Beispiel

ID	Vorgang (Arbeitspaket)	Dauer	Verantw.	Vorgänger
1	Erhebungsplan erstellen	3 Tage	P. Edel	
2	Vorbereitung Interviews	6 Tage	T. Hilbert	
3	Durchführung Interviews	2 Tage	T. Hilbert	
4	Auswertung Interviews	6 Tage	T. Hilbert	
5	Vorbereitung Fragebogen	4 Tage	O. Dillier	
6	Druck und Versand Fragebogen	12 Tage	O. Dillier	
7	Auswertung Fragebogen	4 Tage	O. Dillier	
8	Benutzer-Workshop durchführen	3 Tage	R. Nüssli	
9	Konsolidierung Fragebogen/Interviews	5 Tage	P. Edel	

13.1.4 Vorgängervorgänge bestimmen

Mit der Bestimmung der Vorgänger eines Arbeitspakets wird deutlich, welche Vorgänge bzw. Arbeitspakete **voneinander abhängig** sind. Die Bestimmung der Vorgänger- oder Nachfolgervorgänge ist somit eine wichtige Voraussetzung für die Ablaufplanung.

Um die Vorgänger zu ermitteln, stellt sich die Frage: Welche **Resultate/Ergebnisse** müssen **vorliegen,** bevor mit dem vorliegenden Arbeitspaket begonnen wird?

Dabei müssen Sie die folgenden beiden Punkte beachten:

* Der **erste Vorgang** hat keinen Vorgänger (und der letzte keinen Nachfolger). Werden beim Start des Projekts mehrere Vorgänge gleichzeitig in Angriff genommen, so haben mehrere Vorgänge keine Vorgänger.
* Als Vorgänger können nicht nur Vorgänge im eigenen Projekt, sondern auch Vorgänge **aus anderen Projekten** bzw. aus dem Gesamtprojekt auftreten. Die Bestimmung solcher Vorgänge ist wichtig, um die Abhängigkeiten zwischen verschiedenen Projekten aufzudecken und die betroffenen Vorgänge besser aufeinander abzustimmen.

Nachdem die Vorgängervorgänge bestimmt und erfasst wurden, sieht die Vorgangsliste unseres Beispielprojekts wie folgt aus:

Abb. [13-6]   **Vorgangsliste – Beispiel**

ID	Vorgang (Arbeitspaket)	Dauer	Verantw.	Vorgänger
1	Erhebungsplan erstellen	3 Tage	P. Edel	
2	Vorbereitung Interviews	6 Tage	T. Hilbert	1
3	Durchführung Interviews	2 Tage	T. Hilbert	2
4	Auswertung Interviews	6 Tage	T. Hilbert	3
5	Vorbereitung Fragebogen	4 Tage	O. Dillier	1
6	Druck und Versand Fragebogen	12 Tage	O. Dillier	5
7	Auswertung Fragebogen	4 Tage	O. Dillier	6
8	Benutzer-Workshop durchführen	3 Tage	R. Nüssli	3
9	Konsolidierung Fragebogen/Interviews	5 Tage	P. Edel	4, 7, 8

Bemerkung zur Vorgangsliste: Im obigen Beispiel muss z. B. die Durchführung der Interviews abgeschlossen sein, bevor der Benutzer-Workshop durchgeführt werden kann, da wichtige Fragen für diesen Workshop aus den Interviews abzuleiten sind.

13.2   Netzplan erstellen

Es existieren mehrere Netzplantechniken. Am weitesten verbreitet sind sog. **Vorgangsknoten-Netzpläne,** wie z. B. die «Metra-Potenzial-Methode» (kurz: MPM). Der Vorteil dieser Darstellungsform liegt darin, dass **alle Informationen zu einem Vorgang** in einem **Knoten** beschrieben sind.

Im **MPM-Netzplan** sind folgende **Informationen pro Vorgang** von Bedeutung:

* Bezeichnung des Vorgangs bzw. Arbeitspakets
* Dauer
* Frühester Anfangszeitpunkt (FA)
* Spätester Anfangszeitpunkt (SA)
* Frühester Endzeitpunkt (FE)
* Spätester Endzeitpunkt (SE)

Diese Zeitpunkte werden meist in Anzahl Tagen angegeben und in die Vorgangsknoten des betreffenden Ablaufplans eingetragen. Anfangszeitpunkte verstehen sich im Folgenden jeweils als der Beginn eines Tages, Endzeitpunkte als das Ende eines Tages. Die schematische Darstellung dieser Zeitpunkte sieht wie folgt aus:

Abb. [13-7] **Darstellung der Vorgangszeiten im Knoten eines MPM-Netzplans (Schema)**

FA	Vorgangs-bezeichnung	SA
FE	Dauer	SE

FA = Frühester Anfangszeitpunkt   SA = Spätester Anfangszeitpunkt
FE = Frühester Endzeitpunkt   SE = Spätester Endzeitpunkt

Der gesamte Netzplan wird nun aufgebaut, indem schrittweise jeder Vorgang – beginnend beim Anfangsknoten – eingetragen wird. Die Abhängigkeiten werden über Pfeile markiert.

Über die **Vorwärtsrechnung** werden im nächsten Schritt – erneut wird beim Anfangsknoten begonnen – nun die jeweils frühesten Anfangs- und frühesten Endzeitpunkte eingetragen. Beim letzten Knoten angekommen ist der früheste Endtermin ersichtlich.

In der anschliessenden **Rückwärtsrechnung** werden im letzten Knoten die spätesten Zeitpunkte gleich den frühesten Zeitpunkten gesetzt und nun die jeweils spätesten Zeitpunkte der Vorgänger bestimmt (durch Rückwärtsrechnung gegen die Pfeilrichtung).

13.2.1 Vorgänge auf dem kritischen Pfad erkennen

Vorgänge auf dem kritischen Pfad verschieben das Projektende, sobald eine Terminabweichung gegenüber der Planung erfolgt. Vorgänge auf dem kritischen Pfad sind daran zu erkennen, dass im betreffenden Knoten der früheste und der späteste **Anfangszeitpunkt** (FA und SA) sowie der früheste und der späteste **Endzeitpunkt** (FE und SE) jeweils **identisch** sind.

Die folgende Abbildung zeigt den Ablaufplan und die Vorgangszeiten unseres Beispiels als MPM-Netzplan. Können Sie die Vorgänge auf dem kritischen Pfad erkennen?

Abb. [13-8] **Darstellung des kritischen Pfads im MPM-Netzplan – Beispiel**

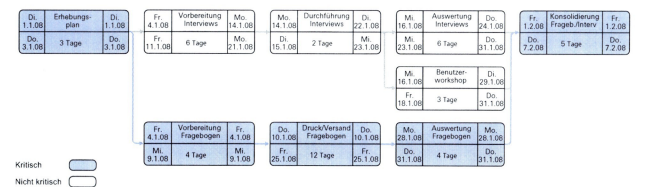

Bemerkung: Die Informationen, die in einem Knoten enthalten sind, können Sie aufgrund der vorherigen Grafik 13-7, S. 133 nachvollziehen; die Dauer sowie die Vorgänger sind in der Vorgangsliste zu diesem Beispiel aufgeführt.

Im obigen Beispiel befinden sich jeweils die Vorgänge **Erhebungsplan erstellen** (ID1), **Vorbereitung Fragebogen** (ID5), **Druck und Versand Fragebogen** (ID6), **Auswertung Fragebogen** (ID7) und **Konsolidierung Fragebogen/Interviews** auf dem **kritischen Pfad** (ID9). Sobald einer dieser Vorgänge länger oder weniger lange dauert, verschiebt sich automatisch auch die Gesamtdauer des Projekts (hier: 28 Tage) entsprechend. Terminverschiebungen bei diesen Vorgängen sind daher kritisch und wirken sich unmittelbar und vollumfänglich auf das frühestmögliche Ende des Projekts aus.

Mit anderen Worten: Wird ein kritischer Pfad «begangen», bestehen bei den betroffenen Vorgängen **keine Zeitreserven** mehr. Eine Terminverschiebung kann dann nur noch wettgemacht werden, indem bei den Nachfolge-Vorgängen die entsprechende Zeit wieder eingespart wird (z. B. durch Aufstockung personeller Ressourcen). Dies ist aber nicht bei allen Vorgängen möglich oder sinnvoll und i. d. R. mit zusätzlichen Kosten verbunden.

Hinweis	Erfahrungen aus der Praxis zeigen, dass Terminverschiebungen bei Projekten meist nicht durch einen einzelnen Vorgang verursacht werden, sondern mehrere Vorgänge betreffen. Aus diesem Grund zeigen punktuelle «Aufholaktionen» auch nur selten die gewünschte Wirkung.

13.3 Terminplan erstellen

Das **Balkendiagramm** (auch Gantt-Diagramm genannt) ergänzt die Netzplantechnik, indem es die zum gleichen Zeitpunkt (parallel) durchzuführenden Vorgänge einfach und übersichtlich visualisiert. Dazu werden die **Vorgänge als Balken** und die **Meilensteine als (schwarze) Rauten** auf der Zeitachse eingetragen. Damit möglichst viel Raum für die Zeitachse bleibt, werden pro Vorgang nur wenige Informationen angezeigt (meist nur die ID, Bezeichnung und Dauer des Vorgangs).

Nachfolgend finden Sie ein Balkendiagramm im Rahmen unseres Beispielprojekts:

Abb. [13-9] **Balkendiagramm (Terminplan) – Beispiel**

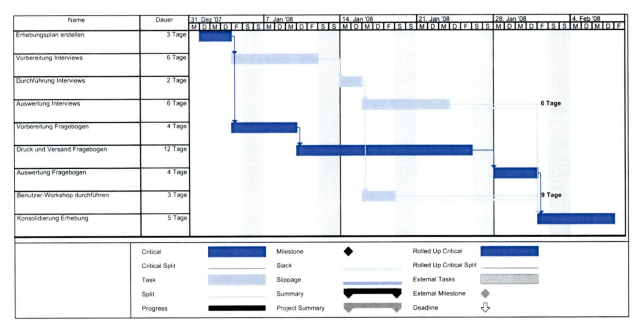

Das Balkendiagramm ist einfach zu erstellen und leicht zu verstehen. Der Einsatz dieser Darstellungstechnik ist deshalb bei Ablaufplänen sehr beliebt. Zusätzlich ist es möglich, mithilfe von Pfeilen Abhängigkeiten zwischen einzelnen Vorgängen aufzuzeigen und die Vorgänge auf dem kritischen Pfad farblich zu kennzeichnen (im Beispiel als hellere Balken).

Hinweis

In letzter Zeit macht der Begriff «Critical Chain» im Zusammenhang mit der Terminplanung von sich reden. Bei dieser Methode werden die Zeiten der einzelnen Vorgänge bewusst ohne übermässigen Puffer geschätzt. Stattdessen wird ein **Zeitpuffer für das gesamte Projekt** aufgebaut, der von allen Vorgängen gebraucht werden kann, die die Zeit überschreiten.

Untersuchungen haben gezeigt, dass man auf diese Weise die Projektdauer um zweistellige Pro-zent-werte reduzieren kann, ohne deswegen Einbussen an Kosten oder Qualität zu erleiden.

Critical Chain wird in diesem Lehrmittel nicht weiter behandelt. Für interessierte Lesende verweisen wir auf das Standardwerk von Eliyahu Goldratt: Critical Chain.

Zusammenfassung

Das Ziel der **Ablauf- und Terminplanung** ist:

- Reihenfolge der Vorgänge eines Projekts,
- ihre Abhängigkeiten von anderen Vorgängen sowie
- die Start- und Endtermine jedes einzelnen Vorgangs zu bestimmen.

Die Ablauf- und Terminplanung erfolgt in **drei Hauptschritten:**

1. **Vorgangsliste** (Vorgangsdauer und Vorgängervorgänge bestimmen)
2. **Netzplan** (Grafische Darstellung der Vorgangsliste, Ermittlung des kritischen Pfads)
3. **Terminplan** (Balkendiagramm als grafische Darstellung der Vorgänge, Ermittlung der Meilensteine)

Voraussetzung für eine möglichst realitätsnahe Terminplanung ist eine sorgfältige **Schätzung der Vorgangsdauer.** Zu diesem Zweck stehen der Projektleitung verschiedene **Schätzver-fahren** zur Verfügung.

Um die Ablauf- und Terminplanung übersichtlich und einprägsam zu visualisieren, haben sich in der Praxis die **Netzplantechnik** und das **Balkendiagramm** als geeignete Darstellungsfor-men erwiesen. Das Balkendiagramm wird oftmals auch für die Kommunikation über den Pro-jektfortschritt mit den Entscheidungsgremien eingesetzt.

38	Warum muss die Schätzung der Vorgangsdauer spätestens mit der Ablaufplanung abgeschlossen werden? – Als Antwort genügt ein Satz.

39	Timo Reichlin, der Projektleiter des Kongresses «Lernen mit neuen Medien» , stellt fest, dass er sein Projekt besser strukturieren muss, um den Überblick zu behalten. Als Grundlage für die Ablaufplanung hat er vorerst einzelne Arbeitspakete bestimmt, in die Vorgangsliste eingetragen und die Arbeitspaket-Verantwortlichen bestimmt.

ID	Vorgang (Arbeitspaket)	Dauer (Tage)	Verantw.	Vorgänger
P3.1	Grobkonzept für Kongressprogramm entwerfen (Varianten)		R. Weibel	
P3.2	Detailkonzept für Kongressprogramm erstellen		R. Weibel	
P3.3	Referenten aufbieten		T. Reichlin	
P3.4	Dokumentation zu den Referaten zusammenstellen		N. Cotti	
P3.5	Detailkonzept für Podiumsdiskussion erstellen		G. Lukesch	
...	...	...	...	...

Ausserdem hat er eine Grobschätzung des jeweiligen Zeitaufwands vorgenommen:

- **P3.1:** Entwurf: 7 Tage; Präsentation: 1 Tag; Entscheidung/Vernehmlassung: 5 Tage; Korrekturen: 3 Tage (Total-Aufwand R. Weibel: 11 Tage)
- **P3.2:** Entwurf: 3 Tage; Präsentation: 1 Tag; Entscheidung/Vernehmlassung: 5 Tage; Detailkorrekturen: 1 Tag (Total-Aufwand R. Weibel: 5 Tage)
- **P3.3:** Kontaktaufnahme: 2 Tage; Wartezeit für Rückmeldung: 10 Tage; Verhandlungen/Briefing: 4 Tage (Total-Aufwand T. Reichlin: 6 Tage)
- **P3.4:** Referatstexte einfordern: 30 Tage; Redaktionelle Überarbeitung: 3 Tage; Grafische Gestaltung (extern): 2 Tage; Gut zum Druck: 2 Tage; Aufwand der Druckerei: 4 Tage (Total-Aufwand N. Cotti: 5 Tage)
- **P3.5:** Entwurf: 4 Tage; Entscheidung/Vernehmlassung: 3 Tage; Detailkorrekturen: 1 Tag; Briefing der Moderatorin: 1 Tag (Total-Aufwand G. Lukesch: 6 Tage)

A] Vervollständigen Sie die Spalte «Dauer» in Timo Reichlins Vorgangsliste.

B] Bestimmen Sie für die Arbeitspakete P3.1 bis P3.5 die Vorgänger, und tragen Sie diese in der entsprechenden Spalte ein.

40	Was zeigt der kritische Pfad in der Netzplan-Technik?

14 Einsatzmittelplanung

Lernziele	Nach der Bearbeitung dieses Kapitels können Sie …
	• die Teilschritte der Einsatzmittelplanung für ein einfaches Projektbeispiel vornehmen.
Schlüsselbegriffe	Bedarf, Einsatzmittelplan, Kapazitätsgruppen, personelle Ressourcen, Sachmittel-Ressourcen

Ob die Vorgangsdauer, die im Rahmen der Ablauf- und Terminplanung geschätzt wurde, bei der Bearbeitung des betreffenden Arbeitspakets auch tatsächlich eingehalten werden kann, hängt massgeblich von den zur Verfügung stehenden **personellen Ressourcen und Sachmitteln** ab. Es ist daher für jedes Arbeitspaket festzuhalten, welche Einsatzmittel in welchem Umfang notwendig sind, um den vorgesehenen Terminplan einzuhalten.

Hinweis	Als **personelle Ressourcen** gelten alle Mitarbeiterleistungen sowie die Dienstleistungen externer Unternehmen bzw. Fachleute, die für ein Projekt beansprucht werden.
	Unter **Sachmittel-Ressourcen** versteht man alle weiteren, nicht personenbezogenen Einsatzmittel, wie z. B. Maschinen-, Hard- und Softwarekapazitäten, Rohstoff- und Materialeinsatz, Raum- und Fahrzeugbeanspruchung usw.

Eine sorgfältig durchgeführte Einsatzmittelplanung beantwortet die folgenden **Fragen:**

- Welche Personal- und Sachmittel-Ressourcen werden aufgrund der bisherigen Planung (Strukturplanung, Ablauf- und Terminplanung) für das Projekt **benötigt?**
- Welche Personal- und Sachmittel-Ressourcen sind für das Projekt **verfügbar?**
- Wo/wann entstehen **Kapazitätsengpässe?**

Die Einsatzmittelplanung setzt sich aus folgenden drei **Teilschritten** zusammen:

Abb. [14-1]   Einsatzmittelplanung

14.1 Bedarf ermitteln

Die Bedarfsermittlung erfolgt über die Arbeitspakete, die einen bestimmten Bedarf an Personal und an Sachmitteln aufweisen. Nach der Arbeitspaket-Analyse erfolgt die Darstellung des Bedarfs in einer tabellarischen Übersicht.

14.1.1 Arbeitspakete analysieren

Zunächst müssen Sie die einzelnen Arbeitspakete genauer analysieren, und zwar nach folgenden Kriterien:

- Welche **Aktivitäten** umfasst das Arbeitspaket?
- Welche (Teil-)**Ergebnisse** muss das Arbeitspaket liefern?

Den aufgrund dieser Analyse ermittelten **Einsatzmittelbedarf** halten Sie schriftlich fest. Zu diesem Zweck bietet es sich an, die bestehende **Vorgangsliste** zu verwenden und um die Spalten «Personal» und «Sachmittel» zu ergänzen.

14.1.2 Bedarfsübersicht erstellen

Nachdem Sie sämtliche Arbeitspakete analysiert und die erforderlichen Einsatzmittel ermittelt haben, gliedern Sie diese in einer **Bedarfsübersicht** so, dass die benötigten Kapazitäten für gleichartige Einsatzmittel zusammengefasst ersichtlich sind.

Die Gliederung hängt vom Projekt ab; die gleichartigen Einsatzmittel bilden dabei sogenannte **Kapazitätsgruppen.** Eine Trennung der Personal- und Sachmittel-Ressourcen schafft Transparenz und hilft bei der Zuweisung der Rekrutierungs- bzw. der Evaluationsaufgaben. Im Beispielprojekt «Neues Verkaufssystem» könnte eine geeignete Bedarfsübersicht wie folgt aussehen (Auszug):

Abb. [14-2]

Bedarfsübersicht – Beispiel

Art	Kapazitätsgruppe	Arbeitspakete	Kapazität[1]
Personal	Wirtschaftsinformatiker	P3.1, P3.2, P3.4	30
	Benutzervertreter Verkauf	P3.1, P3.4	15
	Benutzervertreter Prozesse	P3.3	8
...	...	...	...
Sachmittel	Planungssoftware	alle	240
	Geschäftsauto	P2.1, P3.1, P3.3, P4.2	11
...	...	...	...

[1] Anzahl der Zeiteinheiten (Tage, Wochen, Monate), die für den Einsatz notwendig sind.

Hinweis

Besonders bei grösseren Projekten empfiehlt es sich, als Evaluationsgrundlage im Anschluss an die Bedarfsermittlung die Stellenbeschreibungen für die erforderlichen Personalressourcen sowie die Pflichtenhefte für die benötigten Sachmittel auszuarbeiten.

14.2   Einsatzmittel evaluieren

Ziel der Evaluation von Einsatzmitteln ist es, die für die Bearbeitung der anstehenden Arbeitspakete am besten geeigneten Mitarbeitenden und Sachmittel zu bestimmen.

Beispiel

Für das Arbeitspaket «Interview der Filialleiter» ist ein Geschäftsauto erforderlich, das über die Partnergarage zu Spezialkonditionen auch kurzfristig gemietet werden kann.

14.2.1   Interne Rekrutierung von Projektmitarbeitenden

Je nach Art und Umfang der zu bearbeitenden Arbeitspakete müssen Sie die benötigten Projektmitarbeitenden entweder innerhalb des Unternehmens (intern) oder ausserhalb des Unternehmens (extern) suchen. Sind Stellenbeschreibungen vorhanden, kommen diese jetzt zum Einsatz.

Für den Projekterfolg kann die Verpflichtung der am besten geeigneten internen Mitarbeitenden ein Schlüsselfaktor sein. Sobald diese gefunden sind, geht es darum, die betroffenen Linienvorgesetzten zu informieren und gemeinsam Möglichkeiten für die **Freistellung** zugunsten des Projekts auszuloten. Hierbei ist gleichermassen Überzeugungskraft und Vorsicht geboten: Überzeugungskraft ist nötig, um den Nutzen des Projekts für die Linienorganisation und das Unternehmen insgesamt glaubhaft zu vermitteln. Vorsicht ist nötig, um wirklich diejenigen Mitarbeitenden zu gewinnen, die das Projekt voranbringen, und nicht solche, die womöglich von der Linienorganisation am besten entbehrt werden können.

Sobald Sie von den Linienvorgesetzten das grundsätzliche Einverständnis haben, müssen Sie mit den künftigen Mitarbeitenden **persönliche Gespräche** führen, bei denen die folgenden Fragen zu klären sind:

- Ist die betreffende Person gewillt, die Aufgabe zu übernehmen?
- Erachtet sie sich als kompetent, die Aufgabe zu übernehmen?
- Welchen Einsatz ist sie gewillt, zu leisten?
- Welche Voraussetzungen müssten bei einem Ja-Entscheid geschaffen werden?

Hinweis

Je nach Unternehmensbestimmungen bzw. je nach Kompetenzen und Verantwortungen ist für die interne Rekrutierung von Projektmitarbeitenden in jedem Fall die Personalabteilung beizuziehen.

Bei einem Einsatz in einer reinen Projektorganisation, bei der die Mitarbeitenden ausschliesslich für das Projekt arbeiten, ist überdies eine entsprechende **Anpassung des Anstellungsvertrags** zu empfehlen.

14.2.2 Externe Rekrutierung von Projektmitarbeitenden

Hierbei geht es darum, die passenden externen Mitarbeitenden für das Projekt zu finden und zu verpflichten. Bei der externen Rekrutierung ist fallweise zu entscheiden, ob die jeweiligen Stellen

- durch **Einstellungen** für die Dauer des Projekts und evtl. auch länger oder
- durch **Freelancer,** d. h. durch freischaffende Mitarbeitende

besetzt werden sollen. In beiden Fällen ist ein schriftlicher Arbeitsvertrag erforderlich.

Hinweis

Für die externe Rekrutierung ist i. d. R. die Personalabteilung zuständig.

14.2.3 Auswahl der geeigneten Sachmittel

Aus der Bedarfsermittlung ergeben sich ebenso die Sachmittelkapazitäten, die rechtzeitig und für den gesamten entsprechenden Bedarfszeitraum sichergestellt werden müssen. Je nach Projekt ist die Evaluation der Sachmittel ebenfalls ein Schlüsselerfolgsfaktor, der sich massgebend auf den Projektverlauf und die -kosten auswirken kann.

Beispiel

- Software-Entwicklungsprojekt: Ohne die notwendigen System- und Softwareressourcen kann das Projekt nicht plangemäss realisiert werden.
- Umbauprojekt: Wenn z. B. das Baugerüst nicht rechtzeitig oder nicht lange genug reserviert wurde, drohen erhebliche zeitliche Verzögerungen bzw. Mehrkosten.

14.3 Einsatzmittelplan erstellen

Im Einsatzmittelplan für das Projekt wird festgehalten, welche **Kapazitätsgruppen** aus der Bedarfsübersicht an welchem Ort bzw. zu welchem Zeitpunkt eingesetzt werden. Der Einsatzmittelplan erlangt besonders bei solchen (Teil-)Projekten grosse Bedeutung, bei denen es schwer fällt, qualifizierte Personen zur richtigen Zeit verfügbar zu halten.

Der **Personaleinsatzplan** soll möglichst transparent aufzeigen, wann das Personal welcher Kapazitätsgruppe für welches Arbeitspaket wie lange benötigt wird. Zu diesem Zweck hat sich in der Praxis das **Ressourcen-Belastungsdiagramm** durchgesetzt. Wie die Bezeichnung «Belastungsdiagramm» andeutet, hat diese Darstellungsform den Vorteil, dass zusätzlich zur Dauer des Ressourceneinsatzes auch die Belastung der Ressourcen deutlich wird. **Kapazi-**

tätsengpässe können so frühzeitig erkannt und bei Bedarf wirksam ausgeglichen oder zumindest abgefedert werden.

Abb. [14-3]   **Ressourcen-Belastungsdiagramm – Beispiel**

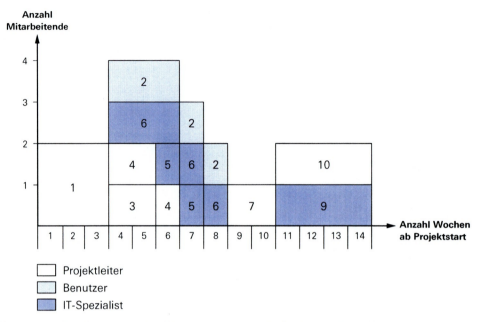

Bemerkung: Die Nummer in den Kästchen entspricht der ID des jeweiligen Arbeitspakets.

Das Beispiel zeigt, dass in den Wochen 4 bis 6 vier Mitarbeitende gleichzeitig benötigt werden. Solche Kapazitätsspitzen sollte die Projektleiterin bereits im Rahmen der Einsatzmittelplanung erkennen und versuchen, noch vor dem Projektstart eine **gleichmässige Auslastung** der personellen Ressourcen zu erreichen.

Wie kann man absehbare Über- oder Unterkapazitäten ausgleichen? Indem man die in den Arbeitspaketen vorhandenen **Zeitpuffer** der Arbeitspakete nutzt, die sich **nicht** auf dem kritischen Pfad befinden. Folglich verschieben sich die Arbeitspakete auf der Zeitachse, und zwar so, dass einerseits ein **Kapazitätsausgleich** erreicht, andererseits der Endtermin des gesamten Projekts nicht gefährdet wird.

Die auf dem Markt erhältlichen **Projektmanagement-Tools** unterstützen solche Optimierungsaufgaben sehr gut, wie auch die restlichen Planungsaufgaben.

Zusammenfassung   Die Einhaltung des Terminplans hängt massgeblich von der **Einsatzmittelplanung** der personellen Ressourcen und der Sachmittel ab. Diese setzt sich aus folgenden **Schritten** zusammen:

Vorgehensschritt	Aktivitäten
Bedarf ermitteln	• Arbeitspaketanalyse: Ressourcen (Personal und Sachmittel) ermitteln • Bedarfsübersicht erstellen
Einsatzmittel evaluieren	• Geeignete Mitarbeitende rekrutieren (interne und externe Rekrutierung) • Geeignete Sachmittel auswählen
Einsatzmittelplan erstellen	• Einsatz von Personal und Sachmitteln den Arbeitspaketen zuordnen • Kapazitätsengpässe ermitteln und frühzeitig für Kapazitätsausgleich sorgen

Repetitionsfragen

41	Nennen Sie dem Projektleiter für den Kongress «Lernen mit neuen Medien» mindestens drei Argumente, die für eine sorgfältige Planung des Sachmittels «Kongressort» sprechen.
42	Zählen Sie anhand eines konkreten Projektbeispiels mindestens zwei Schwierigkeiten auf, die sich bei der internen Rekrutierung von Projektmitarbeitenden ergeben.

15 Kostenplanung

Lernziele	Nach der Bearbeitung dieses Kapitels können Sie …
	• für ein einfaches Projekt einen Kostenplan entwerfen.
Schlüsselbegriffe	Kostenarten, Kostenplanung

Mit der Kostenplanung werden alle Kosten, die im Zusammenhang mit der Projektabwicklung entstehen, geschätzt und nach bestimmten Kriterien strukturiert. Die wichtigste Voraussetzung für eine realistische Kostenplanung bildet eine sorgfältig durchgeführte **Termin- und Einsatzmittelplanung,** bei der bereits der Einsatzmittelbedarf pro Arbeitspaket ermittelt, in Form einer Bedarfsübersicht zusammengestellt und die benötigten personellen und Sachmittel-Ressourcen zeitlich festgelegt wurden.

Im Zusammenhang mit der Kostenplanung zeigen sich die **Wechselwirkungen** innerhalb der Projekt-Detailplanung sehr deutlich, wie die folgenden Beispiele veranschaulichen.

Beispiel

- Die Einsatzmittelplanung zeigt klar auf, dass die vorhandenen personellen Ressourcen nicht ausreichen, um die Terminvorgaben des Auftraggebers zu erfüllen. Die Projektleiterin beantragt zusätzliche personelle Ressourcen für die fristgerechte Abwicklung des Projekts. Falls diese bewilligt werden, erhöht sich das Kostenbudget des Projekts automatisch. Andererseits ergeben sich aufgrund der zeitgerechten Abwicklung Kosteneinsparungen in anderen Bereichen.
- Im umgekehrten Fall beschliesst der Projektausschuss, aufgrund von neuen Prioritäten das Projektkostenbudget um 15 % zu kürzen, was einen Abbau von personellen Ressourcen bedeutet. Der Projektleiter ist dadurch gezwungen, die Terminplanung des Projekts zu überarbeiten.

Es empfiehlt sich, die Kostenplanung anhand des Projektstrukturplans bzw. anhand der darauf basierenden Einsatzmittelplanung vorzunehmen. Die Vorgehensweise bei der Kostenplanung kann in folgende Schritte unterteilt werden:

- Kosten ermitteln
- Kostenplan erstellen

In den folgenden Abschnitten erläutern wir die beiden Vorgehensschritte und gehen gleichzeitig kurz auf einige grundlegende Aspekte der Kostenrechnung ein.

15.1 Kosten ermitteln

Für die Kostenplanung wird zunächst ermittelt, welche **Kosten pro Arbeitspaket** anfallen. Dabei bietet es sich an, die bestehende **Vorgangsliste** aus der Einsatzmittelplanung zur Hand zu nehmen und für die benötigten Einsatzmittel die voraussichtlichen Kosten zu berechnen. Dies geschieht i. d. R. anhand des **geplanten Mengengerüsts** (z. B. der Anzahl Mitarbeitertage, Maschinenstunden, Software-Lizenzen, Flächenquadratmeter usw.).

Die geplante Menge wird mit dem Preis pro Einheit multipliziert und dem entsprechenden Arbeitspaket zugeordnet.

Das nachfolgende Beispiel zeigt die Kostenermittlung für ein Arbeitspaket des Umbauprojekts «Büroräumlichkeiten».

Abb. [15-1]   Kosten für ein Arbeitspaket – Beispiel

Kostenarten	Menge	Kosten pro Menge (in CHF)	Summe Kosten (in CHF)
Personalkosten intern: Projektleitung: D. Gadient	6 PT	1 200.–	7 200.–
Projektmitarbeitende: • W. Siegrist • A. Cingria	3 PT 2 PT	1 000.– 800.–	3 000.– 1 600.–
Personalkosten extern: Architekt: V. Fischlin	10 PT	1 800.–	18 000.–
Materialkosten: Dokumentation für Präsentation	6 Expl.	100.–	600.–
Ressourceneinsatz: Sitzungszimmer	5 Std.	60.–	300.–
Sonstige Kosten: Baueingabegebühren	Pauschal	1 500.–	1 500.–
Kostentotal für AP			32 200.–

PT = Personentage

15.1.1 Grundlagen der Kostenrechnung

Die Kostenplanung ist Teil der **Kostenrechnung** und somit eng mit dem betrieblichen Rechnungswesen verknüpft.

Abb. [15-2]   Teilaspekte der Kostenrechnung

Frage	Erläuterung	Fachbegriff
Was?	Welche Kosten entstehen?	Kostenarten
Wo?	Wo entstehen die Kosten?	Kostenstellen
Wofür?	Wofür entstehen die Kosten?	Kostenträger

- Die **Kostenarten** werden oft nach Art ihrer Entstehung eingeteilt. Darunter fallen u. a. Personalkosten, Materialkosten, Kapitalkosten (z. B. Abschreibungen, kalkulatorische Zinsen, Steuern) oder Fremdkosten (Kosten für Dienstleistungen Dritter, wie z. B. Beratungshonorare).
- Die Bewilligung und Verrechnung der Finanzmittel erfolgt über **Kostenstellen.** Diese spiegeln somit die Verteilung der Kosten auf einzelne Unternehmens- bzw. Organisationsbereiche wider, und zwar gemäss den unternehmensspezifischen Richtlinien.
- Im Rahmen eines Projekts stellen das Gesamtprojekt, die Teilprojekte und die Arbeitspakete **Kostenträger** dar. Die Kostenträger eines bestimmten Projekts sind im jeweiligen Projektstrukturplan ersichtlich.

Beispiel   Beim Umbau der Cafeteria (= Kostenstelle) fallen unter anderem Personal- und Materialkosten an (= Kostenarten), die dem Projekt «Büroräume» (= Kostenträger) belastet werden.

15.1.2 Kostenarten bestimmen

Um eine möglichst grosse Transparenz zu erhalten, empfiehlt es sich, die Kosten nicht nur nach Personal- und Sachmittelkosten aufzuteilen, sondern gemäss ihrer Entstehung feiner zu gliedern.

A] Personalkosten

Können Personalkosten einem bestimmten Arbeitspaket zugeordnet werden, so handelt es sich um **direkte Personalkosten.** Demgegenüber werden Personalkosten, die keinem bestimmten Arbeitspaket zugeordnet werden können, als **indirekte Personalkosten** oder Gemeinkosten bezeichnet (z. B. die Kosten für die Projektleitung). Je nach Art bzw. Umfang des Projekts müssen die Personalkostenarten ggf. weiter untergliedert werden. Eine mögliche Differenzierung ist z. B. die Unterscheidung in **interne und externe Personalkosten.**

Zu den Personalkosten gehören üblicherweise sämtliche Lohn- und Sozialkosten für alle am Projekt Mitarbeitenden. Müssen sie für ihre Aufgabe speziell geschult werden, gehören solche Ausbildungskosten ebenso zu den Personalkosten wie z. B. auch die für die Aufgabenerledigung anfallenden Reisespesen.

B] Materialkosten

Materialkosten werden nicht immer separat ausgewiesen, können aber je nach Dauer und Umfang des Projekts erheblich ins Gewicht fallen.

Zu den Materialkosten zählen regelmässig anfallende **Verbrauchs- und Einsatzmaterialien** sowie mit der **Ausstattung der Arbeitsplätze** zusammenhängende Kosten, wie z. B.:

- Büromaterial
- Werkstoffe (Rohstoffe, Hilfsstoffe, Betriebsstoffe, vorfabrizierte Einzelteile)
- Für die Lösung notwendige Software-Lizenzen usw.

C] Betriebsmittelkosten

Zu den Betriebsmittelkosten oder den **Kosten für Ressourceneinsatz** zählen die für die Beanspruchung von Betriebsmitteln anfallenden Kosten, wie z. B. für:

- Maschinen und Werkzeuge
- Allgemeine IT-Infrastruktur
- Fahrzeuge
- Lagerflächenmiete usw.

Die **Raumkosten** gehören eigentlich auch zu den Betriebsmittelkosten, werden jedoch häufig separat ausgewiesen. Besonders bei grösseren Projekten oder z. B. bei einer reinen Projektorganisation beanspruchen die Projektteams eigene Räumlichkeiten. Ebenso fallen für Sitzungen, Schulungen, Informationsveranstaltungen oder den Einsatz von externen Mitarbeitenden zusätzliche Raum-Mietkosten an.

D] Sonstige Kosten

In vielen Projekten wird eine Art «Sammelkonto» für alle jene Kosten geführt, die vereinzelt oder gar einmalig anfallen. Unter die sonstigen Kosten fallen je nach Projekt z. B. Bewilligungs- oder Betriebsgebühren, Repräsentationsspesen, Sachversicherungsgebühren usw.

15.2 Kostenplan erstellen

Nachdem die Kosten pro Arbeitspaket feststehen, müssen sie im Kostenplan zusammengefasst werden. Als Gliederungshilfen kommen dabei einerseits die verschiedenen Kostenarten und andererseits die Zeitperioden (z. B. Wochen oder Monate) oder die Kostenträger (z. B. Teilprojekte oder Funktionsbereiche) in Frage.

Der Kostenplan des Beispielprojekts «Neues Verkaufssystem» könnte wie folgt aussehen:

Abb. [15-3]   Kostenplan – Beispiel

Kostenart	Teilprojekt P-1	Teilprojekt P-2	Teilprojekt P-3	Teilprojekt P-4	Teilprojekt P-5	Total Projekt
Personal intern	8 000.–	7 000.–	3 000.–	8 000.–	4 000.–	30 000.–
Personal extern	2 000.–	1 500.–	1 000.–	11 000.–	2 500.–	18 000.–
Raumkosten	500.–	500.–	500.–	500.–	500.–	2 500.–
Materialkosten: • Büromaterial • IT-Komponenten	500.– –	500.– 9 000.–	1 000.– 6 500.–	3 000.– 2 000.–	500.– –	5 500.– 17 500.–
Sonstige Kosten	1 200.–	1 100.–	500.–	800.–	200.–	3 800.–
Summe	12 200.–	19 600.–	12 500.–	25 300.–	7 700.–	77 300.–

15.3 Allgemeine Tipps zur Kostenplanung

Nachfolgend finden Sie ein paar allgemeine Tipps, die Sie bei der Kostenbudgetierung eines Projekts beachten sollten:

- Je umfangreicher ein Projekt, desto aufwändiger ist seine Budgetierung.
- In vielen Projekten hängen die Gesamtkosten zu einem grossen Teil von Personalleistungen ab, die wiederum durch die Anzahl eingesetzter Tage bestimmt werden. Um die Personalkosten realistisch budgetieren zu können, braucht es daher eine vorsichtige (eine sog. konservative) Terminplanung.
- Bereits abgeschlossene Projekte erleichtern die Kostenplanung, sofern die Erfahrungswerte aus abgeschlossenen Projekten aktualisiert und wieder verwendet werden können. Voraussetzung ist jedoch ein sorgfältiger Vergleich der beiden Projekte sowie eine genaue Analyse der Erfahrungswerte.
- Stellen Sie den Projektmitarbeitenden Vorlagen zur Verfügung, die eine systematische Erfassung der tatsächlichen Kosten erlauben. Ein funktionierendes Projekt-Controlling setzt die Erfassung aller effektiven Aufwände für die Arbeitspakete und Zusatzleistungen nach einheitlichen Kriterien voraus.
- Entwickeln Sie auch ein Gefühl für Kosten, die nicht im direkten Zusammenhang mit dem Projekt stehen, sich aber darauf auswirken können (z. B. Aufwände für Schnittstellen).
- Grenzen Sie sämtliche Leistungen ab, die extern erbracht werden.

Die wichtigste **Voraussetzung** für eine realistische Kostenplanung ist eine sorgfältig durch-geführte **Termin- und Einsatzmittelplanung:** Aufgrund des ermittelten Bedarfs an Personal und Sachmitteln pro Arbeitspaket lassen sich die voraussichtlichen Kosten berechnen.

Die **Vorgehensweise** bei der Kostenplanung erfolgt in zwei Schritten:

Kosten ermitteln	Die aufgrund des Einsatzmittelbedarfs entstehenden Kosten pro Arbeitspaket werden anhand des geplanten **Mengengerüsts** berechnet. Dazu wird die geplante Menge mit dem Preis pro Einheit multipliziert und dem entsprechen-den **Arbeitspaket** zugeordnet.
	Für mehr Transparenz sorgt eine Gliederung der voraussichtlichen Kosten nach **Kostenarten,** die im Normalfall folgendermassen erscheinen:
	• Personalkosten (interne und externe Personalkosten)
	• Materialkosten (Verbrauchsmaterial, Werkstoffe usw.)
	• Betriebsmittelkosten (Maschinen, Raum usw.)
	• Sonstige Kosten (als Sammelkonto für weitere Kosten)
Kostenplan aufstellen	Der Kostenplan stellt einen **Zusammenzug** der Kostenberechnungen dar.
	Für mehr Transparenz sorgt hier eine **tabellarische Darstellung** nach folgen-den Gliederungskriterien:
	• Kostenarten und
	• Kostenträger oder Zeitperioden

Repetitionsfragen

43	Erklären Sie den Unterschied zwischen direkten und indirekten Personalkosten anhand eines Beispiels.
44	Der Projektleiter des Kongresses «Lernen mit neuen Medien», Timo Reichlin, beschäftigt sich mit der Kostenplanung für sein Projekt. – Beantworten Sie seine beiden Fragen:

A] Welche Kostenarten muss ich im Arbeitspaket P3.3 (Referenten aufbieten) berücksichtigen, wo voraussichtlich für folgende Aktivitäten Kosten entstehen werden?
- Telefonische Kontaktaufnahme mit den vorgesehenen Referenten
- Einladung der vorgesehenen Referenten zu einem gemeinsamen Mittag- oder Abend-essen (von T. Reichlin anlässlich der Besprechung des Kongresskonzepts)
- Honorarverhandlungen für Referat inkl. Reise- und Übernachtungsspesen
- Briefing der Referenten (Besprechung)

B] Mir ist klar, dass ich den Kostenplan zum einen nach Kostenarten gliedern soll. Können Sie mir einen konkreten Vorschlag für ein zweites Gliederungskriterium machen?

16   Projektorganisation planen

Lernziele   Nach der Bearbeitung dieses Kapitels können Sie ...

- die wichtigsten Rollen und ihre Hauptaufgaben innerhalb der Projektorganisation nennen.
- eine den Anforderungen eines Projekts entsprechende Projektorganisation vorschlagen.

Schlüsselbegriffe Auftraggeber, Instanz-Ebenen, Matrix-Projektorganisation, Projektausschuss, Projektleiter, Projektmitarbeitende, Projektorganisation, reine Projektorganisation, Stabs-Projektorganisation, Stellen, Teilprojektleiter

Bei der Projektinitialisierung werden spätestens im Zusammenhang mit der Formulierung des Projektauftrags die Bausteine der Projektorganisation definiert. Weil ein Projekt spezifische, oft ungewohnte und zeitlich begrenzte Aufgaben und meist auch eine intensive fach- und abteilungsübergreifende Zusammenarbeit verlangt, ist eine auf das Projekt zugeschnittene Organisation notwendig.

Die Projektorganisation soll das zielgerichtete Zusammenwirken der am Projekt Beteiligten und den reibungslosen Ablauf des Projekts sicherstellen. Ihr Ziel ist demzufolge, während der Dauer des Projekts möglichst stabile Rahmenbedingungen für die Projektabwicklung zu schaffen.

Dazu braucht es:

- Die Bildung zweckmässiger Stellen mit den entsprechenden Aufgaben, Kompetenzen und Verantwortungen und ihre Zuordnung zu den Instanz-Ebenen.
- Die Wahl einer geeigneten Organisationsform.

In den folgenden Abschnitten erfahren Sie, welche Instanzen und Stellen üblicherweise bei Projekten vorkommen und welche Rolle sie übernehmen.

16.1   Stellen bilden

Weil Projekte zeitlich befristet sind, werden für ihre Abwicklung temporäre Stellen gebildet, die bestimmte Aufgaben zu erfüllen haben. Damit die Stelleninhabenden dazu fähig sind, brauchen sie die notwendige Verantwortung und die entsprechenden Kompetenzen. Es ist die Aufgabe der Projektleiterin, im Rahmen der Projektorganisation die einzelnen Stellen zu definieren und die Zusammenarbeit zwischen den verschiedenen Stellen zu regeln.

Aus den Projektaufgaben, die in den Arbeitspaketen beschrieben werden, ergeben sich die zur Aufgabenerfüllung benötigten Kompetenzen und Verantwortungen. Die Projektleiterin formuliert die entsprechenden Anforderungsprofile für alle Projektmitarbeitenden. Mit diesem Vorgang wird die Aufbauorganisation des Projekts begründet.

Dabei empfiehlt sich die folgende Vorgehensweise:

1. Aufgaben und Teilaufgaben aus den Arbeitspaketen zu Projektstellen bündeln und jede Projektstelle bezeichnen
2. Aufgaben für jede Projektstelle beschreiben
3. Kompetenzen und Verantwortungen jeder Projektstelle festlegen
4. Anforderungsprofil für jede Projektstelle formulieren

Es lohnt sich, jede Projektstelle mit einer **Stellenbeschreibung** zu dokumentieren. Diese gibt dem Stelleninhaber einerseits einen Orientierungsrahmen, andererseits erleichtert sie es dem Projektleiter, die geeigneten Projektmitarbeitenden und Fachspezialisten zu gewinnen. Weil sich bei vielen Projekten die Aufgaben (und somit auch die Kompetenzen und Verantwortungen) im weiteren Verlauf verändern, ist es umso wichtiger, die Zuständigkeiten der einzelnen Stellen klar zu regeln und diese schriftlich festzuhalten.

Besonders in umfangreicheren Projekten erweist sich zudem das **Funktionsdiagramm** als nützliches Hilfsmittel für die übersichtliche Darstellung der Aufgaben der einzelnen Projektstellen, der zu verrichtenden Aufgaben und der dafür erforderlichen Kompetenzen. Das folgende Beispiel zeigt ein Funktionsdiagramm für die Projektorganisation «Neues Verkaufssystem»:

Abb. [16-1]   **Funktionsdiagramm – Beispiel**

Funktionsdiagramm Aufgabe	Applikations-entwickler	Wirtschafts-informatiker	Datenbank-spezialist	Projektleiter
Masken-Layout definieren	A	B	–	–
Funktionale Prozesse technisch beschreiben	–	A	B	–
Logisches Datenmodell beschreiben	–	A	B	–
Schnittstellen zu Host-Applikation definieren	A	B	–	–
Funktionen testen	A	M	–	–
Technisches Release freigeben	M	B	–	E/A
...	...	...	...	...

Legende: A = Ausführung, B = Beratung, E = Entscheidung, M = Mitarbeit.

16.2   Rollen und Instanzen bestimmen

Nebst der Projektleitung gibt es weitere Aufgabenträger (Instanzen), die unterschiedliche Aufgaben, Kompetenzen und Verantwortungen innerhalb des Projekts wahrnehmen. Besonders dem Auftraggeber kommen wichtige Entscheidungs- und Kontrollaufgaben zu. Man unterscheidet zwischen den folgenden Instanz-Ebenen:

- Die **Lenkungsebene** nimmt hauptsächlich übergeordnete, strategische Steuerungs- und Entscheidungsaufgaben wahr. Ihr gehört der Auftraggeber und gegebenenfalls der Projektausschuss an.
- Die **Führungsebene** ist für die operative Projektführung zuständig. Ihr gehören die Projektleitung und – bei entsprechendem Bedarf – auch die Teilprojektleitung an.
- Die **Ausführungsebene** sorgt für die operative Abwicklung des Projekts bzw. für die Umsetzung der Projektziele. Ihr gehören die Projektmitarbeitenden an.
- In vielen Projekten kommt eine **Fachbeteiligungsebene** hinzu; sie besteht aus den Mitarbeitenden der verschiedenen Unternehmens-Fachbereichen, die das Projekt mit ihrem Fachwissen bei Bedarf unterstützen.

Abb. [16-2]   Instanz-Ebenen eines Projekts

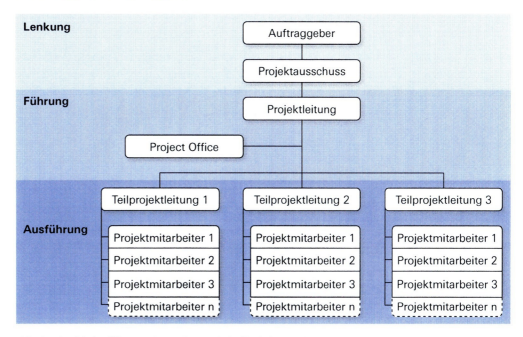

Wie in der Linienführung besteht auch in Projekten eine **Weisungsbefugnis** von oben nach unten, wodurch die Kompetenzen und Verantwortungen der einzelnen Ebenen klar abgegrenzt werden können. Jede Instanz muss folglich nicht nur ihre eigenen Aufgaben, Kompetenzen und Verantwortungen genau kennen, sondern auch diejenigen der über- und der untergeordneten Instanzen.

Beispiel   Der Auftraggeber verfügt über die Kompetenz, mit dem Projektleiter den Projektauftrag abzuschliessen. Er trägt dafür die Verantwortung und darf den Projektauftrag nicht vollumfänglich an den Projektleiter delegieren. Desgleichen darf der Projektleiter den mit dem Auftraggeber vereinbarten Projektauftrag nicht eigenmächtig abändern.

16.2.1 Auftraggeber

Der Auftraggeber ist entweder eine namentlich bekannte Einzelperson oder eine bestimmte Gruppe von Personen (z. B. die Geschäftsleitung).

Der Auftraggeber übt die wichtigste Steuerungs- bzw. **Lenkungsrolle** aus. Er formuliert den Projektauftrag, setzt den Projektleiter ein und muss den Projektfortschritt laufend kontrollieren, weil er letztlich die **Gesamtverantwortung** für die Projektergebnisse (Leistung und Qualität), die getätigten Investitionen (entstandene Kosten) und die Einhaltung der Termine trägt. Deshalb stehen ihm auch **sämtliche Kompetenzen** für das betreffende Projekt zu.

Zwischen der Projektleiterin und dem Auftraggeber findet ein regelmässiger **Austausch** statt, vor allem über die Vereinbarung von Zielen für das Projekt, bei der Präsentation von Lösungsvarianten im Rahmen eines Auswahl- und Entscheidungsverfahrens und bei der Berichterstattung über den Projektfortschritt.

Der Auftraggeber nimmt i. d. R. folgende **Aufgaben** wahr:

- Projektantrag und Projektauftrag formulieren
- Projektleiterin ernennen und einsetzen
- Aufgaben, Kompetenzen und Verantwortung des Projektleiters definieren
- Organisationsform des Projekts bestimmen (zusammen mit der Projektleiterin)
- Ziele, Rahmenbedingungen und Restriktionen für das Projekt festlegen
- Projektfortschritt kontrollieren

- Entscheidungen (Vernehmlassung der einzelnen Phasen) fällen
- Projektteam unterstützen (als Promotor)

16.2.2 Projektausschuss

Der Auftraggeber beruft dieses Steuerungs- bzw. **Lenkungsgremium** ein, das sich aus ausgewählten Personen (z. B. Linienvorgesetzten, Fachverantwortlichen, weiteren am Projekt entscheidend Beteiligten) zusammensetzt. Die Mitglieder des Projektausschusses entscheiden – unter dem Vorsitz des Auftraggebers – über die einzelnen Phasen und kontrollieren den Projektfortschritt.

Über die erwähnte Steuerungsrolle hinaus übernehmen die Mitglieder des Projektausschusses folgende **Aufgaben:**

- Den eigenen Fachbereich im Projekt vertreten und über wesentliche Projektbelange informieren
- Einflussnahme auf den Projekterfolg (Unterstützung der Projektarbeit, Promoter)
- Abteilungsübergreifende Koordination sicherstellen

| Hinweis | In der Praxis kommen für den Projektausschuss verschiedene weitere Bezeichnungen vor, wie Lenkungsausschuss, Project Steering Comittee, Steuerungsausschuss usw. |

16.2.3 Projektleiter

Der Projektleiter wird vom Auftraggeber beauftragt, das Projekt ziel-, kosten- und termingerecht abzuwickeln. Seine Hauptaufgabe besteht in der **Planung und Führung des Projekts.** Dazu gehören auch die Mitarbeiterführung und Projektadministration. Bei umfangreicheren Projekten setzt die Projektleiterin zudem die Teilprojektleiter ein, die die Führung von Teilprojekten übernehmen.

Die **Kompetenzen** des Projektleiters bestehen im Wesentlichen aus Folgendem:

- Aufträge an die Teilprojektleiterinnen und die Projektmitarbeitenden zu vergeben, zu steuern und zu kontrollieren
- Entscheidungen im Rahmen des Projektauftrags zu fällen
- Bewilligte Ressourcen (Personal, Finanzen, Sachmittel) einzusetzen

Die Projektleiterin nimmt i. d. R. folgende **Aufgaben** wahr:

- Projekt initialisieren
- Teilprojektleiter ernennen, fachlich und ggf. auch disziplinarisch führen
- Projektstruktur erstellen
- Projekt planen und führen
- Fortschritt der Teilprojekte kontrollieren
- Projektmarketing betreiben
- Abnahme der Projektergebnisse organisieren bzw. sicherstellen
- Ordnungsgemässen Abschluss des Projekts gewährleisten

16.2.4 Teilprojektleiter

Der Teilprojektleiter wird von der Projektleiterin eingesetzt und mit den für das betreffende Teilprojekt notwendigen Aufgaben, Kompetenzen und Verantwortungen betraut. Seine Hauptaufgabe besteht in der **Planung und Führung des Teilprojekts** inkl. der Mitarbeiterführung und Teilprojektadministration. Oftmals handelt es sich bei Teilprojektleitern um **Fach-spezialisten,** sodass sie auch operative Ausführungsaufgaben im Projekt übernehmen.

Die Teilprojektleiterin nimmt i. d. R. folgende **Aufgaben** wahr:

- Teilprojekt planen und führen
- Mitarbeitende fachlich und ggf. auch disziplinarisch führen
- Fortschritt der Arbeitspakete kontrollieren
- Arbeiten, Ergebnisse und Informationen mit anderen Teilprojekten koordinieren
- Abnahme der Teilprojektergebnisse organisieren bzw. sicherstellen
- Ordnungsgemässen Abschluss des Teilprojekts gewährleisten

16.2.5 Project Office

Bei grösseren Projekten gibt es häufig auch die Rolle des Projektbüros (Project Office). Das Project Office ist als **Entlastung der Projektleitung** in administrativen und organisatorischen Belangen gedacht. So werden dort z. B. Projektpläne nachgeführt, Sitzungstermine koordiniert, Statusberichte konsolidiert, Protokolle verfasst und verwaltet.

Das Project Office kann bei Grossprojekten mehrere Mitarbeitende beschäftigen.

16.2.6 Projektmitarbeitende

Das Projektteam ist ein **wesentlicher Erfolgsfaktor** für jedes Projekt, denn die einzelnen Projektmitarbeitenden nehmen mit ihrer Fachkompetenz, Innovationskraft und ihrem Engagement direkten **Einfluss auf die Projektergebnisse,** und zwar sowohl in qualitativer Hinsicht als auch kostenseitig und terminlich.

Die wichtigste Führungsaufgabe der Projektleiterin besteht deshalb darin, die **Voraussetzungen** dafür zu schaffen, dass die Mitarbeitenden ihren Sachverstand einbringen können, genügend Spielraum für die Umsetzung eigener Ideen haben und motiviert bleiben.

Der Projektleiter kann dazu wesentlich beitragen, indem er

- seine Mitarbeitenden über die Ziele des Projekts informiert,
- die Aufträge in Form von Arbeitspaketen verständlich beschreibt und den Mitarbeitenden klar zuweist (inkl. Aufgaben, Kompetenzen und Verantwortungen),
- die Mitarbeitenden für das Vorhaben begeistert,
- Konfliktsituationen im Projektteam frühzeitig erkennt, einvernehmlich löst und
- die Mitarbeitenden fachlich und moralisch (besonders gegenüber übergeordneten Instanzen) unterstützt.

Die Aufgaben der Projektmitarbeitenden hängen weitgehend vom zugeteilten Arbeitspaket ab. Die Projektmitarbeitenden werden zwar als ausführende Ebene bezeichnet, doch übernehmen sie selbstverständlich nicht nur ausführende, sondern auch konzeptionelle Aufgaben.

16.3 Organisationsformen in Projekten

Je nachdem, ob die an einem Projekt beteiligten Personen ausschliesslich für dieses Vorhaben angestellt oder ob sie vom «regulären Tagesgeschäft» des Unternehmens für die Projektarbeit teilweise oder vollständig abgezogen werden, kommen in der Praxis unterschiedliche Organisationsformen zum Tragen:

- Reine Projektorganisation
- Stabs-Projektorganisation
- Matrix-Projektorganisation

Jede Organisationsform hat ihre typischen Vor- und Nachteile. In der Praxis werden nicht selten auch Mischformen eingesetzt. Besonders die Mischung von reiner Projektorganisation und Matrix-Projektorganisation hat sich bewährt, weil damit die «reguläre» Organisation des Unternehmens nicht beeinträchtigt wird und die Projektmitarbeitenden gleichzeitig ein Optimum an Leistung erbringen können.

16.3.1 Reine Projektorganisation

Diese Organisationsform wird auch **autonome Projektorganisation** oder **Linien-Projektorganisation** genannt, weil das Projekt innerhalb des Unternehmens eine eigenständige Organisationseinheit darstellt und die Projektleiterin und die Projektmitarbeitenden ausschliesslich dafür arbeiten.

Dies setzt die entsprechende **Führungs- und Fachkompetenzen** voraus: Der Projektleiter verfügt über weitreichende Weisungs-, Entscheidungs-, Kontroll- und Beurteilungsbefugnisse. Bei strategisch wichtigen oder fachbereichsübergreifenden Projekten ist der Leiter einer solchen Projektorganisation innerhalb der unternehmerischen Hierarchie i.d.R. sehr hoch angesiedelt (z.B. direkt unterhalb der Geschäftsleitung).

Die reine Projektorganisation hat sich besonders **bei grossen, langfristigen und/oder komplexen Vorhaben** bewährt und ist häufig bei Projekten anzutreffen, bei denen Spezialisten eingesetzt werden (z.B. bei IT- oder Produkt-Entwicklungsprojekten).

Als **Voraussetzungen** für eine reine Projektorganisation gelten:

- Klar definierte Projektziele und -umfang
- Das Gesamtprojekt ist umfangreich, sehr wichtig und dringend; die Freistellung von Mitarbeitenden ist gerechtfertigt.
- Mit der Freistellung verbundene Vertretungsprobleme müssen gelöst sein.
- Sicherstellung der Zukunft der freigestellten Mitarbeitenden nach dem Projekteinsatz (Personalplanung)
- Ausreichende Qualifikationen (Fach-, Führungs-, Sozial- und Methodenkompetenzen) des Projektleiters

Abb. [16-3]   **Reine Projektorganisation – Beispiel**

Vorteile

- Das Projektteam kann sich voll und ganz auf die Auftragserfüllung konzentrieren; daraus ergibt sich eine kürzere Projektlaufzeit.
- Die Projektleiterin besitzt die vollständige Führungs- und Managementkompetenz für das Projektteam.
- Betreffend Personaleinsatz gibt es wenig Konflikte mit Fachbereichen, da die Projektmitarbeitenden für das Projekt freigestellt sind.
- Die Entwicklung eines «echten Teamgeists» ist aufgrund der konstanten Zusammensetzung des Projektteams einfacher.

Nachteile

- Teure Organisationsform mit entsprechend hohem Umstellungsaufwand: Die freigestellten Mitarbeitenden müssen im Fachbereich ersetzt oder vorübergehend vertreten werden, für das Projektteam müssen geeignete Räume und Sachmittel beschafft werden.
- Die interne Rekrutierung ist oft schwierig, weil gute Mitarbeitende von ihren Vorgesetzten nur ungern freigegeben werden.
- Die Mitarbeit in einem Projekt kann eine unsichere Zukunft nach sich ziehen.
- Durch die Eigendynamik des Projekts können sich die Mitarbeitenden von ihrer angestammten Fachbereichsorganisation entfremden. Die Gefahr, dass sie immer weniger die Interessen des Fachbereichs vertreten, wächst mit der Dauer des Projekts.

16.3.2   Stabs-Projektorganisation

Diese Organisationsform wird auch **Einfluss-Projektorganisation** oder **Projektkoordination** genannt. In der Praxis wird diese Organisationsform meist **bei kleineren Vorhaben mit kurzer Dauer und/oder geringer Komplexität** angewandt. Auch sind diese Vorhaben nicht in Projekte gegliedert.

Der Projektleiter nimmt hierbei lediglich eine **Stabsfunktion** wahr; er hat gegenüber «seinem» Projektteam **keine Weisungs- und Entscheidungsbefugnisse,** sondern koordiniert das Projekt ausschliesslich. Seine Aufgabe besteht im Wesentlichen darin, die für Entscheidungen und für die Vergabe von Aufträgen notwendigen Informationen aufzubereiten und in der gewünschten Form sowie zum gewünschten Zeitpunkt dem verantwortlichen Vorgesetzten der Linien-Organisationseinheit zu unterbreiten.

Abb. [16-4]   Stabs-Projektorganisation – Beispiel

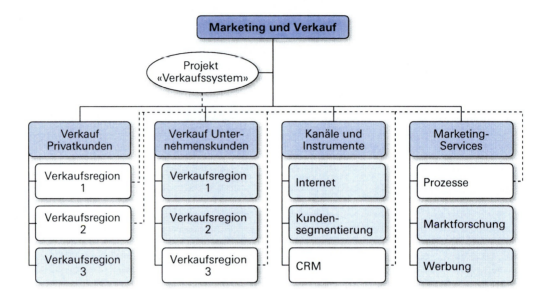

Vorteile

- Das reguläre Tagesgeschäft der Fachbereiche wird wenig beeinträchtigt.
- Die organisatorischen Umstellungen sind kostengünstig und benötigen nur wenig Zeit.
- Die benötigten Projektmitarbeitenden können meist problemlos rekrutiert werden; nach Projektabschluss ist keine Wiedereingliederung notwendig.
- Mitarbeitende können in mehreren Projekten aktiv sein.

Nachteile

- Umständliche Entscheidungsvorbereitungen und Kompetenzschwierigkeiten für die Projektleiterin machen das Projekt schlecht steuerbar.
- Der Projektleiter muss dauernd um die Kapazitäten «seiner» Projektmitarbeitenden kämpfen. Oft haben das Tagesgeschäft oder andere «wichtige» und «dringende» Arbeiten eine höhere Priorität.
- Die oben genannten Nachteile führen nicht selten zu zeitlichen Verzögerungen.
- Geringe Identifikation mit dem Projekt bei den Projektmitarbeitenden; meist ist die Projektleiterin neben dem Auftraggeber die einzige Person, die sich verantwortlich fühlt.

16.3.3   Matrix-Projektorganisation

Bei der Matrix-Projektorganisation bleiben die Projektmitarbeitenden formell den **Linienvorgesetzten** unterstellt. Für die Dauer des Projekts werden ihre Aufgaben aber in Projekt- und Linienaufgaben aufgeteilt, und der **Projektleiter** führt die Projektmitarbeitenden im Rahmen der Projektaufgaben.

Im Gegensatz zur Stabs-Projektorganisation besitzt die Projektleiterin bei dieser Organisationsform **Entscheidungs- und Weisungsbefugnisse** für sämtliche Aufgaben, die für die Erfüllung des Projektauftrags notwendig sind. Die Ziele des Projekts und der Linien-Organisation können allerdings bei dieser Organisationsform zu **Zielkonflikten** führen. Eine erfolgreiche Lösung solcher Konflikte kann aber für beide Seiten auch sehr fruchtbar sein, wenn sie z. B. zu einer höheren Akzeptanz der Projektergebnisse oder zu einer besseren Erfüllung der Bedürfnisse des Fachbereichs führen.

Die Auswirkungen auf die bestehende Linienorganisation sind bei dieser Organisationsform gering, die Projektmitarbeitenden bleiben in ihrer «fachlichen Heimat». Nicht zuletzt aus diesen Gründen wird die Matrix-Projektorganisation in der Praxis häufig eingesetzt.

Abb. [16-5]   Matrix-Projektorganisation – Beispiel

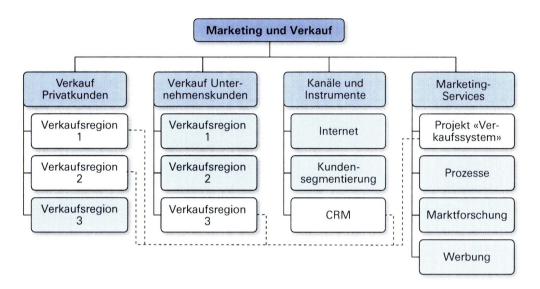

Vorteile

- Wenig Umstellungsaufwand, da nur kleine Eingriffe in die bestehende Organisation nötig sind.
- Einfachere Rekrutierung, weil die Mitarbeitenden in der angestammten Organisation bleiben.
- Die Akzeptanz der Projektergebnisse durch die Betroffenen ist meist höher als bei der reinen Projektorganisation, weil die Projektmitarbeitenden ihr «reguläres» Arbeitsumfeld der Fachabteilungen besser mit einbeziehen bzw. informieren können.
- Die Auslastung des Personals kann durch gleichzeitige Linien- und Projekttätigkeit optimiert werden. Vorsicht ist jedoch bei zeitlicher Überbelastung geboten.
- Für die Projektaufgaben ist die Projektleiterin gegenüber den Projektmitarbeitenden weisungsbefugt.

Nachteile

- Die Projektmitarbeitenden haben zwei Vorgesetzte, was eine hohe Selbstständigkeit, Disziplin und Motivation verlangt, da oft unterschiedliche Interessen aufeinander prallen.
- Der Projektleiter und der Linienvorgesetzte müssen transparent kommunizieren und ihre Planung regelmässig aufeinander abstimmen. Besonders der Projektleiter, der längerfristig plant, muss bei Planungsänderungen rechtzeitig den Linienvorgesetzten informieren. Sonst drohen Kapazitätsengpässe bei den Projektmitarbeitenden.
- Gute Mitarbeitende werden von beiden Seiten stark beansprucht, was Konfliktpotenzial für die Betroffenen und auch für die Koordination zwischen der Projektleiterin und dem Linienvorgesetzten birgt.
- Der Linienvorgesetzte kann die Projektarbeit negativ beeinflussen oder das Projekt sogar «torpedieren», indem er die Interessen des Fachbereichs bzw. des Tagesgeschäfts über die Interessen des Projekts stellt.

16.3.4 Geeignete Organisationsform wählen

Es gibt keine allgemein gültigen Kriterien dafür, wann welche Organisationsform besser geeignet ist. Diese Entscheidung hängt vielmehr von den **spezifischen Rahmenbedingungen** des Unternehmens sowie des Projekts ab.

Die folgende Tabelle soll einige Zusammenhänge zwischen den Rahmenbedingungen und der am besten geeigneten Organisationsform aufdecken und so eine **Entscheidungshilfe** bieten.

Abb. [16-6]   **Mögliche Entscheidungskriterien für Organisationsformen**

Kriterien	Reine Projekt-organisation	Matrix-Projekt-organisation	Stabs-Projekt-organisation
Bedeutung für das Unternehmen	Sehr gross	Gross	Gering
Grösse des Projekts	Sehr gross	Gross	Klein, mittel oder mehrere
Risiko der Zielerreichung	Hoch	Mittel	Gering
Technologieanspruch	Neu	Hoch	Normal
Projektdauer	Lang	Mittel–lang	Kurz
Komplexitätsgrad	Hoch	Mittel	Gering
Bedürfnis nach zentraler Steuerung	Sehr gross	Gross	Gering
Mitarbeitereinsatz	Permanent	Teilzeit	Oft nebenamtlich
Anforderungen an die Projektleitung	Hoch qualifiziert mit hoher Fach- und Methodenkompetenz	Hoch qualifiziert mit hoher Methodenkompetenz	Hohe Anforderungen an die Persönlichkeit

Zusammenfassung   Die Projektorganisation besteht aus:

- der Bildung zweckmässiger Stellen (Aufgaben, Kompetenzen, Verantwortungen),
- deren Zuordnung zu den Instanzen und
- der Wahl der geeigneten Organisationsform.

Als Hilfsmittel für eine klare Organisation bieten sich die **Stellenbeschreibung** und das **Funktionsdiagramm** an.

Die wichtigsten **Rollen** in Projekten sind:

Instanzen-Ebene	Rollen
Lenkung	• Auftraggeber: Gesamtverantwortung für das Projekt, Leitung des Projektausschusses • Projektausschuss: Projektsteuerungsgremium
Führung	• Projektleiter: Planung und Führung des Projekts, der unterstellten Teilprojektleiter oder Projektmitarbeitenden • Teilprojektleiter: Planung und Führung des Teilprojekts und der Teilprojektmitarbeitenden • Project Office: Administrative und organisatorische Unterstützung der Projektleitung
Ausführung	• Projektmitarbeitende: konzeptionelle und ausführende Aufgaben gemäss Stellenbeschreibung bzw. Auftrag des Projektleiters
Fachbeteiligung	• Teilprojektleiter oder Mitarbeitende aus Fachbereichen: je nach Projekt fachliche Unterstützung oder aktive Mitarbeit im Projekt

Die gängigsten Projekt-Organisationsformen sind:

- **Reine Projektorganisation:** Bildung einer eigenständigen Organisationseinheit; vollumfängliche Führungs- und Managementfunktion des Projektleiters; die eingesetzten Projektmitarbeitenden arbeiten ausschliesslich für das Projekt.
- **Stabs-Projektorganisation:** Vollumfängliche Beibehaltung der Linienorganisation; ausschliesslich Koordinationsfunktion des Projektleiters; die Projektmitarbeitenden arbeiten «nebenbei» (d. h. neben ihrer ordentlichen Funktion) für das Projekt.
- **Matrix-Projektorganisation:** Aufteilung der Projekt- und Linienaufgaben; Projektleiter ist im Rahmen des Projektauftrags entscheidungs- und weisungsbefugt; die Projektmitarbeitenden arbeiten sowohl für das Projekt als auch in ihrer ordentlichen Funktion.

Die Wahl der am besten geeigneten Organisationsform hängt von den spezifischen Rahmenbedingungen des Unternehmens und des Projekts ab.

Repetitionsfragen

45 Die Personalleiterin, Tanja Oswald, hat vom Geschäftsleitungsvorsitzenden den Projektauftrag für ein neues Mitarbeiter-Bonussystem erhalten. Sie übernimmt die Projektleitung. Selbstverständlich will sie dieses Projekt nicht ausschliesslich mit den Mitarbeitenden der Personalabteilung ausarbeiten, sondern gezielt auch Mitarbeitende aus der Linie gewinnen. Sie überlegt sich, welche Organisationsform für das Projekt «Mitarbeiter-Bonussystem» geeignet wäre.

Machen Sie Tanja Oswald einen Vorschlag für die Wahl der Organisationsform, und begründen Sie diesen kurz.

46 Bestimmen Sie, welche der folgenden Aussagen zur Projektorganisation richtig sind.

A] Die Stabs-Projektorganisation hat den Vorteil, dass das reguläre Tagesgeschäft der Fachbereiche nicht oder nur wenig beeinträchtigt wird.

B] Um die notwendigen Projektstellen bilden zu können, werden die gemäss den Arbeitspaketen anfallenden Aufgaben zunächst gebündelt.

C] Der Projektleiter trägt die oberste Verantwortung für die Projektergebnisse, d. h. für die Leistung, die Qualität, die Kosten- und die Termineinhaltung.

47 Über ein Projekt ist Folgendes bekannt: Das Projekt ist für das Gesamtunternehmen wichtig und imagefördernd. Die Unternehmensleitung als Auftraggeberin wünscht deshalb, dass es zentral gesteuert wird. Verschiedene Unternehmensbereiche sind betroffen, die optimal zusammenarbeiten müssen. Eine autonome Projektorganisation ist nicht notwendig, die Mitglieder des Projektteams sollten jedoch durchschnittlich mindestens zehn Stunden pro Woche für das Projekt aufwenden können. Der Zeitdruck ist mittel bis hoch, und das Projekt wird voraussichtlich in rund einem Jahr abgeschlossen sein.

Welche Organisationsform passt zu dieser Beschreibung am besten?

16 Projektorganisation planen

Teil E   Projekte steuern und abschliessen

17 Projektcontrolling

Ein aktueller Projektplan ist die unabdingbare Voraussetzung für die Projektsteuerung, d. h. für ein zielgerichtetes **Projektcontrolling.** Allerdings wird es kaum ein Projekt geben, in dem der dafür entwickelte Plan vollständig aufgeht. Im Gegenteil, in den meisten Fällen wird man im Projektverlauf mit der Tatsache konfrontiert, dass die festgestellten Ist-Werte von den Planwerten abweichen. Hier setzt das Projektcontrolling ein.

Entsprechend der Bedeutung des Begriffs «Controlling» umfasst das Projektcontrolling **zwei sich ergänzende Aufgaben:**

- Projektfortschritt überwachen
- Bei Abweichungen oder Problemen steuernd in den weiteren Projektverlauf eingreifen

Die nachfolgende Grafik zeigt den **Projektcontrollingprozess** im Überblick. Mit dem Soll/Ist-Vergleich ermittelt man die Abweichungen zwischen der Planung (Soll) und der Ist-Situation des Projekts. Um Rückschlüsse ziehen zu können und als Grundlage für die Entwicklung geeigneter Steuerungsmassnahmen braucht es in der Folge eine Ursachenanalyse der Abweichungen. Die Steuerungsmassnahmen zielen grundsätzlich darauf ab, die Differenz zwischen dem Soll und dem Ist möglichst klein zu halten. Dabei unterscheidet man zwischen Soll- und Ist-Korrekturmassnahmen.

Abb. [17-1]   **Projektcontrollingprozess**

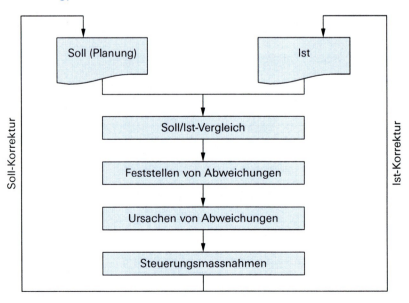

Mit dem Kreislauf wird verdeutlicht, dass das Projektcontrolling zyklisch erfolgt. Es ist als Daueraufgabe im Projektmanagement zu verstehen und ist eng mit der Projektplanung verknüpft.

Die Erhebung der Ist-Situation des Projekts liefert die Grundlage für den Soll/Ist-Vergleich. In diesem Kapitel behandeln wir deshalb zunächst die bekanntesten Instrumente der Ist-Aufnahme und des Soll/Ist-Vergleichs. Danach stellen wir einige typische Steuerungsmassnahmen vor.

17.1 Ist-Situation des Projekts erheben

Den wirklichen Status eines Projekts zu ermitteln, stellt eine besondere Schwierigkeit dar, da man in den meisten Fällen die geleistete Arbeit nicht «objektiv» messen kann. Üblicherweise wird der aktuelle Projektstand auf der Grundlage der einzelnen Arbeitspakete erhoben, wobei bereits die Frage nach dem Fertigstellungsgrad eines Arbeitspakets einen grossen Interpretationsspielraum und somit die Gefahr von Fehleinschätzungen in sich birgt. Trotzdem beruht die wirksame Projektsteuerung darauf, dass man nicht nur über eine aktuelle Planung, sondern auch über eine möglichst realitätsnahe Einschätzung des tatsächlichen Projektfortschritts verfügt.

Als Grundlage für die Einschätzung der Ist-Situation ist es wichtig, die Ist-Daten in demselben Detaillierungsgrad zu erheben, wie er für die Planung eingesetzt wurde. Aus den folgenden Gründen:

- Ein höherer Detaillierungsgrad bei den Ist-Daten als bei den Planungsdaten macht wenig Sinn, da ein Soll/Ist-Vergleich nur auf denselben Grundlagen aussagekräftig ist.
- Ein geringerer Detaillierungsgrad bei den Ist-Daten als bei den Planungsdaten lässt zu Recht die Frage auftauchen, warum man detaillierter geplant hat.

17.1.1 Rückmeldung des Arbeitsfortschritts

Zur Rückmeldung des Arbeitsfortschritts gehören eine konkrete Aussage über den Fertigstellungsgrad des abzuwickelnden Arbeitspakets, das Ansprechen aufgetretener Probleme oder Schwierigkeiten im Vorgehen, im Team, in der Zusammenarbeit mit externen Partnern usw.

Im Folgenden stellen wir Ihnen die wichtigsten Instrumente vor, die für die Rückmeldung des Arbeitsfortschritts in der Praxis verwendet werden.

A] Arbeitspaketbericht oder Arbeitsrapport

Auf Basis der Arbeitspaketaufträge erfolgt eine schriftliche Rückmeldung über den Arbeitsfortschritt mit mindestens folgenden Informationen:

- Geleistete Stunden
- Erwarteter Restaufwand für dieses Arbeitspaket
- Erwarteter Endtermin
- Aufgetretene Probleme bei der Ausführung

B] Rückmeldung im Projektmanagement-Tool

Die Rückmeldung dieser Daten erfolgt direkt im Projektmanagement-Tool, das auch für die Planung verwendet wird. Dies hat den Vorteil, dass die Daten bereits an der richtigen Stelle erfasst sind und direkt für die verschiedenen Auswertungen des Tools zur Verfügung stehen, ohne dass sie nochmals manuell dort eingetragen zu werden brauchen.

C] Projekt-Status-Meeting (Projektteam-Sitzung)

In diesen **regelmässig stattfindenden** Sitzungen berichten alle Projektmitarbeitenden über den Stand ihrer Arbeit, über aufgetretene Probleme und über wichtige zu treffende Entscheide. Diese Informationen dienen dem Projektleiter sowohl als Basis für die Nachführung der Pläne als auch für den Soll/Ist-Vergleich zwischen den Plänen und dem effektiven Projektfortschritt.

Wenn die Projektmitarbeitenden an der Sitzung nur mündlich berichten, ist diese Form der Statusermittlung meistens zu wenig konkret. Trotzdem sind solche Meetings für die Projektsteuerung von grosser Wichtigkeit, weil neben den Sachinformationen auch die **«weichen» Informationen** (d. h. auf der Beziehungsebene, wie z. B. über die Zusammenarbeit mit den Fachbereichen, im Projektteam usw.) übermittelt werden, die in dieser Form wohl in keinem Bericht stehen würden. Zudem findet an solchen Meetings auch ein **Austausch auf informeller Ebene** statt, was die Koordination wesentlich erleichtert. Nicht zuletzt kann an diesen Meetings auch die **Teambildung** positive Impulse erfahren.

D] Einzelgespräche

Auch diese Form der Statusermittlung ist wichtig, da oft gerade erst im Einzelgespräch die vorhandenen **Schwierigkeiten** auf den Tisch kommen und damit auch die Chance besteht, eine wirklich realistische Einschätzung des Projektstands zu erhalten. Zudem kann sich die Projektleiterin direkt ein Bild von der **Qualität der Arbeit** durch Einsicht in verschiedene Arbeits- oder Zwischenergebnisse machen. Ein Grundsatz besagt, dass kein Projekt ohne solche persönlichen Gespräche zwischen der Projektleitung und den Projektmitarbeitenden abgewickelt werden sollte.

17.1.2 Feststellung des Fertigstellungsgrads

Der Fertigstellungsgrad ist die Massgrösse für den **inhaltlichen Arbeitsfortschritt;** er wird typischerweise in Prozenten angegeben. Für die Feststellung des Fertigstellungsgrads gibt es mehrere Möglichkeiten:

A] Subjektive Einschätzung

Die subjektive Einschätzung der für das betreffende Arbeitspaket verantwortlichen Person führt in der Praxis häufig zum **«99 %-Syndrom»**: Man schätzt den Fertigstellungsgrad zwar zu jedem Rapportierungszeitpunkt etwas höher als das letzte Mal. Gegen Ende des Projekts wird der Fertigstellungsgrad jedoch subjektiv stark überschätzt. Nicht selten braucht man dann 40 % der Zeit für die letzten 10 % des Arbeitsvolumens. Das Arbeitspaket wird somit viel später als ursprünglich vorgesehen abgeschlossen. Dies liegt daran, dass der Fertigstellungsgrad **anfänglich oft zu optimistisch** geschätzt wird. Unterstützt wird diese Problematik noch dadurch, dass keine Massstäbe für die Fertigstellung definiert wurden.

B] Bisher geleistete Stunden und noch zu leistende Stunden

Aufgrund der Berechnung der bisher geleisteten Stunden schätzt man die noch zu leistenden Stunden ein, und zwar nach der folgenden Formel:

$$\% \text{ fertig} = \frac{\text{Bisher geleistet}}{(\text{Bisher geleistet} + \text{geschätzter Restaufwand})} \cdot 100$$

Diese Methode führt in der Praxis zu etwas besseren Resultaten als die rein subjektive Einschätzung.

C] Methode «0 % – 100 %»

Die Arbeitspakete, die noch nicht fertig sind, werden grundsätzlich mit 0 % bewertet; erst nach der restlosen Fertigstellung werden sie als 100 % fertig bezeichnet. Falls es viele kleinere Arbeitspakete in einem Projekt gibt und nur an wenigen Arbeitspaketen gleichzeitig gearbeitet wird, ist diese Methode recht erfolgreich, vor allem auf der Gesamtprojektebene.

D] Methode «0 % – 50 % – 100 %»

Die Arbeitspakete werden wie folgt bewertet:

0 %	Noch nicht begonnen
50 %	In Arbeit, aber noch nicht abgeschlossen
100 %	Abgeschlossen

Dabei handelt es sich um eine Verfeinerung der vorherigen Methode. Allerdings ist das Resultat zu optimistisch, falls es viele Arbeitspakete gibt und mit ihrer Bearbeitung erst angefangen wurde.

E] Definition von Zwischenresultaten

Hier wird ein Arbeitspaket zu Beginn in mehrere Abschnitte zerlegt. Das Erreichen eines jeden Abschnitts wird durch ein klar definiertes «Deliverable» (bzw. Lieferprodukt) markiert. Jeder Abschnitt entspricht einem im Vorhinein abgemachten Fertigstellungsgrad.

Abb. [17-2]   Definition von Zwischenresultaten

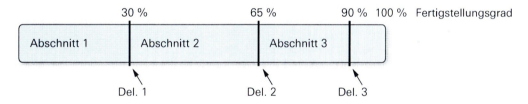

In diesem Projekt entspricht das Lieferprodukt 1 (als «Del. 1» bezeichnet) einem Fertigstellungsgrad von 30 % usw.

Dieses Verfahren verspricht die realistischsten Einschätzungen, ist aber auch mit Abstand am aufwendigsten. Aus diesem Grund wird es nicht so häufig verwendet.

17.1.3   Ist-Situation des Projekts konsolidieren

Die aus den verschiedenen Quellen erhobenen Daten werden anschliessend zu einem aktuellen Projektstand konsolidiert (d. h. verdichtet). Der Projektstand gibt Auskunft über den Fortschritt in den folgenden Punkten: Termine, Fertigstellung, Kosten und Ergebnisse bzw. Qualität.

A] Terminstand konsolidieren

Den Terminstand zu ermitteln, bereitet i. d. R. keine Mühe, weil er auf den einzelnen Arbeitspaketberichten der Projektmitarbeitenden basiert.

Aus dem Terminplan ist ersichtlich,

- welche Arbeitspakete zu welchem Zeitpunkt (bzw. in welcher Berichtsperiode) abgeschlossen sein sollten,
- welche Arbeitspakete zu welchem Zeitpunkt (bzw. in welcher Berichtsperiode) abgeschlossen wurden,
- bei welchen Arbeitspaketen Terminabweichungen bestehen und in welcher Berichtsperiode der Abschluss erwartet wird.

Die Ist-Situation bei den Arbeitspaketen wird auf die Projektphasen, auf die Teilprojekte, auf das Gesamtprojekt und auf die zu rapportierenden Meilensteine verdichtet.

B] Fertigstellungsgrad konsolidieren

Wenn die Einschätzung des materiellen Fortschritts auf Arbeitspaketebene seriös vorge-nommen worden ist, werden in diesem Konsolidierungsschritt die Fertigstellungsgrade der einzelnen Arbeitpakete auf die Projektphasen, auf die Teilprojekte und auf das Gesamtpro-jekt anteilsmässig kumuliert.

Das folgende Beispiel soll diesen Sachverhalt verdeutlichen:

Abb. [17-3]   **Fertigstellungsgrad Vorstudie – Beispiel**

Phase	Arbeitspaket	Anteil an Phase	Fertigstel-lungsgrad	Anteil x Fertigstel-lungsgrad
Vorstudie	Interviews durchführen	10%	100%	10.0%
	Interviews auswerten	10%	100%	10.0%
	Stärken/Schwächen analysieren	15%	50%	7.5%
	Chancen/Risiken ermitteln	10%	80%	8.0%
	Lösungsvarianten skizzieren	25%	20%	5.0%
	Varianten bewerten	15%	0%	0.0%
	Entscheidungspräsentation vorbereiten	10%	0%	0.0%
	Entscheidungspräsentation durchführen	5%	0%	0.0%
Total Phase Vorstudie		**(100%)**	**–**	**40.5%**

C] Kostenstand konsolidieren

Die Ermittlung des Kostenstands basiert ebenfalls auf den Arbeitspaketberichten. Hinzu kommen ggf. Abrechnungsbelege (Spesen usw.) und die Rechnungen der externen Mitarbeitenden oder Partner.

Aus dem Kostenplan ist ersichtlich,

- wie viel Geld schon ausgegeben wurde (sog. «Budget Burned»),
- bis wann wie viel Geld ausgegeben sein sollte und
- welche Budgetabweichungen zu erwarten sind.

Für die Kostenplanung steht dem Projektleiter gewöhnlich eine geeignete Software zur Verfügung. Die geplanten Kosten werden hierbei auf eine jeweilige Projektnummer verbucht. Was verbucht werden muss und wie dabei vorzugehen ist, wird üblicherweise in den Kontierungsrichtlinien des Unternehmens festgelegt. Diese betreffen die Verarbeitung eingehender Rechnungen und umfassen i. d. R. Vorgaben bezüglich Arbeitsabläufen, Kompetenzen und Verantwortlichkeiten sowie detaillierte Kontopläne.

Die Kontierungsrichtlinien sollten zumindest folgende Fragen eindeutig beantworten:

- Wie müssen externe Rechnungen verbucht werden?
- Wie sind interne Rechnungen (Spesen) zu kontieren?
- Mit welchen Kostensätzen werden die internen Aufwände berechnet?

Dabei ist zu beachten, dass die Kostensituation zeitlich immer etwas «hinterherhinkt», da es einige Tage dauert, bis Rechnungen eingetroffen, geprüft und verbucht sind.

D] Qualitätsstand konsolidieren

Schwieriger ist es, fundierte Aussagen über die **erreichte Qualität** der (Zwischen-)Ergebnisse zu erhalten, d. h. den «qualitativen Projektstatus» zu ermitteln. Hier stellt sich folgende Frage: «Wurden bis zum jetzigen Zeitpunkt und mit den bisher verbrauchten finanziellen Mitteln die erwarteten Resultate in der notwendigen Qualität erreicht?»

Eine an und für sich einfache Frage, die in manchen Branchen relativ präzise beantwortet werden kann, wie z. B. in der Bau- und in der Produktionsbranche, wo es eindeutige Qualitäts-Messkriterien auch für Zwischenergebnisse gibt. Besonders bei IT-Projekten bereitet die Beantwortung dieser Frage aber oft einiges Kopfzerbrechen, denn in der Softwareentwicklung bestehen die Resultate lange Zeit aus abstrakten Modellen und Programmcodes. Auf dieser Basis zu beurteilen, ob die bisherigen Ergebnisse den Anforderungen an die fertige Applikation genügen, ist schwierig. Es bleibt deshalb lange unklar, ob und inwieweit die erreichten (Zwischen-)Ergebnisse wirklich «fertig» sind.

17.2 Soll/Ist-Vergleich durchführen

Nachdem die Ist-Situation in konsolidierter Form vorliegt, wird sie dem Plan gegenübergestellt und schliesslich einem Soll/Ist-Vergleich unterzogen. Grundsätzlich macht man Soll/Ist-Vergleiche für alle planerischen Werte im Projekt (insbesondere für Kosten, Termine und Ressourcen) und kann hierfür unterschiedliche **Darstellungstechniken** einsetzen.

Auf den folgenden Seiten finden Sie eine Auswahl der häufig verwendeten Darstellungstechniken, die sich für den Termin-, den Kosten- oder den Qualitätsstand eignen.

17.2.1 Terminvergleich

A] Balkendiagramm mit Soll- und Ist-Werten

Eine einfache Form der Gegenüberstellung ist das Nachführen des tatsächlichen Ist-Verlaufs auf dem Balkendiagramm der Planung. Sämtliche Projektmanagement-Softwareprogramme bieten diese Form des Soll/Ist-Vergleichs an.

Die zeitliche Lage und Dauer des **ursprünglichen Plans** ist auf jeder Zeile, die jeweils ein Arbeitspaket markiert, als **unterer Balken** eingetragen; die **tatsächliche** zeitliche Lage und Dauer ist durch den **oberen Balken** dargestellt.

Im folgenden Beispiel sind die oberen Balken (d. h. die tatsächliche zeitliche Lage und Dauer) tendenziell weiter rechts als die unteren Balken positioniert. Daraus erkennt man sofort, dass in diesem Projekt wohl ein **zeitlicher Verzug** herrscht.

Die Grafik enthält noch eine weitere Information: Der **prozentuale Fertigstellungsgrad** jedes Arbeitspakets ist **neben dem Balken** als Prozentzahl aufgeführt. Man kann daraus ablesen, welche Arbeitspakete bereits angefangen und zu welchem Prozentsatz sie bearbeitet wurden.

Abb. [17-4]   Soll/Ist-Vergleich als Balkendiagramm

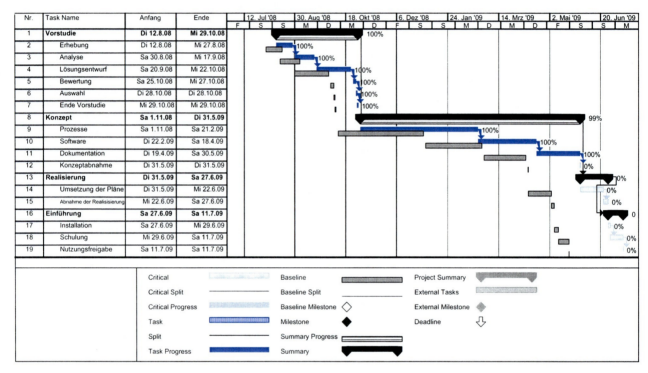

In diesem Beispiel sind fast alle Arbeitspakete der Konzeptphase zu 100 % abgeschlossen. Lediglich das Arbeitspaket «Konzeptabnahme» wurde mit 0 % Fertigstellungsgrad noch nicht begonnen. Es resultiert ein Gesamtfertigstellungsgrad (gerundet) für die Konzeptphase von 99 %.

Zudem sind die in der Zukunft liegenden Arbeitspakete bereits auf den aus jetziger Sicht möglichen Zeitpunkt verschoben, also hat man auch eine Art **Terminprognose** für die Zukunft.

B] Arbeitsfortschritts-Vergleichsdiagramm

Mit dem Arbeitsfortschritts-Vergleichsdiagramm wird der laut Projektplanung geplante Projektfortschritt dem zu einem Stichtag tatsächlich erzielten Fortschritt grafisch gegenüber gestellt. Die **Soll-Kurve** lässt sich aus der Planung ableiten, die **Ist-Kurve** ist aus dem konsolidierten Statusbericht entstanden; sie steht und fällt mit einer realistischen Einschätzung des Fortschritts bei den einzelnen Arbeitspaketen.

Eine klare Aussage entsteht nicht durch eine einzige Betrachtung an einem Stichtag, sondern vielmehr in der Fortschreibung über mehrere Stichtage während der gesamten Projektdauer hinweg. Dabei stellt sich die Frage: «Wie hat sich die Ist-Kurve im Vergleich zu den letzten Stichtagen verändert?»

Abb. [17-5]

Arbeitsfortschritts-Vergleichsdiagramm – Beispiel

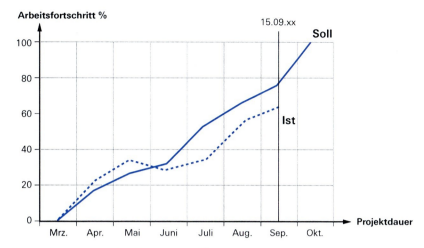

Dieses Diagramm zeigt: Während zu Beginn des Projekts ein Terminvorsprung bestand (die gestrichelte Ist-Kurve ist von März bis Mai höher als die Soll-Kurve), weist der Projektverlauf seither einen Terminverzug auf. – Da die Soll-Kurve im kommenden Monat steil ansteigt, besteht u. U. die Gefahr, dass das Projekt noch stärker in Verzug geraten könnte.

C] Meilenstein-Trendanalyse

Terminabweichungen bedeuten, dass die Vorgaben aus der Planung zu einem bestimmten Zeitpunkt nicht erfüllt wurden. Diese Feststellung ist zwar notwendig, um geeignete Korrekturmassnahmen zu definieren und zu ergreifen, bleibt aber eine Momentaufnahme und sagt nichts über die Erreichbarkeit der künftigen Termine bzw. Meilensteine aus. Wenn der Projektleiter die Zukunft seines Projekts im Auge behalten möchte, muss er ein Instrument anwenden, das **Prognosen** künftiger Termine bzw. Meilensteine erlaubt.

Die Meilenstein-Trendanalyse ermöglicht es, die voraussichtliche Entwicklung **der wichtigsten Projekttermine** aufzuzeigen. Nachfolgend sehen Sie beispielhaft, wie eine Meilenstein-Trendanalyse grafisch dargestellt und interpretiert wird:

Abb. [17-6]

Meilenstein-Trendanalyse – Beispiel

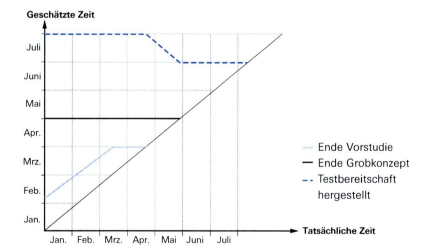

In diesem Beispiel wurde am 1. Januar die Erreichung des Meilensteins «Ende Vorstudie» auf den 31. Januar, des Meilensteins «Ende Grobkonzept» auf den 30. April und des Meilensteins «Testbereitschaft hergestellt» auf den 31. Juli geschätzt.

- Wenn sich die Linie eines Meilensteins **nach oben** entwickelt, kann man eine Terminverschiebung nach hinten, also eine Terminverzögerung, erkennen (in unserem Beispiel beim Meilenstein «Ende Vorstudie»).
- **Horizontale Linien** bedeuten, dass der Meilenstein über längere Zeit gleich eingeschätzt wird (in unserem Beispiel beim Meilenstein «Ende Grobkonzept»).
- Wenn Linien einen Knick **nach unten** aufweisen, glaubt man, vor dem ursprünglich geplanten Termin fertig zu sein. Im Moment, in dem die Linie die Diagonale berührt, ist der Meilenstein erreicht (in unserem Beispiel am 30. Juni der Meilenstein «Testbereitschaft hergestellt»).

Allgemein kann man demzufolge sagen, dass

- horizontale Linien realistische Schätzungen,
- fallende Linien pessimistische Schätzungen und
- steigende Linien optimistische Schätzungen waren.

17.2.2 Kostenvergleich

Um den Kostenvergleich zwischen dem Soll und dem Ist aufzuzeigen, eignet sich sowohl eine entsprechend detaillierte Zahlentabelle als auch die grafische Darstellung mittels eines Diagramms.

A] Kostenvergleichsdiagramm

Ebenso wie die Termine als Arbeitsfortschritts-Vergleichsdiagramm lassen sich die Abweichungen bei den Kosten als Kostenvergleichsdiagramm darstellen (Diagrammform siehe 17-5, S. 167; anstelle des Arbeitsfortschritts werden in der vertikalen Achse die Kosten eingetragen).

Beachten Sie dabei: Das Kostenvergleichsdiagramm ist ohne eine gleichzeitige Betrachtung des Arbeitsfortschritts wenig sinnvoll, da die **Ist-Kosten** sehr häufig vom **Arbeitsfortschritt** abhängen.

Beispiel

Das Kostenvergleichsdiagramm zeigt am Stichtag eine gegenüber der Soll-Kosten-Kurve deutlich tiefere Ist-Kosten-Kurve. Dies bedeutet nicht unbedingt, dass das Gesamtprojekt günstiger abschliessen wird als geplant. Möglicherweise sind die geringeren Ist-Kosten darauf zurückzuführen, dass bestimmte Arbeiten sich verzögert haben und daher noch nicht belastet wurden.

B] Kostenvergleichstabelle

Pro Arbeitspaket werden die Plan- und die Ist-Kosten einander tabellarisch gegenübergestellt und die Abweichung in absoluten und in Prozentzahlen ausgewiesen. Sie finden nachfolgend ein Beispiel einer solchen Kostenvergleichstabelle für das Projekt «Prozessoptimierung».

Abb. [17-7]   Kostenvergleichstabelle – Beispiel

Arbeitspaket	Plankosten (CHF)	Fertigst.grad (%)	Ant. Plan-kosten (CHF)	Ist-Kosten (CHF)	Abw. absolut (CHF)	Abw. (%)
Erhebung	3 000	100	3 000	5 000	2 000	67
Analyse	3 000	100	3 000	4 000	1 000	33
Lösungsentwurf	1 500	100	1 500	1 000	– 500	– 33
Bewertung	1 000	100	1 000	1 000	0	0
Auswahl	500	100	500	500	0	0
Abschluss Vorstudie	500	100	500	1 000	500	100
Total Vorstudie	**9 500**		**9 500**	**12 500**	**3 000**	**32**
Prozesse	30 000	70	21 000	18 000	– 3 000	– 14
Software	40 000	60	24 000	27 500	3 500	15
Dokumentation	15 000	45	6 750	5 500	– 1 250	– 19
Konzeptabnahme	2 000	0	0	0	0	0
...	...	...	...	...	...	...
Total	**150 000**		**100 000**	**94 000**	**– 6 000**	**– 6**

Legende: Fertigst.grad = Fertigstellungsgrad; Ant. = Anteilige; Abw. = Abweichung.

Die Kostenvergleichstabelle zeigt genau auf, bei welchen fertig erstellten oder angefangenen Arbeitspaketen Kosten eingespart und bei welchen diese überschritten wurden.

Beispiel

Im Projekt «Prozessoptimierung» wurden die geplanten Kosten in der inzwischen abgeschlossenen Phase der Vorstudie um fast ein Drittel überschritten (32 %). In absoluten Zahlen sind es 3 000 Franken. – Die Kostensituation für das Gesamtprojekt verläuft derzeit jedoch plangemäss; am Stichtag weist die Kostenvergleichstabelle gar eine Kosteneinsparung von 6 000 Franken oder 6 % aus.

17.2.3   Termin- und Kostenvergleich

In den bisherigen Darstellungen waren entweder die Termin- oder die Kostensituation der Betrachtungsgegenstand, jedoch nie beide Werte gleichzeitig. Diese Information brauchen die Empfänger der Projektberichte (d. h. der Auftraggeber und der Projektausschuss) jedoch vor allem.

Die **Earned-Value-Methode** ist ein sehr aussagekräftiges Kennzahlensystem für die Betrachtung des Termin- wie auch des Kostenstatus. Wir stellen es in diesem Abschnitt kurz vor. Wird es konsequent angewendet, gibt es den Projektverantwortlichen Aufschluss über den Projektstand und der Projektleiterin ein wirksames Führungsinstrument in die Hand. Die Earned-Value-Methode bezieht sich auf **drei wesentliche Kennzahlen:**

- Earned Value (EV)
- Scheduled Performance Index (SPI)
- Cost Performance Index (CPI)

A] Earned Value

Der Earned Value beantwortet die Frage: «Was hätte ich für das bisher Erbrachte ausgeben dürfen, angelehnt an das ursprüngliche Budget?» Die mathematische Definition lautet somit wie folgt:

Earned Value (EV)

$$\text{Earned Value (EV)} = \frac{\% \text{ fertig} \times \text{ursprüngliches Budget}}{100}$$

«% fertig» bezeichnet den in Prozent bewerteten Arbeitsfortschritt eines Arbeitspakets oder des gesamten Projekts (siehe auch Kap. 17.1.1, S. 161).

Beispiel

Wenn das Budget für den Bau einer Mauer CHF 200 000 beträgt und die Mauer heute zu 60 % fertig erstellt ist, dann beträgt der Earned Value:

$$EV = \frac{60 \times 200\ 000}{100} = \text{CHF } 120\ 000$$

Als grafische Darstellung eignet sich das **Earned-Value-Verlaufsdiagramm.** Besonders aussagekräftig werden diese Kennzahlen im Projektverlauf. Die Ist-Kosten, Soll-Kosten (Budget) und der Earned Value lassen sich darin eintragen und periodisch, d. h. auf den jeweiligen Stichtag bezogen, fortschreiben.

Abb. [17-8]

Earned-Value-Verlaufsdiagramm

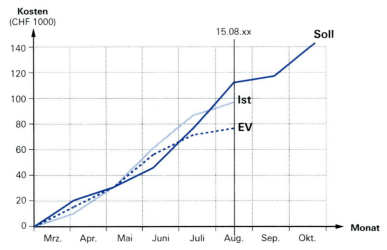

Das Diagramm zeigt: Die Ist-Kosten sind zwar deutlich tiefer als die Soll-Kosten. Betrachtet man den Earned Value (EV), zeigt sich jedoch ein anderes Bild des Projekts: Gemessen am Arbeitsfortschritt, der im EV berücksichtigt ist, fallen die Ist-Kosten beträchtlich höher aus, als sie budgetiert wurden. – Da die Kosten-Kurve steiler ansteigt als die EV-Kurve, besteht u. U. die Gefahr, dass die Ist-Kosten «aus dem Ruder laufen». Die EV-Kurve fällt deutlich flacher aus als die Soll-Kurve; dies könnte zu einem Terminverzug führen.

Durch die Fortschreibung kommen die zu optimistischen Einschätzungen bezüglich Arbeitsfortschritt relativ schnell an den Tag, sodass es wenig attraktiv ist, hier «schönzufärben».

B] Scheduled Performance Index

Der Scheduled Performance Index (SPI) macht eine Aussage zur **Terminsituation** eines Projekts, denn er stellt die bis zum Stichtag budgetierten Kosten dem Earned Value gegenüber. Die Berechnungsformel für den SPI lautet:

$$\text{Scheduled Performance Index (SPI)} = \frac{\text{Earned Value (EV)}}{\text{Budget bis Stichtag}}$$

Hinweis	«Budget bis Stichtag» bezeichnet diejenigen Kosten, die laut gültiger Planung bis zum Stichtag für dieses Arbeitspaket bzw. für das ganze Projekt vorgesehen sind. Dabei sind sowohl gleichmässige (d. h. lineare) wie ungleichmässige (nichtlineare) Kostenverläufe für ein Arbeitspaket (oder das Projekt) denkbar.

Abb. [17-9]

Auswertung des SPI

Ergebnis	Bedeutung
SPI > 1	Die bewertete, erbrachte Leistung ist grösser als im Plan vorgesehen. Das Projekt läuft also schneller als geplant. Wenn es so weitergeht, wird es auch früher als geplant fertig sein.
SPI = 1	Das Projekt verläuft termingemäss, d. h. nach Plan.
SPI < 1	Die bewertete, erbrachte Leistung ist kleiner als im Plan vorgesehen. Man muss mit einer Terminverzögerung rechnen, sofern das Projekt weiterhin so verläuft.

Mit dem SPI ist auch eine **Terminprognose** für das Projektende möglich. Die voraussichtliche **Durchlaufzeit** ergibt sich aus der Berechnungsformel:

$$\text{Durchlaufzeit des Projekts} = \frac{\text{Budgetierte Durchlaufzeit}}{\text{Scheduled Performance Index (SPI)}}$$

C] Cost Performance Index

Der Cost Performance Index (CPI) macht eine Aussage zur **Kostensituation** eines Projekts, indem er die zum Stichtag tatsächlich angefallenen Kosten (Ist-Kosten) dem zu diesem Zeitpunkt erzielten Earned Value gegenüberstellt. Berechnet wird der CPI nach der folgenden Formel:

$$\text{Cost Performance Index (CPI)} = \frac{\text{Earned Value (EV)}}{\text{Ist-Kosten}}$$

Abb. [17-10]

Auswertung des CPI

Ergebnis	Bedeutung
CPI > 1	Die bewertete, erbrachte Leistung ist grösser als die tatsächlich angefallenen Kosten. Das Projekt läuft also kostengünstiger als geplant; wenn es so weitergeht, wird es auch unter Budget abschliessen (Kostenunterschreitung).
CPI = 1	Das Projekt verläuft kostenmässig nach Plan.
CPI < 1	Die bewertete, erbrachte Leistung ist kleiner als die tatsächlich angefallenen Kosten. Man muss mit einer Kostenüberschreitung rechnen, sofern das Projekt weiterhin so verläuft.

Mit dem CPI lässt sich zudem eine **Kostenprognose** aufstellen. Die voraussichtlichen Kosten zum Projektende ergeben sich aus der Anwendung der Berechnungsformel:

$$\text{Voraussichtliche Kosten} = \frac{\text{Budget}}{\text{Cost Performance Index (CPI)}}$$

Nachfolgend finden Sie ein **Berechnungsbeispiel** für alle vorgestellten Kennzahlen:

Abb. [17-11]

Berechnungsbeispiel

Berechnungsgrundlagen				
Plan-Kosten (Budget)	CHF	150 000	Durchlaufzeit	200 Tage
Budget bis Stichtag	CHF	88 000	Stichtag	nach 100 Tagen
Ist-Kosten am Stichtag	CHF	96 000	% fertig	60 %

Kennzahl	Berechnung	Ergebnis
EV	$\dfrac{60 \times 150000}{100} = 90\,000$	CHF 90 000
SPI	$\dfrac{90\,000}{88\,000} = 1.0227$	Bedeutet: Die erbrachte Leistung ist grösser als im Plan vorgesehen.
CPI	$\dfrac{90\,000}{96\,000} = 0.9375$	Bedeutet: Der Wert der erbrachten Leistung ist kleiner als die tatsächlich angefallenen Kosten.
Terminprognose	$\dfrac{200}{1.0227} = 196$	196 Tage (d. h. 4 Tage früher als geplant)
Kostenprognose	$\dfrac{150\,000}{0.9375} = 160\,000$	CHF 160 000 (d. h. Mehrkosten von CHF 10 000)

D] SPI/CPI-Diagramm

Eine Möglichkeit, die Kennzahlen im Projektverlauf grafisch darzustellen, bietet das SPI/CPI-Diagramm. Die Entwicklung der beiden Indices SPI und CPI über den Projektverlauf kann verfolgt werden, indem man diese zu jedem Rapportierungszeitpunkt in das Diagramm einträgt. Das Ziel der Projektsteuerung ist eine «Punktlandung» im **Fadenkreuz 1/1**. Dies bedeutet, dass das Projekt plangemäss, d. h. mit dem genehmigten Budget und zum vereinbarten Termin, abgeschlossen werden kann. Nachfolgend finden Sie ein Beispiel eines solchen SPI/CPI-Diagramms.

Abb. [17-12]

SPI/CPI-Diagramm – Beispiel

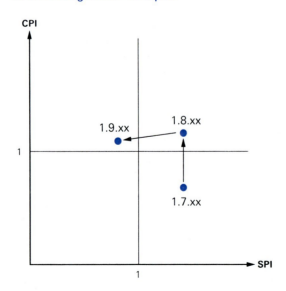

17.2.4 Ressourcen-Soll/Ist-Diagramm

Die Verfügbarkeit von Einsatzmitteln bzw. Ressourcen – darunter sind nicht nur Mitarbeitende zu verstehen, sondern auch andere Sachmittel wie Räume, Maschinen usw. – hat in den meisten Fällen einen erheblichen Einfluss **auf den zeitlichen und auf den qualitativen Fortschritt** des Projekts. Aus diesem Grund sollte man die Verfügbarkeit der benötigten Ressourcen periodisch überwachen und im **Vergleich mit den zugesagten Kapazitäten** betrachten. Dazu dient das Ressourcen-Soll/Ist-Diagramm. Ebenso wie die Termine als Arbeitsfortschritts-Vergleichsdiagramm lassen sich die Abweichungen beim Ressourceneinsatz als Vergleichsdiagramm darstellen.

Abb. [17-13]   Ressourcen-Soll/Ist-Diagramm (Stichtag: 1. Juni 20xx)

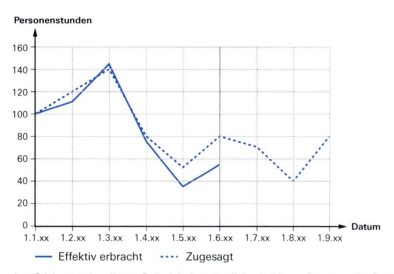

Am Stichtag zeigt dieses Beispiel eine deutlich niedrigere Personen-Ist-Stunden-Kurve als die Soll-Stunden-Kurve. Eine Kapazitätsunterschreitung war bereits im Vormonat zu verzeichnen. Je nach Ursachen für diese Unterschreitung muss der Projektleiter beim Projektteam und/oder bei den Linienvorgesetzten der Projektmitarbeitenden intervenieren.

17.3 Abweichungsursachen ermitteln

Die Abweichungen zu ermitteln und in Form von Tabellen, Diagrammen oder Berichten festzuhalten, reicht für die Projektsteuerung natürlich nicht aus. Vielmehr braucht es eine sorgfältige **Ursachenanalyse** für die Abweichungen, denn ohne die genaue Kenntnis der Ursachen kann man kaum die geeigneten Steuerungsmassnahmen entwerfen.

Beispiel
- Ein Projekt gerät in Terminverzug, weil mehrere Mitarbeitende wegen einer Grippe für einige Tage ausgefallen sind. Die Projektleiterin zieht als Steuerungsmassnahme die Anordnung von Überzeit in Betracht. Eine Aufstockung der Personalressourcen ist in diesem Fall nicht nötig, da das Terminproblem auf eine kurzfristige Beeinträchtigung zurückzuführen ist.
- Einzelne Arbeitspakete fallen nicht in der vereinbarten Qualität aus. Die Ursachenanalyse zeigt, dass dies in erster Linie an der Unerfahrenheit des zuständigen Projektmitarbeiters liegt. Die Projektleiterin kann sich als Massnahmen vorstellen: dem betreffenden Mitarbeiter einen erfahrenen «Coach» zur Seite stellen oder sein Know-how mit einer speziellen Schulung verbessern. Keinesfalls braucht es eine generelle Verschärfung der Qualitätssicherung; sie wäre sogar kontraproduktiv, da sie den Projektprozess insgesamt verlangsamen würde.

Die Analyse der Ursachen verringert die Gefahr, mit «Schnellschüssen» die Abweichungen bei Kosten, Terminen oder Ergebnissen möglichst rasch beheben zu wollen. Solch überstürzte oder einseitige Massnahmen bringen vielfach nicht, was man sich von ihnen erhofft. Im Gegenteil, sie können sich sogar kontraproduktiv auf den weiteren Projektverlauf auswirken.

17.4 Steuerungsmassnahmen entwerfen

Nach der Analyse der Abweichungen und dem Aufdecken der dazugehörigen Ursachen geht es nun darum, Massnahmen zu entwerfen, um die Planabweichungen zu korrigieren. Achten Sie darauf, dass solche Massnahmen

- die Problemursache beseitigen,
- rasch realisierbar sind,
- schnell Wirkung zeigen,
- möglichst wenig Aufwand verursachen,
- wenig zusätzliche Ressourcen benötigen,
- das Projekt als Gesamtes nicht negativ beeinflussen und
- wenig Unruhe in die normale Projektabwicklung bringen.

Steuerungsmassnahmen sind **neue, zusätzliche Aktivitäten** im Projektverlauf. Sie erfordern Zeit, Ressourcen und finanzielle Mittel; sie müssen deshalb als «normale Aktivitäten» in die Planung übernommen und ihre Ausführung genau überwacht werden.

Dabei lassen sich dabei zwei verschiedene **Massnahmentypen** unterscheiden:

- Massnahmen, die auf den **Ist-Verlauf** des Projekts einwirken, bedeuten eine **Ist-Korrektur:** Mit diesen Massnahmen versucht man z. B. das Projekt zu beschleunigen, wenn ein Terminverzug diagnostiziert wurde.
- Massnahmen, die auf eine **Planänderung** hinauslaufen, bewirken eine **Soll-Korrektur.** Eine solche Steuerungsmassnahme bedingt in den meisten Fällen eine Zustimmung des Entscheidungsgremiums (Auftraggeber und Projektausschuss).

Beispiel

- Die Parallelarbeit beschleunigt die Projektabwicklung; sie ist eine Ist-Korrekturmassnahme.
- Die Verschiebung des Projektendtermins bedeutet eine Planänderung; sie ist eine Soll-Korrekturmassnahme.

In der folgenden Tabelle geben wir Ihnen eine Übersicht über die möglichen Steuerungsmassnahmen, mit denen man korrigierend eingreifen kann.

Abb. [17-14]

Steuerungsmassnahmen in Projekten

Strategiebezogene Massnahmen	Strukturbezogene Massnahmen
• Leistungsreduzierung • Versionenkonzept • Prioritätenverschiebung • Wechsel der verfolgten Lösung • Ablehnung von Änderungswünschen • Rückgriff auf Alternativen • Einbau von Sicherheiten • Verschiebung des Endtermins	• Parallelarbeit • Änderung der zeitlich-logischen Abfolge • Technikeinsatz • Streichung unwichtiger Arbeitspakete • Umverteilung innerhalb der Puffer • Einstellung zusätzlicher Mitarbeitender • Zukauf externer Kapazitäten • Überstunden, Mehrschichtarbeit
Kulturbezogene Massnahmen	**Planungs-, diagnose- und steuerungsbezogene Massnahmen**
• Fortbildung der Mitarbeitenden • Projektmarketing • Motivationsförderung • Transparenz • Offene Informationspolitik • Persönliche Anerkennung • Delegation • Verbesserung des Arbeitsumfelds	• Informationssystem ausbauen • Kommunikationssystem verbessern • Abschirmung der Mitarbeitenden • Intensivierung der Planung • Erhöhung der Kontrollen • Sorgfältige Ursachenforschung • Räumliche Zentralisierung • Optimierung der Sachmittelausstattung

Zusammenfassung	Zum **Projektcontrollingprozess** gehören die folgenden Aufgaben:

- **Ist-Situation** erheben: Für eine wirksame Projektsteuerung ist der aktuelle Projektstand regelmässig zu erheben. Anhand der Arbeitspakete werden die Arbeitsfortschritte bzw. der Fertigstellungsgrad beurteilt. Die Konsolidierung der Ist-Situation bezüglich der Termine, Kosten und Ergebnisqualität zeigt den Projektstand auf.
- **Soll/Ist-Vergleich** durchführen: Die Gegenüberstellung von Plan- und Ist-Daten gibt Aufschluss über die bisherige Projektentwicklung; man kann auf dieser Basis ebenfalls Entwicklungsprognosen anstellen.
- **Abweichungsursachen** ermitteln: Es reicht nicht aus, Abweichungen festzustellen, sondern man muss auch ihre Ursachen kennen, um angemessen darauf reagieren zu können.
- **Steuerungsmassnahmen** entwerfen und umsetzen: Aufgrund der Ursachenanalyse zu den Abweichungen gilt es, korrigierend einzugreifen. Dazu müssen die geeigneten Steuerungsmassnahmen entworfen und umgesetzt werden. Es handelt sich dabei um Steuerungsmassnahmen, die entweder auf den Ist-Verlauf einwirken (Ist-Korrektur) oder eine Planänderung anstreben (Soll-Korrektur).

Geeignete Erhebungs- und Darstellungstechniken für den Projektstand sind:

Schritt	Erhebungs- und Darstellungstechniken
Ist-Situation erheben	Rückmeldung Arbeitsfortschritt: • Arbeitspaketbericht bzw. Arbeitsrapport • Projektmanagement-Tool • Projekt-Status-Meeting • Einzelgespräche Fertigstellungsgrad: • Subjektive Einschätzung (nicht an eindeutige Kriterien gebunden) • Bisher geleistete und noch zu leistende Stunden (Berechnung des Restaufwands anhand des bisherigen Aufwands) • Methode «0 % – 100 %» (nicht fertige zu 0 %, fertige zu 100 %) • Methode «0 % – 50 % – 100 %» (nicht fertige zu 0 %, solche in Arbeit zu 50 %, fertige zu 100 %) • Definition von Zwischenresultaten (Bemessung anhand im Voraus definierter Lieferprodukte)
Soll/Ist-Vergleich durchführen	• Terminvergleich: Balkendiagramm, Arbeitsfortschritts-Vergleichsdiagramm, Meilenstein-Trendanalyse • Kostenvergleich: Kostenvergleichstabelle, Kostenvergleichsdiagramm • Termin- und Kostenvergleich: Earned Value (EV), Scheduled Performance Index (SPI), Cost Performance Index (CPI), SPI/CPI-Diagramm • Einsatzmittelvergleich: Ressourcen-Soll/Ist-Diagramm

Repetitionsfragen

48	Welche der folgenden Aussagen zur Projektsteuerung sind richtig?

A] Mit der Methode «0 % – 50 % – 100 %» lässt sich der Projektstand exakter ermitteln als mit der Methode «0 % – 100 %».

B] In einem Reorganisationsprojekt ist es schwierig, eine Aussage über die erreichte Qualität der Zwischenergebnisse zu machen.

C] Der Earned Value beantwortet die Frage, wie viel Zeit man für die bisher erbrachte Leistung hätte aufwenden dürfen.

D] Wenn der SPI grösser als 1 ist, bedeutet dies, dass die erbrachte und bewertete Leistung grösser als die tatsächlich angefallenen Kosten ist.

49

Die Projektleiterin für die Entwicklung eines neuen «Corporate Designs» legt Ihnen den Projektzwischenbericht vor. Nicht ohne Stolz erläutert sie, wie es in den letzten sechs Wochen gelungen ist, die zeitliche Verspätung im Projekt aufzuholen und genau im Projektplan zu sein. Sie präsentiert anschliessend das folgende Kostenvergleichsdiagramm:

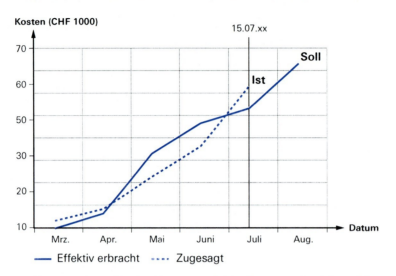

A] Kommentieren Sie das Kostenvergleichsdiagramm in einigen Sätzen.

B] Nennen Sie mindestens eine kritische Frage, die Sie der Projektleiterin zur Kostenentwicklung stellen würden.

50

Timo Reichlin, der Projektleiter des Kongresses «Lernen mit neuen Medien», stellt Abweichungen (Terminverzug) im Arbeitspaket «Rahmenprogramm organisieren» fest. Seine Ursachenanalyse ergibt, dass die dafür zuständige Projektmitarbeiterin, Olivia Hess, viel zu wenig Zeit für das Projekt einsetzen kann, weil sie bereits in zwei anderen Projekten überbeansprucht wird.

A] Kommen als Steuerungsmassnahmen am ehesten solche in Frage, die auf eine Ist-, eine Soll- oder sowohl auf eine Ist- als auch auf eine Soll-Korrektur abzielen?

B] Machen Sie zwei Beispiele von konkreten Steuerungsmassnahmen, die Timo Reichlin für das Arbeitspaket «Rahmenprogramm organisieren» bzw. für den Einsatz von Olivia Hess ergreifen kann.

18 Risiken bearbeiten

Lernziele	Nach der Bearbeitung dieses Kapitels können Sie ...
	• für einfache Projektbeispiele die möglichen Projektrisiken erkennen.
Schlüsselbegriffe	Eventualmassnahmen, Frühwarnsystem, prophylaktische Massnahmen, Risikomanagement, Risikoportfolio

Jedes Projekt ist mit gewissen Risiken verbunden. Veränderungen der Umwelt und die Einflussnahme der Unternehmensstruktur und -kultur auf das aktuelle Projektgeschehen bergen zum Teil erhebliche Gefahren und Störungen für den Projekterfolg in sich.

Das **Risikomanagement** in Projekten befasst sich mit der Identifikation der potenziellen Probleme, ihrer systematischen Ursachenforschung, der qualitativen und quantitativen Analyse, der Planung von Massnahmen und ihrer Überwachung.

Studien zum Risikomanagement der University of Sydney und der Technischen Universität (TU) München haben zu den folgenden Ergebnissen geführt:

• Es ist notwendig, Projekte einer systematischen Analyse durch Drittpersonen zu unterziehen.
• Erfolgreiche technische und technologische Risikokontrolle setzt bereits in der Konzeptionsphase ein.
• Man wird nie alle technischen und technologischen Risiken vollständig eliminieren können. Trotzdem ist es machbar und wirtschaftlich, die häufigsten und wichtigsten Risiken zu erfassen und zu reduzieren.
• Qualitätssicherung ersetzt nie eine Risikoanalyse, da Sachverhalte und Zielrichtungen unterschiedlich sind.
• Technische und technologische Risikokontrolle ist nicht zwingend ein Hindernis für kreatives Arbeiten.
• Die Grundsätze der Risikokontrolle sind weitgehend branchenunabhängig.

18.1 Ziele und Grundsätze des Risikomanagements

Als **Hauptziele** des Risikomanagements in der Projektsteuerung gelten:

• **Vermeidung von erkennbaren Risiken:** Wenn das Eintreten gewisser Risiken im Vorfeld bereits erkennbar ist, dann steuert das Risikomanagement darauf hin, die das Risiko auslösenden Faktoren zu eliminieren oder wenigstens abzuschwächen. Damit soll das Risiko bereits im Vorfeld verringert werden.
• **Absicherung gegen unvermeidbare Risiken:** Wenn man auf das Eintreten eines Risikos keinen oder nur unbedeutenden Einfluss ausüben kann, dann gehen die Bestrebungen dahin, wenigstens die Folgen des Risikoeintritts zu begrenzen, z. B. durch den Abschluss einer Versicherung oder die rechtzeitige Vorbereitung eines Katastrophenplans.
• **Abschätzen der Risikohaftigkeit eines Projekts vor dem Projektstart:** Es stellt sich immer wieder auch die Frage, ob mit der aktuellen Ausgangslage und den damit verbundenen Randbedingungen ein Projekt überhaupt begonnen werden soll. Eine Risikoanalyse kann hier eine gute Entscheidungshilfe bieten.

Die folgenden **vier Grundsätze** betreffen das Risikomanagement jedes Projekts:

- **Befragung unabhängiger Experten:** Für die Identifikation von Risiken und für das Planen von Massnahmen ist es oft sinnvoll, unabhängige Experten zu befragen oder auch neutrale Berater hinzuzuziehen, die die Problemfelder objektiver und wertfreier beurteilen können.
- **Projektbegleitende Daueraufgabe:** Das Risikomanagement sollte bereits im Vorfeld des Projekts begonnen und als Daueraufgabe während des gesamten Projekts angesehen werden. Dies ermöglicht es, auf die ständig veränderten Risiken angemessen zu reagieren und die Wirksamkeit der getroffenen Massnahmen zu beurteilen.
- **Verwendung von Checklisten:** Es gibt typische Risiken, die in vielen Projekten auftreten. Entsprechende Checklisten vereinfachen die Risikoanalyse und helfen mit, nicht Risiken zu vergessen, die später das Projekt ernsthaft gefährden können.
- **Ehrliche Einschätzung:** Eine nüchterne, realistische Risikobeurteilung ist vonnöten, denn in vielen Projekten besteht die Tendenz, vorhandene Risiken oder bereits aufgetretene Probleme in ihrer Wirkung zu unterschätzen, bzw. den Grad des dadurch verursachten Schadens herunterzuspielen. Das Projekt erscheint sicherer, als es in Wirklichkeit ist.

18.2 Risikomanagementprozess

Der Risikomanagementprozess besteht aus vier Teilschritten, auf die wir in den folgenden Abschnitten genauer eingehen:

Abb. [18-1]   **Risikomanagementprozess**

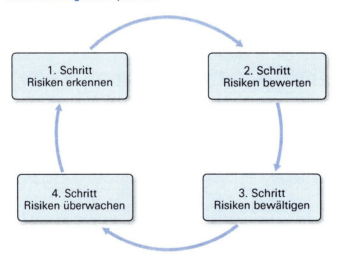

18.2.1 Risiken erkennen

Als Erstes werden die potenziellen Schwachstellen (Risiken) ausfindig gemacht. Wichtig ist dabei, alle am Projekt wesentlich Beteiligten miteinzubeziehen und diesen Prozess wenn möglich durch einen neutralen Berater moderieren zu lassen. Dadurch entsteht eine grössere Objektivität beim Zusammentragen möglicher Risiken.

Als **Hilfsmittel** für die Risikoidentifikation dienen vor allem:

- Die gesamte Projektdokumentation
- Checklisten
- Brainstorming (gemeinsame Ideensammlung)
- Interviews
- Analyse von Annahmen

Für eine bessere Übersicht können die gesammelten Risiken zusätzlich kategorisiert werden. Die folgende Tabelle stellt eine von mehreren Möglichkeiten der Kategorisierung dar.

Abb. [18-2] **Bildung von Risikokategorien**

Risikokategorie	Erläuterung	Beispiele
Personelle Risiken	Mit dem Einsatz der Projektmitarbeitenden verbundene Risiken	• Fach-, Methoden- und Sozialkompetenz • Motivation, Zuverlässigkeit
Technische Risiken	Für die angestrebte Lösung eingesetzte Technologien oder Softwareprogramme	• Neue, unausgereifte (oder veraltete) Techniken bzw. Technologien • Kompatibilität der Techniken
Projektmanagement-Risiken	Mit der Vorgehensmethodik verbundene Risiken	• Projektplanung • Projektmanagement-Methoden
Organisatorische Risiken	Mit der Projektabwicklung verbundene Risiken	• Kosten, Termine • Projektziele und -inhalt • Schnittstellen • Projektorganisation
Externe Risiken	Von aussen einwirkende Risiken	• Datenschutzbestimmungen • Gesetzliche Auflagen • Externe Lieferanten

18.2.2 Risiken bewerten

Im zweiten Schritt geht es darum, die Risiken zu beurteilen, und zwar nach den folgenden drei Kriterien:

- **Ursachen für das Eintreten des Risikos:** Dabei wird die Frage beantwortet: «Was könnte das Eintreten dieses Risikos auslösen?» Die Ursachenanalyse liefert wichtige Informationen für die Bewertung der Eintrittswahrscheinlichkeit.
- **Eintrittswahrscheinlichkeit:** Eine exakte Bewertung der Eintrittswahrscheinlichkeit ist in den seltensten Fällen möglich. Man wird mit subjektiven Einschätzungen oder auch Erfahrungswerten leben müssen. Bewährt hat sich deswegen auch die Verwendung einer symbolischen Skala, die z. B. Werte von 1 (unwahrscheinlich) bis 5 (sehr wahrscheinlich) umfasst.
- **Tragweite für das Projekt:** Am besten ist es, die Tragweite monetär zu bewerten, d. h., das Schadensausmass in Franken auszuweisen, sofern dazu gesicherte Daten vorliegen. Andernfalls behilft man sich einer mit symbolischen Skala.

Das **Risikomanagement-Portfolio** dient dazu, einen guten Überblick über die erkannten Risiken und ihre Gewichtung zu erlangen. Das nachfolgende Darstellungsschema eines solchen Risikoportfolios besagt, dass

- gegen hohe Risiken (die eine hohe Eintrittswahrscheinlichkeit und eine grosse Tragweite bzw. ein hohes Schadensausmass zeigen) Massnahmen zu treffen sind;
- man mit kleinen Risiken (die eine grosse Tragweite, aber eine geringe Eintrittswahrscheinlichkeit haben – oder umgekehrt) leben muss;
- mittlere Risiken situativ zu beurteilen und gegebenenfalls Massnahmen zu treffen sind.

Abb. [18-3]   Risikomanagement-Portfolio (Schema)

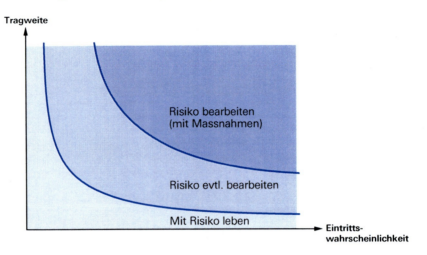

18.2.3   Risiken bewältigen

Im dritten Schritt des Risikomanagementprozesses werden konkrete Massnahmen für jene Risiken definiert, die nach ihrer Einstufung im Risikomanagement-Portfolio zu bearbeiten sind.

A] Prophylaktische Massnahmen planen

Prophylaktische Massnahmen sind darauf ausgerichtet, die **Eintretenswahrscheinlichkeit** von Risiken zu minimieren; sie setzen bei den Eintretensursachen an. Bei der Planung dieser Massnahmen muss die **Wirtschaftlichkeit** ins Auge gefasst werden: Die durch die Massnahmen verursachten Kosten sollten den Nutzen der Schadensminderung nicht übersteigen.

Beispiel   In einem Projekt besteht das Risiko, dass wichtige Fachspezialisten (Projektmitarbeitende) aus dem Projekt aussteigen könnten. Als Hauptursache werden die beengenden Platzverhältnisse identifiziert. Das Zumieten weiterer Räumlichkeiten wäre eine prophylaktische Massnahme.

B] Frühwarnsystem einrichten

Man definiert nun die **Indikatoren** (Kriterien, Symptome oder Ereignisse), aufgrund derer festgestellt werden kann, ob ein **potenzielles Problem** eingetreten ist bzw. einzutreten droht. Solche Indikatoren nehmen in der permanenten Risikoüberwachung eine wichtige Rolle ein, weil man sich dadurch rechtzeitig auf das Eintreten des Risikos vorbereiten kann.

Beispiel   Eine markante Zunahme des Indikators «Absenzen» deutet darauf hin, dass die Motivation der betreffenden Mitarbeitenden deutlich sinkt oder sie gar kurz vor dem Verlassen des Projekts sind.

C] Eventualmassnahmen planen

Mit Eventualmassnahmen versucht man, die **Tragweite des Schadens** zu reduzieren, wenn das Risiko eingetreten ist. Man bezweckt damit, dass das Eintreten eines Risikos nicht gleich das ganze Projekt gefährdet. Oft kann man mit kleinen Massnahmen, die einen relativ geringen Aufwand bedeuten, viel potenziellen Schaden verhindern. Auf alle Fälle sind **Wirtschaftlichkeitsüberlegungen** angebracht: Die Kosten der Eventualmassnahmen müssen in einem vernünftigen Verhältnis zum risikomindernden Effekt stehen.

| Beispiel | Wegen der drohenden Austritte wichtiger Fachspezialisten aus dem Projekt wird dem Aspekt «Dokumentation des Projekts» eine besondere Beachtung geschenkt. Dadurch reduziert sich die Personenabhängigkeit allgemein, und bei einer Fluktuation würde der Schaden nicht so hoch ausfallen. |

18.2.4 Risiken überwachen

Die Risiken sind regelmässig zu überwachen und am besten monatlich im Statusbericht revidiert zu dokumentieren. Dabei stehen folgende Fragen im Vordergrund:

- Hat sich an der Eintrittswahrscheinlichkeit und/oder an der Tragweite der Risiken durch die Ausführung der geplanten Massnahmen etwas geändert?
- Wurden die Massnahmen überhaupt ausgeführt?
- Sind neue Risiken im Projektverlauf hinzugekommen?

Abb. [18-4]   **Beispiel für Risikoanalyseformular**

Risiko-identifikation		Risikobewertung							Risikostatus			
ID	Risiko-bezeichn.	Auswir-kung	CHF	P.-stopp	E	T	Ursa-chen	Indikato-ren	Massn.	CHF	Ver-antw.	Status
1	Ausfall B. Egger	Know-how-Verlust	50 000	Nein	M	1	Konkur-renz-angebot	Zwi-schen-zeugnis	Lohnge-spräch (V)	12 000	PL	Geplant
2	Lieferpro-blem XY	Termin-verzug	25 000	Nein	H	2	Techno-logiepro-blem	Test	Alterna-tivtech-nik (A)	22 500	Entw.	Geplant
...	...											

Legende

ID	Identifikations-Nr. des Risikos
Risikobe-zeichn.	Beschreibung des identifizierten Risikos
Auswirkung	Beschreibung der Auswirkungen
CHF	Kosten, die bei Eintritt des Risikos entstehen
P.-stopp	Ja/Nein-Beurteilung, ob ein Risiko bei Entritt den Abbruch des Projekts zur Folge hätte (sog. show stoppers)
E	Eintrittswahrscheinlichkeit: klein, mittel oder gross (oder in %: 0–100)
T	Tragweite / Bedeutung des Risikos: 1 = Grosse Tragweite 2 = Mittlere Tragweite 3 = Geringe Tragweite
Ursachen	Aufgrund der Ursachenanalyse
Indikatoren	Woran können wir frühzeitig erkennen, dass die Eintrittswahrscheinlichkeit sich stark erhöht?
Massn.	• V = Vorbeugende Massnahmen, die zur Reduktion der Eintrittswahrscheinlichkeit des Risikos getroffen werden • A = Alternativmassnahmen, die bei Eintritt des Risikos zum Tragen kommen
CHF	Kosten für die Massnahme zur Verringerung/Vermeidung oder für die Alternativlösung
Verantw.	Für die Massnahme zuständige Instanz
Status	• Geplant • In Arbeit • Erledigt

Das **Risikomanagement** in Projekten befasst sich mit der Identifikation der potenziellen Probleme, ihrer Ursachenanalyse und der Planung von Massnahmen und ihrer Überwachung.

Die **Ziele** des Risikomanagements sind:

- Vermeidung erkennbarer Risiken
- Absicherung gegen unvermeidbare Risiken
- Abschätzen der Risikohaftigkeit eines Projekts vor dem Projektstart

Der **Risikomanagementprozess** besteht aus folgenden Teilschritten und Aktivitäten:

Schritt	Aktivitäten
Risiken erkennen	• Sammeln der potenziellen Risiken (Schwachstellen) • Risiken evtl. in Risikokategorien einteilen

Risiken bewerten	• Beurteilung anhand von drei Kriterien:
	  – Ursachen für das Eintreten des Risikos
	  – Eintrittswahrscheinlichkeit
	  – Tragweite für das Projekt
	• Evtl. Risikoportfolio erstellen

Risiken bewältigen	• Prophylaktische Massnahmen planen (Minimierung Eintrittswahrscheinlichkeit) • Frühwarnsystem einrichten (Indikatoren für potenzielle Probleme) • Eventualmassnahmen planen (Reduktion Schadensausmass)
Risiken überwachen	• Regelmässige Kontrolle der Risiken (z. B. Risikoanalyseformular, Risikotrend-Graph) • Dokumentation der Risiken

---

Repetitionsfragen

---

51   Nennen Sie mindestens drei Projektrisiken für den Kongress «Lernen mit neuen Medien».

---

52   Welche Ziele des Risikomanagements sprechen die beiden Manager an?

A] Harald Gross: «Beim Russland-Expansionsprojekt war uns bewusst: Wenn wir Pech haben, legen uns die lokalen Behörden gewaltige Steine in den Weg und gefährden das ganze Vorhaben; darauf hast du als Aussenstehender kaum Einfluss!» *unvermeidbare Risiken*

B] Theo Stieger: «Habt ihr euch je gefragt, ob ihr das Projekt überhaupt starten wollt?»
Abschätzen Risikohaftigkeit
C] Harald Gross: «Natürlich, alles andere wäre fahrlässig. Wir wollten diese Chance unbedingt nutzen, also sagten wir uns: Seien wir gegen jene Risiken gewappnet, auf die wir selber einwirken können!» *Vermeidung erkennbarer Risiken*

---

53   Erklären Sie einem Aussenstehenden in wenigen Sätzen den Unterschied zwischen einer prophylaktischen Massnahme und einer Eventualmassnahme.

---

19   Projektmarketing und Projektinformation

Lernziele

Nach der Bearbeitung dieses Kapitels können Sie …

- die Ziele und Grundsätze des Projektmarketings beschreiben.
- die Teilschritte des Projektmarketingprozesses und deren Instrumente bestimmen.
- für ein einfaches Projektbeispiel ein sach- und adressatengerechtes Informationskonzept erstellen.
- ein Projekt anforderungsgerecht dokumentieren.

Schlüsselbegriffe

Abschlussdokumentation, Einfluss-Interessen-Matrix, Informationsmassnahmen, Marketing-Massnahmenmatrix, Projektdokumentation, Projektinformationskonzept, Projektmarketingin-strumente, Projektmarketingprozess, Projektumfeldanalyse, Reporting, Stakeholderidentifika-tion, Stakeholdermap

Projektmarketing und Projektinformation werden auch unter dem Begriff **Kommunikations-management** zusammengefasst. Diese beiden Disziplinen des Projektmanagements sind – trotz unterschiedlichen Schwerpunkten in ihren Zielsetzungen – nahe verwandt und bedienen sich auch teilweise der gleichen Instrumente. Eine systematische, zielgerichtete und transparente Kommunikation fördert die Akzeptanz der vom Projekt betroffenen und daran beteiligten Personen massgeblich und stellt somit einen kritischen Erfolgsfaktor dar.

In der Praxis trifft man immer wieder auf Probleme, die auf eine mangelhafte Kommunikation zurückzuführen sind. Ein paar Beispiele:

Beispiel

- Auftraggeber erteilen «schwammige» Anordnungen bzw. machen unklare Vorgaben und hoffen darauf, dass die Projektleiterinnen ihre genauen Vorstellungen erahnen.
- Projektmitarbeiter verzetteln sich in der Konzeptionsphase, weil sie glauben, eine «bessere» Vorstellung von den Anforderungen zu haben als der Kunde selbst.
- Die künftigen Anwender (z. B. einer Applikation) werden nicht systematisch in den Entwicklungsprozess mit einbezogen und boykottieren das eingeführte System.
- Implizite Erwartungen werden nicht ausgesprochen und am Schluss weist der Kunde das Ergebnis mit den Worten zurück: «Das habe ich mir ganz anders vorgestellt!»

Sie sehen: Professionelle Kommunikationsarbeit ist ein Muss für jeden Projektleiter, will er den Projekterfolg nicht gefährden. Kommunikation ist mehr als ein notwendiges Übel zur Projektarbeit; sie macht sich früher oder später immer bezahlt.

19.1   Grundlagen des Projektmarketings

Das Projektmarketing begleitet **sämtliche Projektphasen** von der Initialisierung über die Planung, Realisierung, Einführung bis hin zum Abschluss und auch darüber hinaus (d. h. während der Nutzungsdauer der im Projekt erstellten Lösung). Es ist Bestandteil des Projektmanagements und kann nicht isoliert betrachtet werden. Das Projektmarketing hat seine Ursprünge im klassischen Marketing und weist entsprechende Parallelen auf. Der wesentliche Unterschied besteht darin, dass nicht nur das Endprodukt, also das Projektergebnis, sondern auch das Projekt während seiner Abwicklung verkauft werden muss. Eine gute Leistung mit hervorragenden Resultaten ist noch kein Garant dafür, dass diese Lösungen auch gewünscht bzw. akzeptiert werden. Die Projektarbeit beinhaltet somit auch **umfangreiche «verkäuferische» Aktivitäten,** die von der Projektleiterin frühzeitig geplant werden müssen. Eine besondere Herausforderung stellt das Projektmarketing bei heiklen und schwierigen Projekten dar, die grosse Anpassungsleistungen oder massive Veränderungen von den Betroffenen verlangen.

Abb. [19-1]   Projektmarketing

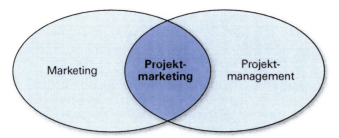

Projektmarketing versucht Antworten auf folgende Kernfragen zu geben:

- Welche Zielgruppe(n) ist/sind vom Projektergebnis betroffen?
- Inwiefern sind die Zielgruppen vom Projektergebnis betroffen? Wie wirkt sich das Projektergebnis auf das Arbeitsumfeld der Zielgruppen aus?
- Welche Erwartungen löst das Projekt bei den unterschiedlichen Zielgruppen aus?
- Welche Widerstände löst das Projekt bei den unterschiedlichen Zielgruppen aus?

19.2   Ziele und Grundsätze des Projektmarketings

Das Projektmarketing umfasst alle systematisch geplanten, unterstützenden Aktivitäten und Massnahmen, die primär die **Akzeptanz** und somit die Abwicklung und den Fortschritt eines Projekts positiv beeinflussen. Als **Ziele** des Projektmarketings gelten demnach die folgenden:

- Transparenz und Vertrauen bei Stakeholdern schaffen
- Aufmerksamkeit auf das Projekt steigern
- Betroffene zu Beteiligten machen
- Gerüchteküche und Unsicherheiten bei Betroffenen vermeiden
- Unterstützung durch Management und Betroffene verbessern
- Projektkultur fördern
- Risiken vermindern
- Weitere Finanzierung sicherstellen

Ein funktionierendes Projektmarketing lässt sich an den folgenden **Grundsätzen** messen:

Abb. [19-2]   Grundsätze des Projektmarketings

Grundsatz	Was heisst das?
Rechtzeitig	Projektmarketingmassnahmen rechtzeitig planen und budgetieren, damit die notwendigen finanziellen und personellen Ressourcen für ein adäquates Projektmarketing gesichert sind.
Frühzeitig	Dieser Grundsatz gilt für fast alle Informationsbelange. Es lassen sich damit allfällige Gerüchte rund um das Projekt vorbeugen, und die Betroffenen haben das Gefühl, einbezogen zu werden.
Adressatengerecht	Wenn man die Zielgruppen wirklich erreichen will, dann ist eine auf sie spezifisch zugeschnittene Portionierung und Verpackung entscheidend. Sonst läuft man Gefahr, das Projekt «an den Zielgruppen vorbei» zu verkaufen.
Verbindlichkeit	Nur versprechen, was auch eingehalten werden kann! Wenn falsche Erwartungen geweckt werden, die später nicht erfüllt werden, kann das Marketing sogar kontraproduktiv wirken.
Sorgfalt	Der Vorbereitungsaufwand für Präsentationen und Informationsveranstaltungen sollte nicht unterschätzt werden. Die Folgen einer unsachgemässen Präsentation oder einer unsorgfältigen Informationsaufbereitung sind aus Marketingsicht verheerend.
Klare Vereinbarungen	Projektmarketingmassnahmen mit dem Auftraggeber vereinbaren. Dieser bzw. das Entscheidungsgremium gibt das Budget frei und ist in aller Regel an einem positiven Projektverlauf essenziell interessiert.
Synergien nutzen	Synergien von Projektmarketing und Projektbeteiligten nutzen. Wenn es gelingt, die Projektbeteiligten zu positiven Botschaftern der Projektidee und -ergebnisse zu machen, ist dies ein wichtiger Baustein für ein gutes Projektumfeld, der zudem nicht besonders aufwendig ist.

19.3 Projektmarketingprozess

Der Projektmarketingprozess kann in vier Teilschritte gegliedert werden: Analyse des Projektumfelds, Auswahl der Projektmarketinginstrumente, Massnahmen definieren und Einsatz planen sowie Durchführung und Wirksamkeitskontrolle.

Abb. [19-3]   Projektmarketingprozess

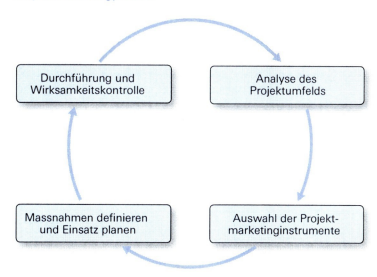

19.3.1 Analyse des Projektumfelds

Bei der Analyse des Projektumfelds geht es darum, möglichst viele Informationen über vorhandene Interessen, Bedürfnisse, Einflussmöglichkeiten und Beziehungen im Projektumfeld zu gewinnen, um daraus ein zielgerichtetes Projektmarketing zu entwickeln. Eine umfassende erste Analyse erfolgt am besten noch vor Projektbeginn. Allerdings stellt sie lediglich eine Momentaufnahme dar und muss daher im Projektverlauf wiederholt werden.

Die Projektumfeldanalyse besteht aus vier Teilschritten, die im Folgenden näher beschrieben werden: Stakeholderidentifikation, Bedürfnisermittlung der Stakeholder, Analyse von Einfluss und Interessen und Analyse der Stakeholderbeziehungen.

A] Stakeholder identifizieren

Zunächst gilt es, die für das Projekt relevanten Stakehoder (Interessengruppen) zu identifizieren. Relevante Stakeholder sind: Auftraggeber, Entscheider, Sponsor, Management, Projektteam, Benutzer, Mitarbeitende, Kunden, Medien, Expertinnen, Spezialisten usw. Hilfreich dabei ist die Betrachtung des Projektumfelds aus fachlicher, sozialer, finanzieller und organisatorischer Sicht. Zur Identifizierung gehört auch, allgemeine Informationen (Name, Funktion usw.) zusammenzutragen.

Abb. [19-4]

Typische Stakeholder eines Projekts

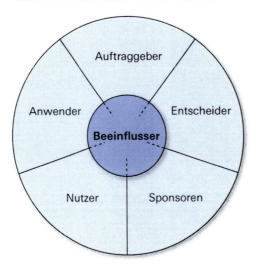

Für eine bessere Übersicht empfiehlt es sich, die Stakeholder zu gruppieren. Eine mögliche Einteilung ist die folgende:

- Der «**Auftraggeber**» als Einzelperson oder als Gremium gibt den Anstoss für das Projekt. Er definiert die Anforderungen in Form des Projektantrags und -auftrags, bestimmt die Projektleitung und trägt die Gesamtverantwortung für das Ergebnis.
- Die «**Entscheider**» bilden das **Lenkungsgremium** (Steuerungsausschuss) für ein Projekt. Sie bestimmen die Projektorganisation, genehmigen die einzelnen Phasen eines Projekts und deren Ergebnisse, sprechen die benötigten Mittel und überwachen die Einhaltung der Projektpläne bzw. entscheiden bei Planabweichungen.
- Als «**Sponsoren**» eines Projekts werden die **Projektförderer** bezeichnet. Meist handelt es sich dabei um einflussreiche Personen im Unternehmen, die dank ihren Beziehungen auf der politischen Ebene einen wesentlichen Beitrag zum Projekterfolg leisten. Auch können sie der Projektleiterin dabei behilflich sein, mögliche Konflikte aufzudecken oder Stolpersteine aus dem Weg zu räumen.
- Die «**Nutzer**» eines Projekts sind jene unternehmensinternen oder -externen Personen oder Personengruppen, die vom betreffenden Projekt **indirekt profitieren.**
- Die «**Anwender**» sind die vom Projekt **direkt betroffenen Personen.**
- Als «**Beeinflusser**» oder sog. «**Opinion Leader**» gelten alle im direkten oder indirekten Projektumfeld angesiedelten Personen, die einen **starken Einfluss auf die Meinungsbildung** haben. Oftmals ist dieser Einfluss informeller Natur.

B] Bedürfnisse und Erwartungen der Stakeholder ermitteln

Nachdem die projektrelevanten Stakeholder erfasst sind, geht es um die Ermittlung ihrer Bedürfnisse an das Projekt und die damit verbundenen Erwartungen und Ziele. Dabei handelt es sich nicht nur um klar erkennbare Bedürfnisse, Erwartungen und Ziele, die offen kommuniziert werden; vielmehr sind **auch verdeckte, nicht erkennbare Beweggründe** zu berücksichtigen.

Das folgende Beispiel zeigt die Stakeholder und ihre unterschiedlichen Bedürfnisse an ein geplantes Umbauprojekt «Büroräumlichkeiten des Unternehmens» auf.

- **Auftraggeber:** Der Direktionspräsident hält eine Modernisierung der Büroräumlichkeiten für dringend notwendig. Besonders wichtig sind ihm eine den neuesten ergonomische Richtlinien entsprechende Arbeitsplatzgestaltung und die Aufhebung von Einzelbüros zugunsten einer offeneren Struktur mit Teambüros.
- **Entscheider:** Der Lenkungsausschuss setzt sich aus einem Mitglied der Direktion (Finanzchefin), zwei Linienvorgesetzten (Verkauf und Administration) und zwei Mitarbeitervertretern zusammen. Ihnen liegt daran, ein bei allen Betroffenen breit abgestütztes, kostengünstiges Projektergebnis zu erreichen.
- **Sponsor:** Der Verwaltungsratspräsident des Unternehmens setzt sich persönlich dafür ein, dass die Büros komplett neu gestaltet und die Sitzungszimmer mit der modernsten technischen Infrastruktur ausgestattet werden.
- **Nutzer:** Es besteht eine langjährige Vereinbarung mit einem im Nebengebäude eingemieteten Unternehmen zur gemeinsamen Beanspruchung der Sitzungszimmer. Natürlich begrüssen die betreffenden Verantwortlichen eine Modernisierung, sind jedoch nur sehr beschränkt bereit, sich an den Mehrkosten zu beteiligen.
- **Anwender:** Während sich die meisten Mitarbeitenden des Unternehmens vom Umbau grössere und hellere Büros versprechen, sträuben sich andere gegen das Projekt, weil sie die Aufhebung von Einzelbüros befürchten.
- **Beeinflusser:** Felix Müller gehört schon seit Längerem dem Unternehmen an und gilt als informeller Führer im Verkaufsteam. Felix Müller kritisiert das bevorstehende Umbauprojekt, weil es zentrale Mitarbeiterbedürfnisse zu wenig berücksichtige und stattdessen zu viel Geld in ein «gestyltes» Design fliesse.

Die folgende Aufstellung fasst typische **Erwartungen und Ziele** der vom Projekt unmittelbar betroffenen Stakeholdergruppen Auftraggeber, Entscheider und Anwender zusammen.

Der **Auftraggeber** ist dann zufrieden, wenn …

- die Projektleitung und das Projektteam die Bedürfnisse und Probleme schnell erkennen.
- der Projektauftrag seinen Vorstellungen entspricht.
- klar unterscheidbare Lösungen vorgelegt werden (mit ihren Vor- und Nachteilen sowie einer Empfehlung von Seiten der Projektleitung).
- er beim Benutzer wenig Widerstand spürt und die Lösung nicht «per Verordnung» einführen muss.

Das **Lenkungsgremium** ist dann zufrieden, wenn …

- das Projekt klar und nachvollziehbar abgegrenzt ist.
- ein effizientes Projektteam an der Arbeit ist.
- die Kosten und Termine eingehalten werden oder – wenn dies nicht möglich ist – frühzeitig und begründet ein neuer angepasster Plan vorgelegt wird.
- die Projektleitung das Projekt im Griff hat und weder angetrieben noch überwacht werden muss.

Der **Anwender** ist dann zufrieden, wenn …

- er in der Lösung Vorteile für sich erkennt, von denen er rasch profitieren kann.
- seine Bedürfnisse und Ängste ernst genommen werden.
- die erarbeiteten Lösungsvorschläge seinen Erwartungen entsprechen bzw. eine realistische Lösung für seine Probleme darstellen.
- er viele seiner Vorstellungen und Ideen in der Lösung wiederfindet.
- Transparenz darüber herrscht, was aus welchen Gründen nicht realisiert wird.
- durch das Projekt neue Potenziale eröffnet werden, die einen zusätzlichen Nutzen für ihn bedeuten.
- er in den Erfolg des Projekts mit eingebunden wird.
- er in die Qualität der Lösung Vertrauen fassen kann.
- auf längere Sicht kein erheblicher Mehraufwand anfällt.

C] Analyse von Einfluss und Interesse

Von grosser Bedeutung für das Projektmarketing sind der Einfluss und die Interessen der einzelnen Stakeholder bzw. Stakeholdergruppen. In diesem Schritt geht es deshalb darum, aufgrund des Auftrags, der Ziele und der Anforderungen deren Einfluss (in Form von Fähigkeiten, Möglichkeiten und der Machtstellung) auf das Projekt und deren Interesse am Projekt zu beurteilen.

Die **Einfluss-Interessen-Matrix** gibt einen guten Überblick über das Interesse der Stakeholder am Projekt.

Abb. [19-5]   **Einfluss-Interessen-Matrix**

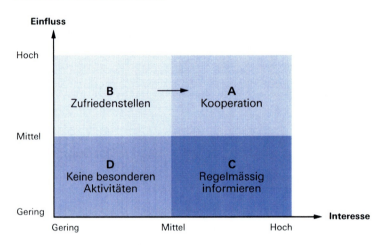

Aus der Einordnung der Stakeholder in eines der vier Quadrate der Matrix ergibt sich gleichzeitig eine **Einstufung des Handlungsbedarfs** im Projektmarketing.

Abb. [19-6]   **Einfluss-Interessen-Matrix: Einstufung des Handlungsbedarfs**

Quadrant	Erklärung
A) Kooperation	Wichtigste Partner in Planungs- und Entscheidungsprozesse einbinden. Aktiv und umfassend informieren. Beziehung pflegen.
B) Zufriedenstellen	Bei wichtigen Entscheiden beiziehen, persönliche Beziehung pflegen. Können durch ihre Macht das Projekt entscheidend beeinflussen. Da sie sich jedoch oft eher passiv verhalten, sind diese Stakeholder oft schwierig einzuschätzen. Darum wird man versuchen, das Interesse dieser Stakeholder zu aktivieren und sie aus Quadrant B nach Quadrant A zu bringen. (Der Pfeil in der Grafik symbolisiert diese Strategie.)
C) Aktiv informieren	Ihr Interesse ist oft persönlich motiviert. Regelmässig adressatengerecht informieren. Die Macht dieser «passiven» Gruppe ist in kritischen Situationen nicht zu unterschätzen.
D) Keine besonderen Aktivitäten	Haben gewöhnlich geringe Einflussmöglichkeiten auf das Projekt. Ergebnisorientierte Information, z. B. in Form von Abschlussberichten.

Aufgrund der Ergebnisse aus der Einfluss-Interessen-Matrix sind bereits grobe Aussagen über geeignete Marketingaktivitäten und -instrumente möglich. Diese Vorgaben können mittels einer Analyse der Stakeholderbeziehungen weiter verfeinert und ggf. in die eine oder andere Richtung akzentuiert werden.

D] Analyse der Stakeholderbeziehungen

Grundlage für die Einschätzung der Stakeholderbeziehungen bilden die bisherigen Erfahrungen mit den betreffenden Stakeholdern. Diese sollten durch gezielte Gespräche und Beobachtungen erhärtet bzw. widerlegt werden.

Hierbei sind folgende Fragen hilfreich:

- Wie intensiv ist der Kontakt zu …?
- Wie gestaltet sich die Zusammenarbeit mit …?
- Welche Erfahrungen haben wir in der Beziehung mit … gemacht?
- Wie beurteilen wir die Beziehung zu …?

Eine einprägsame und übersichtliche Darstellungsmöglichkeit für die Beziehungen (bzw. das Beziehungsgeflecht) ist die **Stakeholdermap** (Beziehungslandkarte). Sie gibt Aufschluss darüber, unter welchen konkreten Rahmenbedingungen sich das Projekt «abspielt».

Abb. [19-7]   **Stakeholdermap – Beispiel**

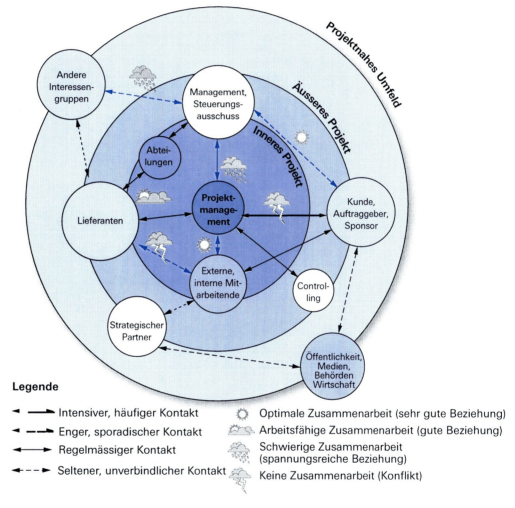

Legende

◄ ——► Intensiver, häufiger Kontakt ☼ Optimale Zusammenarbeit (sehr gute Beziehung)

◄ – –► Enger, sporadischer Kontakt ⛅ Arbeitsfähige Zusammenarbeit (gute Beziehung)

◄——► Regelmässiger Kontakt 🌧 Schwierige Zusammenarbeit (spannungsreiche Beziehung)

◄– – –► Seltener, unverbindlicher Kontakt ⛈ Keine Zusammenarbeit (Konflikt)

In diesem Beispiel sind die Beziehungen zwischen den Stakeholdern grafisch mit Symbolen dargestellt. Die Pfeile zeigen an, wie intensiv die Kontakte utnereinander sind, die Wettersymbole die Qualität dieser Beziehungen. Das Projektumfeld wird in drei Bereiche unterteilt, in ein inneres, äusseres und projektnahes Umfeld.

19.3.2   Auswahl der Projektmarketinginstrumente

Die Auswahl der Projektmarketinginstrumente orientiert sich an den Ergebnissen aus der Analyse der Stakeholderbeziehungen, den Bedürfnissen und dem Einfluss der Stakeholder auf das Projekt. Aus der Einordnung der Stakeholder ergibt sich der Handlungsbedarf. Der Aufbau und die Pflege dieser Beziehungen wird mit dem gezielten Einsatz von Projektmarketinginstrumenten gestaltet.

Mit der folgenden Tabelle erhalten Sie eine Auswahl an Projektmarketinginstrumenten.

Abb. [19-8]   Projektmarketinginstrumente

Form	Intern (Beispiele)	Extern (Beispiele)
Geschrieben (gedruckt)	• Projekthandbuch • Projektname, Projektlogo, Briefpapier • Projekt(status)berichte • Präsentationen • Motivationsposter, Stakeholdermap • Schwarzes Brett • Rundschreiben, Newsletter, Projektzeitung	• Presseberichte für Printmedien • Projektberichte (Projektstatus, Fachberichte) • Präsentationen • Roadmaps • Briefe, Mailings, Internet • Umfragen
Gesprochen, visuell oder audiovisuell	• Sitzungen: Kick-off-Meetings, Info-Meetings, Versammlungen • Workshops • Vorträge, Videos, CD-ROM • Events, Feste • Mitarbeiterstammtisch • «After-Work-Events» • Betriebsausflüge • Interne Betriebsbesichtigungen • Informelle Netzwerke, Befragungen, bilaterale Gespräche	• Sitzungen (Steuerungsausschuss), Info-Meetings • Tagungen (Roadshow, Workshop) • Präsentationen • Pressekonferenzen • Eröffnungsfeste, Einweihungen, Events • Tag der offenen Tür, Betriebsbesichtigungen • Firmenbesuche, Besucherbetreuung • Persönliche Kontaktpflege, Einladungen
Andere Formen	• Eigener Projektraum • Informations- und Beratungsdienste (Telefon, Call-Center, Hotline) • Schul- und Universitätsbesuche • Spezielle Publikationen • Vorschlagswesen • Merchandising • Wettbewerbe ohne verkaufsfördernden Charakter • Sponsoring • Lobbying	

19.3.3 Massnahmen definieren und Einsatz planen

Konkrete Massnahmen des Projektmarketings und die Beteiligung der Betroffenen lassen sich strukturiert und übersichtlich anhand einer **Marketing-Massnahmenmatrix** planen. Sie zeigt, welche Massnahmen für welchen Empfänger von wem wann wie und wo umzusetzen sind, und ist Bestandteil des **Projektplans**. Das nachfolgende Beispiel stellt einen Auszug aus einer Marketing-Massnahmenmatrix dar:

Abb. [19-9]   **Marketing-Massnahmenmatrix – Beispiel**

Was?	Wer?	An wen?	Wann?	Wie?	Wo?
Marketing-Massnahmen	Verantwortlich	Empfänger	Zeitpunkt	Instrument(e)	Ort
Präsentation des Projektnutzens	PL	Betroffene Benutzer	Nach Abschluss der Vorstudie	Mitarbeiter-informations-Meeting	Hauptsitz
Informeller Kontakt zum Auftraggeber	PL	Auftraggeber	Einmal pro Monat	Mittagessen	Personal-restaurant

19.3.4 Durchführung und Wirksamkeitskontrolle

Die Durchführung der Marketingmassnahmen liegt in der Verantwortung des Projektleiters. Es ist nicht immer ganz einfach, die **Wirksamkeit** einer einzelnen Massnahme einzustufen. Feedbacks, Umfragen, Rücklauf- und Beteiligungsquoten etc. eignen sich dafür als Hilfsmittel. Aus der Wirksamkeitskontrolle ergibt sich der entsprechende Anpassungsbedarf im Projektmarketing.

19.4 Praxistipps zum Projektmarketing

Ein gutes Projektmarketing befolgt diese sechs Regeln:

1. **Ein Projekt braucht einen Namen:** Dieser sollte einprägsam sein und motivierend wirken. Ein Logo, das auf sämtlichen Projektunterlagen erscheint, visualisiert den Projektnamen.

2. **Ein Projekt braucht Unterstützung durch die Geschäftsleitung:** Nicht nur die laufende Information über den Projektstand ist wichtig, sondern auch die Botschaft, dass das Projekt ohne die notwendige Unterstützung von «ganz oben» nicht erfolgreich sein wird.

3. **Ein Projekt muss bekannt gemacht werden:** Veranstaltungen und das Nutzen von Informationsmedien, in denen das Projekt vorgestellt wird, fördern die Akzeptan z. Beim Verfassen von Projektberichten ist auf positive Formulierungen zu achten.

4. **Ein Projekt muss Anreize und Perspektiven bieten:** Am Projekt Mitarbeitende müssen Anreize und Perspektiven erhalten, um sich dafür tatkräftig einzusetzen. Warum sollte sich sonst eine gefragte Spezialistin noch mehr Arbeit «aufhalsen»? Motivierend wirkt z. B. die Aussicht, sich durch besondere Leistungen im Anschluss an das Projekt für eine interessante, neue Position qualifizieren zu können.

5. **Ein Projekt braucht ein «Wir-Gefühl»:** Ähnlich wie ein Sporttrainer, der die Mannschaft vor einem wichtigen Wettkampf in ein gemeinsames Trainingslager einberuft, braucht es auch im Projektteam z. B. im Rahmen eines Kick-off-Meetings die Einschwörung auf die gemeinsamen Ziele und ein «Wir-Gefühl».

6. **Ein Projekt braucht «eine Stimme nach aussen»:** Zusammen mit dem Projektteam muss bereits beim ersten Meeting festgelegt werden, welche Informationen nach aussen dringen dürfen und welche nicht, ausserdem, dass interne Unstimmigkeiten und Konflikte innerhalb des Teams geregelt werden. Alle Mitglieder müssen sich damit einverstanden erklären.

19.5 Ziele und Grundsätze der Projektinformation

Über das Projektinformationssystem werden alle für die Projektplanung, -diagnose, -steuerung und -durchführung wichtigen Informationen den verschiedenen Interessengruppen verfügbar gemacht. Es umfasst alle projektinternen und -externen Berichte und Informationen, die im Verlauf des Projekts regelmässig oder auch sporadisch abgegeben werden. Um das Informationssystem konkret zu beschreiben, wird typischerweise ein Informationskonzept erstellt.

Die **Ziele** der Projektinformation sind die folgenden:

- Informationsflüsse systematisieren
- Steuerung der Projektarbeit unterstützen
- Gesetzliche oder interne Informationspflichten erfüllen
- Informationsbeziehungen transparent machen
- Methoden und Vorgehen für die Informationsverteilung definieren
- Informationen standardisieren und klassifizieren
- Raschen Rückgriff auf die Arbeitsergebnisse sicherstellen
- Nachvollziehbarkeit aller Arbeitsergebnisse und Entscheide gewährleisten

Für eine gute Projektinformation bzw. -kommunikation sind folgende **Grundsätze** zu beachten.

Abb. [19-10]   Grundsätze der Projektinformation

Grundsatz	Was heisst das?
Systematisch informieren	• Den Auftraggeber bzw. die Geschäftsleitung einbeziehen; nicht den Eindruck zu erwecken versuchen, dass das Projekt «von alleine läuft». • Dafür sorgen, dass sämtliche die betroffenen Fachbereiche (Abteilungen) Vertretenden an den Projektmeetings teilnehmen, die als Plattform für deren Anliegen dienen; so lassen sich ggf. auch Opponenten zur dauerhaften Unterstützung des Projekts bewegen. • Die Ängste und Bedenken der Opponenten ernst nehmen und die Kritiker des Projekts in die Problemlösung mit einbeziehen; so erhöhen sich die Chancen auf Verbündete. • An die Benutzer bzw. Anwender des Projektergebnisses denken; die beste Lösung nützt nichts, wenn sie nicht angewendet oder gar boykottiert wird. • Die vom Projekt betroffenen Personen regelmässig informieren, dazu die geeigneten Informationskanäle bzw. -medien nutzen.
Gezielt informieren	• Den Informationsbedarf ermitteln und entsprechend informieren. Zu wenig Informationen können genauso problematisch sein wie zu viele. Auch der falsche Zeitpunkt für bestimmte Informationen kann sich negativ auf das Projekt auswirken. • Das Projekt in einem positiven Licht erscheinen lassen, ohne zu übertreiben oder falsch zu informieren.
Transparent informieren	• Offen und klar kommunizieren. Die kommunizierten Informationen sollten eindeutig sein, d. h. von allen Beteiligten gleich verstanden werden; ansonsten besteht die Gefahr von Verwirrung und Missverständnissen. • Voraussetzung für eine transparente Information ist die Anwendung einer einheitlichen Terminologie (Definition der Fachbegriffe).

19.6   Projektinformationskonzept

Das Informationskonzept wird im Idealfall ebenfalls bei der **Initialisierung** erstellt und ist ein fester **Bestandteil des Projektplans.**

Ein professionelles Informationskonzept beantwortet die Frage, wer wann wo worüber und auf welche Weise durch wen informiert werden sollte. Es sollte folglich alle Aspekte einer systematischen, gezielten und transparenten Information beinhalten:

Abb. [19-11]   **Inhalte eines Projektinformationskonzepts**

Fragen		Beispiele
Wer?	Wer ist der Absender der Information?	Person, Gruppe, Gremien, Unternehmen
An wen?	Wer sind die Empfänger der Information?	Person, Gruppe, Gremien, Unternehmen
Was?	• Worüber wird informiert? • Welche Wirkung wird beabsichtigt bzw. welche Ziele sollen erreicht werden? • Welche Botschaft bzw. welche Inhalte sollen vermittelt werden?	Umfang, Detaillierungsgrad, zielgruppengerechte Formulierung
Wann?	Wann wird informiert?	Zeitpunkt, Periodizität, Ankündigung
Wie?	Wie wird informiert?	Instrument bzw. Medium
Wo?	Wo wird informiert?	Ort bzw. Räumlichkeit

Nachfolgend sehen Sie ein Beispiel, wie ein solches Informationskonzept aussehen könnte.

Modulprüfung

Abb. [19-12]   Projektinformationskonzept – Beispiel

Was?	Wer?	An wen?	Wann?	Wie?	Wo?
Informationen	Absender	Empfänger	Zeitpunkt	Instrument(e)	Ort
Projekt starten	PL	• Kunde(n) • Fachbereichs- leiter • Projektaus- schuss • Kernteam	Während der Projektinitialisie-rung	• Kick-off-Mee- ting	Hauptsitz
Fortschritt Arbeitspakete	AP-Verantw.	• PL	Nach Beendigung eines Arbeits-pakets	• Sitzung • Bericht	Projektbüro
Testresultate der Zwischen-ergebnisse	AP-Verantw.	• PL • Projektteam	Bei Erreichen eines Meilen-steins	• Bericht	Projektbüro
Projektstatus	PL	• Auftraggeber • Kunde(n) • Projektaus- schuss	Nach Abschluss jeder Phase oder spätestens nach drei Monaten	• Projektstatus- bericht • Präsentation	Hauptsitz
…	…	…	…	…	…

19.7   Informationsmassnahmen umsetzen

Für die Kommunikation mit dem Auftraggeber im Rahmen der Projektarbeit haben sich folgende Massnahmen bewährt:

- Eine vertrauensvolle Atmosphäre schaffen: den Auftraggeber regelmässig informieren, ihn dadurch in das Projekt aktiv einbinden und mit den notwendigen Entscheidungsgrundlagen versorgen.
- Sich und dem Auftraggeber von Beginn an Klarheit über die Projektrisiken verschaffen, gemeinsam die Risikostrategie mit den entsprechenden Massnahmen festlegen.

Für die Kommunikation mit den Mitgliedern des Projektteams haben sich folgende Massnahmen bewährt:

- Kick-off-Meeting abhalten, bei dem die Spielregeln der Zusammenarbeit, der Kommunikation, der Administration und der Dokumentation festgelegt werden.
- Regelmässige Sitzungen mit dem Projektteam einberufen.
- Zusätzlich informelle Treffen mit den Projektmitarbeitenden abhalten.

Für die Kommunikation mit den Kunden (Abnehmende des Projektergebnisses) haben sich in der Praxis folgende Massnahmen bewährt:

- Kunden frühzeitig zu Verbündeten machen durch regelmässige Berichterstattung zum Projektverlauf.
- Falls die Kunden interne Mitarbeitende sind, die bestehenden unternehmensinternen Informationskanäle nutzen, um über die Inhalte und Ziele des Projekts zu informieren und gleichzeitig über die Führungskräfte eine optimale Unterstützung durch das Management sicherstellen.
- Allfällige Berührungsängste abbauen und eine positive Erwartungshaltung aufbauen durch Gelegenheiten (z. B. in Form von Schnuppertagen), bei denen künftige Anwender bzw. Benutzerinnen das Projektergebnis oder Teile davon «begutachten» können.
- Dafür sorgen bzw. sich dafür einsetzen, dass Kundenvertreter im Projektteam und im Projektausschuss vertreten sind.

Für die Kommunikation gegenüber der **Öffentlichkeit** haben sich folgende Massnahmen bewährt:

- Ein **Konzept für die Öffentlichkeitsarbeit** entwickeln. Als Grundlage dient eine Analyse der Aussenwirkung abgeschlossener Arbeitspakete (Frage: «Welche Meilensteine sind besonders öffentlichkeitswirksam und interessieren z. B. auch die Presse?»).
- In heiklen oder umstrittenen Projekten empfiehlt es sich, mit **spezialisierten Fachleuten** für PR (Public Relations) zusammenzuarbeiten.

Nach aussen hin als eine **geschlossene Einheit** auftreten, insbesondere dafür sorgen, dass interne Meinungsverschiedenheiten und Konflikte nicht unnötig nach aussen getragen, sondern intern gelöst werden.

19.8 Reporting und Projektdokumentation

Um den Zugriff auf die benötigten Informationen rasch und zuverlässig zu ermöglichen, ist ein gutes **Dokumentationsmanagement** wichtig. Wenn viele Mitarbeitende aus verschiedenen Bereichen an denselben Dokumenten arbeiten oder Zugriff auf solche Dokumente benötigen, braucht es von Anfang an klare Vorgaben und Regeln (Standards).

Im Zusammenhang mit dem Dokumentationsmanagement ist festzulegen:

- **Was** dokumentiert werden soll (welche Projektmanagement und Arbeitsergebnisse)
- **Wann** dokumentiert werden muss
- **Wie** dokumentiert werden muss (Berichte, Dokumentenvorlagen, Versionenmanagement usw.)
- **Welche Tools** (Hilfsmittel, Vorlagen, Programme usw.) für die Dokumentation verwendet werden
- **Wo** die Dokumentation nach welcher Ablagestruktur aufzubewahren ist
- **Wie lange** die Dokumentation aufzubewahren ist
- **We**r über welche Zugriffberechtigungen auf die Dokumentation verfügen soll

Es gibt keine eindeutigen Regeln bezüglich des Dokumentationssystems; es ist für jedes Projekt individuell festzulegen. Es versteht sich jedoch von selbst, dass jeder Projektleiter gut daran tut, alle wichtigen Sachverhalte zum Projekt schriftlich festzuhalten.

19.8.1 Reporting (Projektberichterstattung)

Vor allem im Rahmen der Projektsteuerung werden verschiedene Dokumente erzeugt, die hauptsächlich der Information der Entscheidungsinstanzen (Auftraggeber, Projektausschuss) über den Projektverlauf dienen. Die Erstellung und der Versand dieser Dokumente werden allgemein als Projektberichterstattung oder Reporting bezeichnet. Eine zentrale Rolle spielt dabei der **Projektstatusbericht** über die (Zwischen-)Ergebnisse.

Die Definition der im Statusbericht enthaltenen Informationen ist üblicherweise ein Bestandteil des **Informationskonzepts.** Zusätzlich werden die Termine bzw. der Rhythmus für die Ablieferung von Statusberichten vereinbart.

Mit dem Projektstatusbericht will man die folgenden **Zielsetzungen** erreichen:

- Die Projektbeteiligten, vor allem die Entscheidungsinstanzen bzw. der Auftraggeber, sind über den Projektfortschritt informiert.
- Der Statusbericht dient als Grundlage für die während des Projekts zu treffenden Entscheidungen.
- Die Entscheidungsinstanzen nehmen ihre Lenkungsrolle im Projekt wahr.

Modulprüfung

In vielen Unternehmen sind Inhalt und Form des Statusberichts standardisiert. Er sollte zumindest die folgenden Punkte umfassen:

Abb. [19-13]

Inhalt des Projektstatusberichts

Inhalt	Erläuterungen und Hinweise
Management Summary	Kurz-Zusammenfassung der wichtigsten Inhalte des Berichts
Projekt-Fortschritte	Wesentliche Ergebnisse, Erledigtes seit dem letzten Bericht
Risikoanalyse	Erkannte Risiken, Einschätzung der Risiken, Massnahmen (Darstellungsmöglichkeiten siehe Kap. 18.2, S. 178)
Projektstand	Ergebnisse und Abweichungen bei Terminen, Fertigstellungsgrad, Kosten und Qualität (Darstellungsmöglichkeiten siehe Kap. 17.1, S. 161)
Aufwand- und Kostencontrolling	Gegenüberstellung von Soll- und Ist-Kosten sowie des Soll- und Ist-Personal-Stundenaufwands (Darstellungsmöglichkeiten siehe Kap. 17.2, S. 165)
Steuerungsmassnahmen	Vorschläge (siehe Kap. 17.4, S. 174)
Anträge	Anträge für Entscheidungen

Eine regelmässige Abgabe und Besprechung des Projektstatus ist nicht nur ein wichtiges Steuerungsmittel. Die Lenkungsinstanzen des Projekts, der Auftraggeber und die Entscheidungsgremien, werden dadurch auch gezwungen, ihre Verantwortung zu tragen.

19.8.2 Laufende Projektdokumentation

Zur laufenden Projektdokumentation gehören alle Unterlagen, die **während der Projektarbeit** anfallen und die folgenden Informationen liefern:

- Projektorganisation (Aufbauorganisation, Entscheidungs- und andere involvierte Gremien)
- Projekt- und Vorgehensziele
- Projektspezifische Regelungen über die Vorgehensweise, die Zusammenarbeit mit anderen Stellen, einzusetzende Instrumente usw.
- Projektplanung: Projektstrukturplan, Zeit-, Kosten- und Einsatzmittelpläne
- Schriftliche Unterlagen und Berichte des Projektteams
- Protokolle und Beschlüsse des Entscheidungsgremiums

Es empfiehlt sich ebenfalls, alle wichtigen Informationen über den Ist-Zustand, über Schwachstellen und über Lösungskonzepte zu dokumentieren, damit auch Aussenstehende später darauf zurückgreifen und den Projektverlauf nachvollziehen können. Die **Regel** für ein angemessenes Dokumentationsmanagement lautet: So viel und so detailliert wie nötig dokumentieren, nicht so viel wie möglich!

Am zweckmässigsten ist es, wenn die Dokumentation **analog zu den Projektphasen** (Vorstudie, Grobkonzept usw.) aufgebaut wird. Innerhalb der einzelnen Projektphasen macht eine Gliederung nach Teilprojekten und innerhalb der Teilprojekte nach dem Vorgehen am meisten Sinn, wobei – wie bereits erwähnt – die passendste Systematik je nach Projekt auszuwählen ist.

19.8.3 Abschlussdokumentation

In der Abschlussdokumentation wird das **Projektergebnis** festgehalten. Insbesondere bei Informatik-Vorhaben und bei technischen Projekten sind hier zwei verschiedene Arten von Abschlussdokumentationen zu unterscheiden: die Benutzerdokumentation und die Verfahrensdokumentation.

- Die **Benutzerdokumentation** (d.h. die Arbeitsanweisung, das Benutzerhandbuch, die Bedienungsanleitung o. Ä.) wird den **Betroffenen** in den Fachabteilungen zur Verfügung gestellt. Diese Dokumentation muss klar, verständlich, einfach, mit einem Wort **benutzerfreundlich**, verfasst sein.
- Die **Verfahrensdokumentation** ist für die Experten, z.B. aus der Organisation bzw. der Informatik oder der Technik, bestimmt. Darin werden alle relevanten Sachverhalte zur Projektlösung beschrieben, wie z.B. die Programme, alle Dateien und berücksichtigten Datenflüsse, die verwendeten Materialien, die Herstellungsprozesse usw. Diese Dokumentation dient vor allem der laufenden **Erhaltung** (d.h. der sog. Maintenance oder Wartung) wie auch der späteren **Revision**.

Zusammenfassung

Das systematische, zielgerichtete und transparente **Kommunikationsmanagement** besteht aus dem Projektmarketing und der Projektinformation.

Mit dem **Projektmarketing** soll die Akzeptanz des Projekts gefördert werden; es ist eine wichtige Aufgabe des Projektleiters über sämtliche Projektphasen hinweg.

Der **Projektmarketingprozess** besteht aus den folgenden Teilschritten und Aktivitäten:

Schritt	Aktivitäten
Analyse des Projektumfelds	• Stakeholderidentifikation und -gruppierung • Bedürfnisermittlung der Stakeholder: Ziele der Stakeholdergruppen bezüglich des Projekts, Ableitung der Anforderungen an das Projektmarketing • Analyse von Einfluss und Interesse und Einstufung des Handlungsbedarfs (Einfluss-Interessen-Matrix) • Analyse der Stakeholderbeziehungen (Stakeholdermap)
Auswahl der Marketing-instrumente	• Auswahl zielgruppenadäquater Marketinginstrumente pro Stakeholder, interne und externe Instrumente
Massnahmen definieren und Einsatz planen	• Marketing-Massnahmen-Matrix erstellen • Einsatz der Marketingmassnahmen im Projektplan berücksichtigen
Massnahmen durchführen und Wirksamkeitskontrolle	• Umsetzung der Marketingmassnahmen • Wirksamkeitskontrolle als Basis für allfällige Anpassungen nutzen

Das **Projektinformationskonzept** besteht aus den folgenden Bausteinen:

- Absender: Wer informiert?
- Empfänger: An wen wird informiert?
- Inhalt, Botschaft: Was wird informiert?
- Zeitpunkt: Wann wird informiert?
- Instrument, Medium: Wie wird informiert?
- Ort: Wo wird informiert?

Das **Dokumentationsmanagement** regelt,

- was wann wie dokumentiert wird,
- welche Tools für die Dokumentation verwendet werden,
- wo und wie lange die Dokumentation aufzubewahren ist und
- wer welche Zugriffsberechtigungen hat.

Die Projektdokumentation umfasst:

- Das **Reporting** (die Projektberichterstattung) in Form eines regelmässigen **Projektstatusberichts,** mit dem den Entscheidungsgremien Rechenschaft über die bisherigen (Zwischen-)Ergebnisse abgelegt und Anträge für Entscheidungen bzw. Massnahmen gestellt werden.
- Die **laufende Projektdokumentation** umfasst alle während der Projektarbeit notwendigen Unterlagen. Ihr Aufbau sollte den Projektphasen entsprechen.
- Die **Abschlussdokumentation** beschreibt das Projektergebnis, dies in Form einer Benutzer- und einer Verfahrensdokumentation.

Repetitionsfragen

---

54 Welche Empfehlungen bezüglich Projektmarketing geben Sie für die Stakeholdergruppen S1 bis S4, die in der Einfluss-Interessen-Matrix wie folgt positioniert sind?

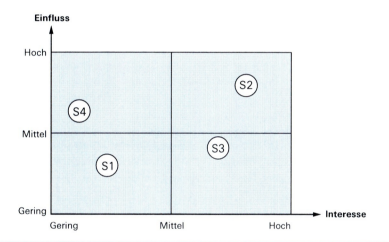

---

55 Um welchen Grundsatz der Projektinformation geht es bei den folgenden Aussagen?

A] «Es ist wichtig, sich sehr genau zu überlegen, wer welche Informationen erhalten soll!»

B] «Informieren heisst auch: Alle müssen dasselbe verstanden haben!»

C] «Überlege dir den Zeitpunkt der Information gut – er kann entscheidend sein!»

---

56 Wozu dient die Stakeholderanalyse?

---

57 Beantworten Sie die beiden Fragen eines noch wenig erfahrenen Projektleiters:

A] Welche der folgenden Inhalte gehören in die Abschlussdokumenation: Arbeitsanweisungen an die Projektmitarbeitenden; Verfahrensdokumentation; Projektorganigramm; Entscheidungsprotokolle der Projektausschusssitzungen?

B] Der Auftraggeber möchte den Projektstand regelmässig mündlich besprechen und findet, es brauche keine schriftlichen Statusberichte. – Welche Argumente sprechen dennoch für eine schriftliche Berichtsform?

---

20   Projektabschluss

Lernziele   Nach der Bearbeitung dieses Kapitels können Sie ...

- die wichtigsten Aufgaben bestimmen, die im Zusammenhang mit dem Projektabschluss anfallen.

Schlüsselbegriffe Abschlussveranstaltung, Auflösung Projektteam, Schlussabrechnung, Schlussbericht, Übergabeprotokoll

Der Projektabschluss ist keine eigentliche Phase in einem Phasenkonzept, wie Sie es im Kap. 11.2, S. 115, kennengelernt haben. Vielmehr ist es ein Sammelbegriff für alle Aufgaben, die im Zusammenhang mit der Beendigung eines Projekts anfallen.

20.1   Ziele und Einordnung im Phasenkonzept

Mit dem Projektabschluss werden zwei Hauptziele verfolgt:

- Sicherstellen, dass das Projekt **ordnungsgemäss beendet** wird und alle für das Projekt temporär errichteten organisatorischen und technischen **Strukturen aufgelöst** werden.
- Aufgleisen aller Massnahmen, die den **Betrieb der Projektlösung auch nach dem formellen Projektabschluss** sicherstellen.

Mit der Übergabe des Projekts in den laufenden Betrieb und mit der Unterzeichnung des Übergabe-/Übernahme-Protokolls durch den Auftraggeber und den Projektleiter ist der formelle Abschluss des Projekts besiegelt. Die mit dem Projektabschluss zusammenhängenden Aufgaben beginnen aber bereits früher, und die letzten Aufgaben des Projektabschlusses reichen noch in die Phase Systemerhalt hinein. Zeitlich gesehen fallen die Projektabschluss-Aufgaben also vorwiegend **zwischen den Phasen «Einführung» und «Erhaltung»** an, wie dies auch die nachfolgende Grafik veranschaulicht.

Abb. [20-1]   **Einordnung des Projektabschlusses in das Phasenkonzept**

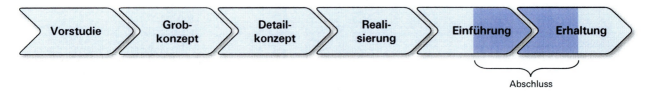

20.2   Aufgaben

Zu den wichtigsten Aufgaben im Zusammenhang mit dem Projektabschluss gehören:

- Übergabe der Lösung in den produktiven Betrieb
- Auflösung des Projektteams
- Abschlussveranstaltung
- Projekt-Schlussbericht
- Projekt-Schlussabrechnung

20.2.1 Lösung in den produktiven Betrieb übergeben

Jede Projektlösung, unabhängig davon, ob es sich um eine neue Software, um einen fertig erstellten Umbau von Büroräumlichkeiten oder um einen neuen Arbeitsprozess handelt, muss nun auch in die laufenden Prozesse im Unternehmen übergeben werden.

Typischerweise wird diese Übergabe mit einem Übergabe- und einem Übernahmeprotokoll auch formell dokumentiert. In der nachfolgenden Tabelle finden Sie die inhaltlichen Schwerpunkte dieser beiden Protokolle zusammengestellt.

Abb. [20-2]   **Inhalte des Übergabe- und des Übernahmeprotokolls**

Übergabeprotokoll	Übernahmeprotokoll
• Übergabeobjekte (z. B. Softwarelösungen) • Vollständige Dokumentation zu den Übergabeobjekten (z. B. Benutzerhandbücher, Wartungsunterlagen) • Leistungsmerkmale (z. B. Funktionsumfang, Qualitätsmerkmale) • Übergabemodalitäten (z. B. Verantwortlichkeiten, Abnahmefristen)	• Übernahmeobjekte (z. B. Softwarelösungen) • Durchgeführte Prüfungen (z. B. Tests, die bereits erfolgt sind) • Festgestellte Mängel (z. B. Fehler in einer Auswertung) • Nachforderungen (z. B. Mängelerhebung, Änderungen, Preiskorrekturen) • Abnahmeentscheidung mit Kommentar sowie mit allfälligen Fristen und Verantwortlichkeiten für die Nachbesserung

Zur Übergabe an die Nutzer gehört ebenfalls, dass auch über den Projektabschluss hinaus für die betreffende Lösung verantwortliche **Ansprechpartner** für **Fragen** und auftretende **Probleme** zur Verfügung stehen. Diese werden vom Projektleiter bestimmt, allerdings in enger Abstimmung mit den betreffenden Linienverantwortlichen. Das Resultat dieser Abstimmung sind überarbeitete Stellenbeschreibungen der Linienmitarbeitenden, die als Ansprechpartner zur Verfügung stehen werden. Allenfalls müssen dadurch auch Prozesse geändert werden.

Hinweis   Vor allem bei Informatiklösungen spricht man im Zusammenhang mit den verantwortlichen Ansprechpartnern auch von der Service-Organisation.

20.2.2 Projektteam auflösen

Mit dem Projektabschluss gehen oft die Arbeitsbeziehungen unter den Projektbeteiligten zu Ende, oder sie werden auf jeden Fall weniger intensiv. Mit dem Ablösungsprozess ist auch die Reintegration der **intern rekrutierten** Projektmitarbeitenden in die **Linienfunktion** notwendig. Möglich ist auch die **Übernahme neuer Projektaufgaben in anderen Projekten.**

Bei den **externen Projektmitarbeitenden,** die ausschliesslich für das betreffende Projekt eingestellt wurden, erfolgt gleichzeitig mit dem Projektabschluss auch die **Auflösung der bestehenden Arbeitsverträge** und die Schlussabrechnung der erbrachten Leistungen.

20.2.3 Abschlusssitzung oder -veranstaltung durchführen

Zur Übergabe der Lösung an die Nutzer und zur Auflösung der Projektorganisation gehört eine Abschlusssitzung resp. -veranstaltung. Für die am Projekt Beteiligten wird damit symbolisch das Projekt beendet.

20.2.4 Projekt-Schlussbericht erstellen

In der Abschlussdokumentation, auf die wir bereits im Kap. 20.3, S. 200, eingegangen sind, wird auch eine **für die künftige Projektarbeit** sehr wichtige Komponente angesprochen: Ein vollständiger Projekt-Schlussbericht enthält nebst der Benutzer- und der Verfahrensdokumentation auch eine **kritische Würdigung** der zurückliegenden Projektarbeit (inkl. im Projekt entstandener Probleme, der persönlichen Beurteilung der Zusammenarbeit usw.) sowie allfällige **Schlussfolgerungen** für die künftige Projektarbeit. Mit der Übergabe des Projektabschlussberichts ist das Projekt formell abgeschlossen. Das Projektteam wird damit für den weiteren Lauf der Dinge aus der Verantwortung entlassen.

20.2.5 Projekt-Schlussabrechnung erstellen

Die laufende Nachführung der Projektkostenrechnung ist eine wichtige Aufgabe der Projektsteuerung. Zum Projektabschluss gehört daher auch eine detaillierte **Projekt-Schlussabrechnung** über die geplanten und effektiv verursachten Projektkosten und die darauf aufbauende **Nachkalkulation** des Projekts. Natürlich können die Schlussabrechnung und die Nachkalulation **erst eine gewisse Zeit nach dem formellen Projektabschluss** gemacht werden, da zum Zeitpunkt des Abschlusses meist noch nicht alle Rechnungen und Arbeitszeitrapporte vorliegen.

20.3 Erkenntnisse aus der Praxis

Wenn ein Projekt nicht ebenso umsichtig abgeschlossen wird, wie es ursprünglich initialisiert wurde, kann dies nachträglich zu Missverständnissen oder Missstimmungen zwischen den Projektverantwortlichen und dem Auftraggeber oder den Nutzern führen. Um dies wenn möglich zu verhindern, weisen wir in diesem Abschnitt auf einige typische Gefahren hin und fassen zum Schluss drei Praxistipps für den Projektabschluss zusammen.

Die in den vorherigen Abschnitten beschriebenen Aufgaben weisen bereits auf einige mögliche **Gefahren** hin, die in der Praxis im Zusammenhang mit dem Projektabschluss immer wieder auftauchen:

- **Künstliche Projektverzögerungen:** Der Projektabschluss wird künstlich hinausgezögert, da für einige Mitarbeitende im Projektteam noch keine oder unzureichende Perspektiven nach dem Projektabschluss bestehen.
- **Unklare Service-Organisation:** Weil die Ansprechpartner nach dem Projektabschluss nicht eindeutig bestimmt oder den Nutzern der Projektlösung nicht klar mitgeteilt wurden, landen deren Anfragen auch noch Monate nach dem Projektabschluss bei den ehemaligen Projektmitarbeitenden. Gehen die Projektmitarbeitenden darauf ein, werden sie diese Aufgabe nicht mehr los und übernehmen unfreiwillig eine Unterstützungsaufgabe, für die sie nicht vorgesehen waren. Dies zeigen zahlreiche Beispiele aus der Praxis, in denen die Service-Organisation nie richtig Fuss gefasst hat.
- **Fehlendes Controlling:** Sofern das Projektcontrolling nicht über das eigentliche Projekt hinaus klar bestimmt wurde, läuft man Gefahr, dass wichtige Verbesserungen «versanden» bzw. nicht mehr gemacht werden, obwohl sie zum Projektabschluss vereinbart wurden.
- **Keine konsequente Nutzenüberprüfung:** Da zum Zeitpunkt des Projektabschlusses häufig der Nutzen der Projektlösung noch nicht vollständig abgeschätzt werden kann, wird die Nutzenüberprüfung auf einen späteren Zeitpunkt verlegt. Wenn diese nicht eindeutig vereinbart und entsprechend geplant wird, besteht die Gefahr, dass sie nie stattfinden wird.

- **Fehlende Wartungsbudgets:** Nicht selten ist bei Projekten versäumt worden, ein Budget für die Wartung bzw. weitere Unterstützung nach dem Projektabschluss festzulegen und vom Auftraggeber genehmigen zu lassen. Dies führt dazu, dass die notwendige Unterstützung oder gar Anpassungen nur mit Minimalaufwand erledigt werden und so eine nachhaltige, effiziente Nutzung der Projektlösung beeinträchtigt wird.

In der folgenden Tabelle finden Sie einige wichtige Schlussfolgerungen aus dieser «Gefahrenliste», die wir Ihnen als nützliche Hinweise mitgeben wollen:

- **Verbindliche Projekterfolgskontrolle:** Stellen Sie sicher, dass trotz abgeschlossenen Projekts noch Verantwortlichkeiten für die Durchführung der Projekterfolgskontrolle festgelegt werden. Diese müssen im Bereich des Auftraggebers bzw. der späteren Nutzer angesiedelt sein.
- **Verpflichtung der Ansprechpersonen nach Projektabschluss:** Nehmen Sie als ehemaliges Mitglied des Projektteams keine Aufgaben für die Unterstützung der Nutzer mehr direkt an, sondern verweisen Sie konsequent auf die Abläufe und Ansprechpersonen, die im Zusammenhang mit dem Projektabschluss bestimmt wurden.

Zusammenfassung

Als **Hauptziele** des Projektabschlusses gelten:

- Sicherstellung des ordnungsgemässen Projektabschlusses und der Auflösung der temporären organisatorischen und technischen Strukturen
- Definition von Massnahmen für den Betrieb der Projektlösung auch nach dem formellen Projektabschluss

Zu den **Hauptaufgaben** des Projektabschlusses gehören:

Aufgabe	Beschreibung
Übergabe der Lösung	• Übergabe in den produktiven Betrieb • Erstellen eines Übergabeprotokolls • Ansprechpartner nach Projektabschluss bestimmen
Auflösung des Projektteams	• Reintegration der internen Projektmitarbeitenden in Linienfunktionen • Auflösung der Arbeitsverträge mit externen Projektmitarbeitenden
Abschlussveranstaltung	• Organisation und Durchführung einer offiziellen Abschlussveranstaltung
Projekt-Schlussbericht	• Kritische Würdigung der Projektarbeit • Schlussfolgerungen für die künftige Projektarbeit
Projekt-Schlussabrechnung	• Detaillierte Schlussabrechnung inkl. Nachkalkulation

Repetitionsfrage

58

Der Auftraggeber eines Projekts streicht den Budgetposten «Abschlussveranstaltung», weil er deren Sinn und Zweck nicht einsieht.

Nennen Sie dem Auftraggeber mindestens zwei Argumente, die für eine offizielle Abschlussveranstaltung in Projekten sprechen.

Teil F Übungen

Übung macht den Meister

Theoriewissen allein garantiert noch nicht den Prüfungserfolg. Erst wer sein Wissen an konkreten Problemen angewendet hat, ist für die Prüfung gerüstet. Darum geht es in diesem Teil des Lehrmittels. Sie finden hier Übungen, denen Sie in ähnlicher Form auch an Ihrer Abschlussprüfung begegnen könnten. Die Übungen sind nach folgendem Raster aufgebaut:

- **Steckbrief der Übung.** Gleich unter dem Titel der Übung informieren wir Sie über die Übungsziele und verweisen Sie auf die Kapitel, in denen die Theorie besprochen wird.
- **Ausgangslage.** Sie schildert die Voraussetzungen, die für die Übung gelten.
- **Aufgaben.** Eine Übung umfasst in der Regel 2–5 Aufgaben.

Dozent/-innen, die dieses Buch im Unterricht einsetzen, können die Musterlösungen auf CD-ROM kostenlos bei uns beziehen (E-Mail an postfach@compendio.ch mit der Angabe des Buchs und der Schule, an der Sie unterrichten). Einzelpersonen, die im Selbststudium mit dem Buch arbeiten, verrechnen wir für die CD-ROM einen Unkostenbeitrag.

Es stehen Ihnen 12 Übungen zur Verfügung, in denen es um folgende Fragen geht:

Nummer, Titel und Inhalt der Übung	Theorie
1 Arbat AG Aufbauorganisation – Organigramme und Organisationsformen darstellen	Kap. 5, S. 43
2 Chemagricos SA Aufbauorganisation – Organigramme und Organisationsformen darstellen	Kap. 5, S. 43
3 Prozesse der Firma «Bike» Prozesse (Abläufe) und Balkendiagramme und Netzpläne grafisch darstellen	Kap. 6, S. 64 Kap. 12, S. 121
4 Werdegang eines Klaviers Prozesse (Abläufe), Balkendiagramme und Netzpläne grafisch darstellen	Kap. 6, S. 64, Kap. 12, S. 121
5 Carana AG Aufbauorganisation gestalten und Einkaufsprozess überprüfen/ergänzen	Kap. 5, S. 43 Kap. 6, S. 64
6 Reorganisation Wekag Organisationsformen überprüfen, optimieren und neu gestalten	Kap. 5, S. 43
7 Reorganisation Indabag Ist-Zustand einer Organisation analysieren, Probleme erkennen und Lösungsvorschläge erarbeiten.	Kap. 4, S. 36 Kap. 5, S. 43 Kap. 6, S. 64
8 Sicura AG Projektaufträge kritisch hinterfragen und gute Projektaufträge erstellen	Kap. 9, S. 104
9 Erfolgsfaktoren eines Projekts Zu jedem Projekt die bestimmenden Erfolgsfaktoren ermitteln.	Kap. 7, S. 84 Kap. 18, S. 177
10 Projekt-Kickoff Merkmale eines guten Kickoffs erkennen und hinterfragen	Kap. 8, S. 94 Kap. 9, S. 104 Kap. 18, S. 177
11 Immo I Projekte planen	Kap. 10, S. 114 – Kap. 16, S. 147
12 Immo II Projekte steuern, Risiken einschätzen, Projektmarketing betreiben	Kap. 17, S. 160 – Kap. 19, S. 183

1 Arbat AG

Übungsziele	Aufbauorganisation – Organigramme und Organisationsformen darstellen.
Theorie	Kap. 5, S. 43

Ausgangslage

Situationsbeschreibung der Arbat AG

Die Firma Arbat AG in Schlieren ist in der Herstellung und im Vertrieb von Kupferprodukten tätig sowie im Handel mit Spezialwerkzeugen.

In der Geschäftsleitung sitzen die Herren F. Hasler und W. Obrist ein. Ihnen sind Assistent F. Vogel sowie eine Sekretärin zugeteilt. F. Vogel übernimmt die strategische Planung für das gesamte Unternehmen. F. Hasler leitet auch den Bereich Administration. Dazu gehören 3 MA (Mitarbeitende) in der Buchhaltung und 2 MA in der EDV. Herr Müller leitet den Bereich Verkauf. Im Verkaufsinnendienst sind 3 Personen tätig und im Aussendienst 4 Leute, wobei jeweils ein MA für die Region Ost-, West-, Süd- und Nordschweiz zuständig ist. Diese MA wohnen in den jeweiligen Regionen und kommen regelmässig jeden Montag zum Rapport nach Schlieren. Weiter ist dem Verkauf auch die Werbung (1 MA) und die Stelle Kundendienst (2 MA) zugeteilt. Der Bereich Einkauf untersteht Herrn Obrist. Ihm stehen 4 MA im Einkauf Rohprodukte und 2 MA im Einkauf Spezialwerkzeuge zur Verfügung. Ein MA, der für die Personaladministration zuständig ist, untersteht dem Bereich Administration. Für Lizenzen ist ein MA im Bereich Verkauf zuständig. Der Einkauf verfügt auch über eine Stelle Lagerverwaltung, währenddessen die Organisationseinheit Spedition (2 MA) dem Verkauf angegliedert ist. Dem Bereich Produktion steht Herr Hässig vor. Ihm sind 2 Gruppen zugeteilt: Spenglereiprodukte, geleitet durch Herrn Widmer mit 6 unterstellten MA, und Elektroprodukte, geleitet durch Herrn Gubler mit 4 unterstellten MA. Für die Herstellung von diversen Haushaltartikeln, die erst kürzlich aufgenommen wurde, sind 2 MA tätig. Sie unterstehen Herrn Gubler. Weiter ist ein technischer Dienst (2 MA) und eine Stelle Qualitätssicherung der Produktion zugeteilt. Herr Willy ist für das Marketing in der ganzen Firma zuständig und direkt der Geschäftsleitung unterstellt. In der Entwicklung arbeiten 2 MA, die dem Bereich Produktion unterstellt sind.

Aufgabe

1	Erstellen Sie ein aussagefähiges Organigramm mit Funktionen und Namen!

2 Chemagricos SA

Übungsziele	Aufbauorganisation – Organigramme und Organisationsformen darstellen.
Theorie	Kap. 5, S. 43

Ausgangslage

Die Chemagricos SA ist eine grössere Unternehmung. Sie führt – aufgrund der unterschiedlich zyklischen Geschäftsverläufe folgende 3 unabhängige Geschäftssparten, die als Profitcenter geführt werden:

1. Produktion und Verkauf von Kunststoffrohren
2. Produktion und Verkauf von Pflanzenschutzmitteln und Dünger
3. Produktion und Verkauf von Babynahrung

Diese 3 Profitcenter, die je eine unabhängige Produktion, Forschung und Vertriebsorganisation sowie folgende profitcenterspezifische Bereiche besitzen:

- PC-EDV (Profitcenter),
- PC-Human-Resources,
- PC-Finanz- und Rechnungswesen,
- PC-Dienste,

werden von folgenden zentralen Supportbereichen unterstützt:

- Zentrale EDV*)
- Zentrale Human Resources (inkl. zentrale Ausbildung)
- Zentrales Finanz- und Rechnungswesen
- Zentrale Marketing- und Verkaufsplanung
- Zentrale Dienste*)

Bei den mit *) versehenen Zentralbereichen sind die jeweiligen Profitcenter frei, Dienstleistungen auch von Dritten (externe Firmen) zu beziehen. Die zentralen Supportbereiche werden vom Unternehmensleiter direkt geführt. Die 3 Profitcenter haben je einen PC-Leiter. Diese 3 PC-Leiter sowie der Unternehmensleiter bilden die GL.

Aufgabe

1	Zeichnen Sie bitte aufgrund dieser Informationen das entsprechende Organigramm!

3   Prozesse der Firma «Bike»

Übungsziele	Prozesse (Abläufe) grafisch darstellen.
Theorie	Kap. 6, S. 64, Kap. 12, S. 121

Ausgangslage

Aufgabenfolgeplan «Bike»

Die Firma «Bike» hat sich auf die individuelle Konfektionierung von qualitativ hochstehenden Mountainbikes spezialisiert. Die Bikes werden nach den Bedürfnissen der Kundschaft zusammengestellt. Die Beratung erfolgt einerseits direkt am Standort der Firma, im eigenen Biker-Shop. Andererseits werden aber auch durch Aussendienstmitarbeitende Verkaufsgespräche direkt bei den Kunden geführt.

Die Firma «Bike» bewegt sich in einem nach wie vor stark boomenden Markt. Die Nachfrage nach hochstehenden Bikes ist enorm. Insbesondere durch die Möglichkeit der freien Wahl der einzelnen Komponenten kommt die Firma dem Drang nach Individualität im Highend-Bereich nach. Die Kunden sind sowohl von der qualifizierten Beratung wie auch vom ausgelieferten Produkt begeistert. Allerdings wird immer häufiger die Lieferzeit bemängelt. Dies hat in Einzelfällen bereits zu ernsthaften Auseinandersetzungen geführt. Die Geschäftsleitung ist sich der Verantwortung der teilweise doch sehr exzentrischen Kunden gegenüber bewusst und will den ausgezeichneten Ruf der Firma nicht aufs Spiel setzen. Eine Analyse der entsprechenden Arbeitsabläufe wird deshalb angeordnet.

Der Ablauf von der Bestellungsaufnahme bis zur Montage ist teilweise automatisiert:

- Nach Abschluss des Verkaufsgesprächs wird jeweils ein detaillierter Bestellschein angefertigt, der vom Kunden unterschrieben wird. Sämtliche Bestellungen eines Tages müssen bis 17.00 Uhr im Sekretariat abgegeben werden. Die Bestellscheine werden am Folgetag gescannt, indexiert, einerseits in der Bestelldatenbank und andererseits im Archivsystem abgespeichert. Die Bestelldatenbank wird jeweils wieder einen Tag später von der AVOR bearbeitet. Es wird geprüft (via System), ob alle Komponenten im eigenen Lager verfügbar sind. Ist dies der Fall, wird sofort ein Rüstschein ausgedruckt, der an das Lager weitergeleitet wird. Das Lager stellt die Bestandteile zusammen und bringt diese zur Montage. Die Fertigung des Bikes erfolgt dann innerhalb der nächsten zwei Tage.
- Sind einzelne Komponenten nicht vorhanden, wird per Fax eine entsprechende Bestellung bei den Herstellern bzw. Importeuren aufgegeben. Die Lieferung trifft in der Regel drei Tage später ein. Die Komponenten werden ins Lager aufgenommen. Erhält die AVOR die Mitteilung vom Lager, dass die bestellten Komponenten eingetroffen und eingebucht sind, erstellt diese den entsprechenden Rüstschein. Der weitere Verlauf ist dann wie oben beschrieben.
- Das Lager wird von einem Teilzeitangestellten betreut, der jeweils am Dienstag, Mittwoch und Donnerstag arbeitet.

Aufgabe

1   Stellen Sie den oben beschriebenen Ablauf grafisch dar. Berücksichtigen Sie insbesondere die zeitliche Komponente so, dass der Zeitrahmen aus dem Ablauf ersichtlich ist.

4   Werdegang eines Klaviers

Übungsziele	Prozesse (Abläufe), Balkendiagramme und Netzpläne grafisch darstellen.
Theorie	Kap. 6, S. 64, Kap. 12, S. 121

Ausgangslage

Für ein Klavier soll der «Werdegang» vom Entwurf bis zur **Prüfung** des **fertigen** Instruments (Prototyp) geplant werden.

Ablauf

Nach Abschluss des Entwurfs (3 Wochen) können die Vorgänge Beschaffung Holz von Lieferanten (4 Wochen), Konstruktion Arbeitsmittel (5 Wochen) und Dimensionierung (4 Wochen) beginnen. Nach der Dimensionierung kann die Beschaffung der Bauteile (Farben, Saiten, Filz usw.) (9 Wochen) und die Erstellung der Konstruktions- und Prüfungsanweisungen (12 Wochen) folgen. Die Instrumentenwerkstatt kann nach Abschluss der Konstruktionsarbeiten Arbeitsmittel und Verfügbarkeit der Holzlieferungen mit der Produktion der Einzelteile für die Prototypen (10 Wochen) beginnen. Die Montage der Prototypen (7 Wochen) setzt voraus, dass die Bauteile und die Teile aus der Instrumentenwerkstatt vorhanden sind. Die Vorbereitung Instrumentenmessplatz (2 Wochen) setzt das Vorliegen der Konstruktions- und Prüfungsanweisungen voraus. Die Prüfung der Prototypen (4 Wochen) kann erfolgen, wenn die Montage beendet und der Instrumentenmessplatz vorbereitet bzw. eingerichtet ist.

Wichtig: Alle Vorgänge **müssen** erfasst werden!

Aufgaben

1	Erstellen Sie eine Vorgangsliste mit Tätigkeiten und Wochenzahl.
2	Erstellen Sie aufgrund der Vorgangsliste und des Textes ein Balkendiagramm, Start: Januar 200X.
3	Erstellen Sie unter Verwendung aller Informationen einen Netzplan; ermitteln Sie den kritischen Pfad.

5   Carana AG

Übungsziele	Aufbauorganisation gestalten und Einkaufsprozess überprüfen/ergänzen.
Theorie	Kap. 5, S. 43, Kap. 6, S. 64

Ausgangslage

Die Carana AG ist ein schweizerisches Unternehmen, das sich heute in den Sektoren Pharmazeutika, Farben und Düngemitteln profiliert hat. Entstanden ist es aus der 100 Jahre alten Karlen AG, die ausschliesslich Düngemittel herstellte und verkaufte. Der Sektor Farben kam vor rund 25 Jahren dazu, in neuerer Zeit dann die Sparte Pharmazeutika. Nachdem nun eine neue Unternehmensphilosophie und ein neues Leitbild erarbeitet wurden, ist nun unbedingt eine Neuorganisation des Unternehmens nötig geworden.

Sie sind Berater und für diese Aufgabe von der Carana AG ausgewählt worden.

Neben der Geschäftsleitung (GL) sind die folgenden Bereiche vorhanden:

- Materialwirtschaft, also Lager und Einkauf
- Produktion
- Finanz- und Rechnungswesen
- Marketing
- Marktforschung (Stabsstelle)
- Verkauf
- Unternehmensplanung

Die Geschäftsleitung erwägt eine Stablinienorganisation mit funktionaler Gliederung, Sie allerdings denken moderner und weiter und schlagen eine Matrixorganisation vor.

Aufgaben

1	Zeichnen Sie Ihre moderne Version einer Matrixorganisation auf.
2	Erläutern Sie der GL mit Argumenten, warum eine Matrix-Organisationsform für die Carana AG sinnvoll erscheint. Nennen Sie 5 Gründe!
3	Mit der Geschäftsleitung der Carana AG diskutieren Sie Ihre Vorschläge und Begründungen. Da fällt das Wort Profitcenter im Rahmen der Umorganisation. Erläutern Sie allen Anwesenden die Voraussetzungen, um ein derartiges Profitcenter in der Carana AG zu realisieren. Nennen Sie 5 Voraussetzungen!
4	Im Zusammenhang mit der Einführung des TQM wurde in der Carana AG der Prozess «Beschaffung/Einkauf» neu definiert, und zwar auf der Grundlage ereignisgesteuerter Prozessketten (EPK). Dabei kommen die folgenden Elemente der Prozessdarstellung zur Anwendung:

Ereignis   Aktivität   Organisations-einheit   ∧ XOR   Logischer Konnektor AND, OR, XOR

- Ereignisse lösen Aktivitäten bzw. Aufgaben aus oder sind Folgen davon
- Verzweigungen werden als Konnektoren dargestellt. Es gibt drei Möglichkeiten:
  - AND für parallele Prozesszweige
  - OR für die Möglichkeit, dass ein oder mehrere Prozesswege durchlaufen werden
  - XOR (exklusives Oder), wenn nur ein Prozesszweig durchlaufen werden darf

Ihre Aufgabe: Ergänzen Sie die fehlenden Informationen (?) im folgenden Prozessschema.

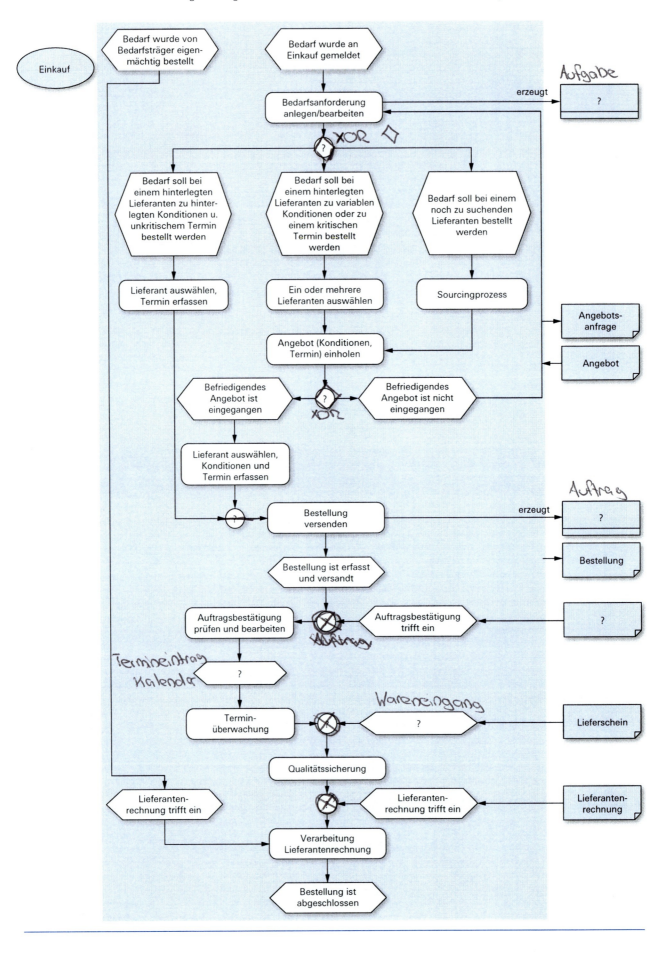

6 Reorganisation Wekag

Übungsziele	Organisationsformen überprüfen, optimieren und neu gestalten.
Theorie	Kap. 5, S. 43, Kap. 6, S. 64

Ausgangslage

Als technische/r Kaufmann/frau werden Sie als Berater für die Reorganisation der Wekag beigezogen. Die Wekag (AG) ist ein renommiertes Industrieunternehmen im Kanton Zürich. Sie stellt Spezialwerkzeuge für die Maschinenindustrie und Komponenten für die Sicherheitstechnik her. Die Absatzmärkte der Wekag sind hauptsächlich die Schweiz und die EU-Staaten. Die Wekag beschäftigt zurzeit 320 Personen. Der Umsatz des letzten Geschäftsjahres belief sich auf CHF 360 Mio., wobei der Materialanteil am Umsatz ungefähr 40 % betrug.

Von der Organisationsstelle steht das unten stehende Organigramm zur Verfügung.

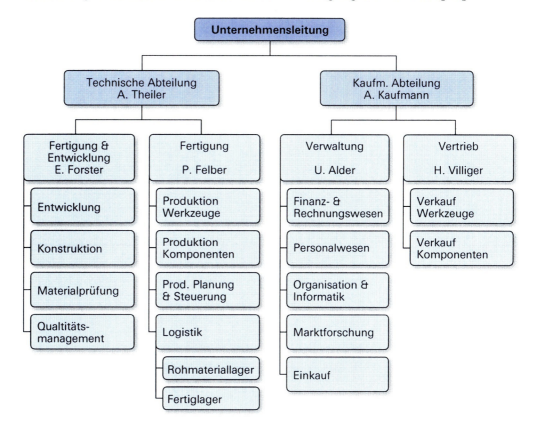

Aufgaben

1   Um welche Grundform handelt es sich bei dieser Aufbauorganisation? (Markieren Sie die richtige Antwort.)

☐ Einliniensystem

☐ Stabliniensystem

☐ Mehrliniensystem/Matrixorganisation

2	Nach welchem Prinzip wurde dieses Unternehmen gegliedert? (Markieren Sie die richtige Antwort.)

☐ Objektorientierte Gliederung

☐ Funktionale Gliederung

☐ Divisionalisierung

☐ Regionale Gliederung

☐ Kundenorientierte Gliederung

3	Wandeln Sie das Organigramm unter Berücksichtigung Ihrer Kritik in eine Stablinienorganisation um!

4	Die WEKAG will in den kommenden Jahren stark expandieren und weitere Auslandsmärkte erschliessen.

Europa:

- Schweiz: 35 %
- EU-Staaten: 40 %
- Übriges Europa: 5 %

Nordamerika: 10 %

Lateinamerika: 5 %

Asien, Australien: 5 %

Erstellen Sie eine Matrixorganisation, die diesem Sachverhalt Rechnung trägt.

5	Das Logistikcenter der WEKAG beliefert ihre Kunden in der Schweiz direkt. Dabei hat sie Lieferbedingungen wie folgt festgelegt:

1. Kunde holt die Ware direkt am Schalter ab (Ausnahmefall).
2. Bis zu einer Distanz von 50 km werden die Kunden direkt beliefert (mit Camion, täglich nach spez. Routenplan).
3. Über 50 km und einem Paketgewicht unter 10 Kilo: Zustellung via Post.
4. Über 50 km und einem Paketgewicht über 10 Kilo: Zustellung mit Cargo.

Bei Post- und Cargozustellung sind «Normal» oder «Express» möglich.

Erstellen Sie aufgrund der Lieferkonditionen einen Ablauffolgeplan.

7 Reorganisation Indabag

Übungsziele	Ist-Zustand einer Organisation analysieren, Probleme erkennen und Lösungsvorschläge erarbeiten.
Theorie	Kap. 4, S. 36, Kap. 5, S. 43, Kap. 6, S. 64

Ausgangslage

Herr Gerber, Gründer und Inhaber der Indabag schildert Ihnen anlässlich eines mehrstündigen, intensiven Gesprächs, wie seine Indabag organisiert ist, wie sie funktioniert und welche Probleme sie hat.

Das Unternehmen

Die Indabag ist ein Spezialunternehmen für die Beseitigung von Industrieabfällen. Die Firma ist Entwickler und Produzent von ganzen Anlagen, welche die Kundschaft einige CHF 100 000.– bis zu mehreren Mio. Franken kosten können. Kunden sind chemische Werke auf der ganzen Welt. Die Indabag beschäftigt nur 28 Mitarbeitende, lässt aber Teile der Anlagen durch auswärtige Lieferanten herstellen. Die Gründung der Gesellschaft geht auf das Jahr 1995 zurück.

Herr Gerber bezeichnet sich klar als Techniker und Entwickler. Das Management seiner Unternehmung und die administrativen Belange interessieren ihn weit weniger als technische Probleme, zu denen er oft nahezu geniale Lösungen über Nacht entwickeln kann. Die Indabag ist seit zwei Jahren in den roten Zahlen, obwohl sie technisch höchst anerkannt (wenn nicht sogar führend) ist. Herr Gerber leitet das Unternehmen selbst. Er wird unterstützt durch eine 50-%-Stelle für Finanz- und Rechnungswesen, die ihn von den leidigen, finanziellen Fragen so weit wie möglich entlastet.

Ein klares Organigramm des Unternehmens gibt es nicht. Neben dem Finanz- und Rechnungswesen bestehen vier Abteilungen, die unmittelbar Herrn Gerber und teilweise Herrn Etter oder Projektleitern unterstellt sind:

- Verkauf und Entwicklung (Leiter Herr Etter, 4 Mitarbeitende)
- Konstruktion (Leiter Herr Koller, 6 Mitarbeitende)
- Produktion: mechanische Bearbeitung, Schlosserei, Elektronik, Lager und Spedition (Leiter Herr Portmann, 12 Mitarbeitende)
- Montage und Service (kein Leiter, 4 Mitarbeitende)

Das Sekretariat (2 Mitarbeiterinnen) erledigt alle Administrations- und Schreibarbeiten, auch die Offerten, für sämtliche Mitarbeitende. Die Indabag verfügt über eine einwandfrei funktionierende EDV-Gesamtlösung (Netzwerk). Viele der Mitarbeitenden sind aber nie genau über diese Anlage instruiert worden. Im administrativen Bereich wird immer noch sehr viel mit Laufzetteln und Handnotizen gearbeitet, obwohl man über das System genaueste und ausserordentlich schnelle Zugriffsmöglichkeiten hätte.

Verschiedene Funktionen wie Verkauf, Einkauf usw. sind auf mehrere Personen verteilt. Herr Gerber hat den Eindruck, dass gerade im Einkauf Reserven liegen könnten. Er hat nämlich festgestellt, dass sich Kostenüberschreitungen bei Grossprojekten parallel mit der Anzahl der Zulieferanten entwickeln.

Kundenkontakte werden teilweise parallel von verschiedenen Abteilungen geführt, sodass sich die eigenen Mitarbeitenden beim Kunden oft widersprechen. Werbung wird praktisch keine gemacht und auch an Ausstellungen und Messen ist man nicht präsent.

Zurzeit können in der Abteilung Montage und Service die eingesetzten Arbeitsstunden zu 80 % verrechnet werden. Die übrigen Abteilungen kommen auf durchschnittlich 50 %. Es wird mit Sicherheit zu wenig ertragsorientiert gearbeitet. Es ist auch so, dass die Projekte ungenau abgerechnet werden, obwohl man auch hier wieder auf die EDV abstützen könnte. Da niemand wirklich für die Einhaltung der Projektvorgaben verantwortlich ist, werden aus Kostenüberschreitungen, Verzögerungen bei der Inbetriebnahme von Anlagen, unterschätzten Entwicklungsstunden usw. keine Konsequenzen gezogen.

Normalerweise wird ein Auftrag (eine Anlage) so bearbeitet: Zeigt ein Kunde Interesse, folgen Offertstellung, Entwicklung, Konstruktion, Produktion und Montage. Sie haben bereits festgestellt, dass vieles nicht oder nur schlecht organisiert ist. Dies gilt auch für die Auftragsabwicklung. Es kommt immer wieder vor, dass der Ablauf gestört wird. Manchmal hat Herr Gerber plötzlich einen Verbesserungsvorschlag oder Herr Etter lässt kurzfristig Konstruktionszeichnungen abändern.

Nachdem die Indabag kein Marketing betreibt, über keine Verkaufsabteilung verfügt und überhaupt nur ein absolutes Minimum an Marktbearbeitung macht, fragen Sie sich, wie dieses Unternehmen überhaupt so lange (und davon nur die beiden letzten Jahre mit Verlust!) am Markt bestehen konnte. Die schwierige Wirtschaftslage, die Veränderungen am Markt und die sich abzeichnende Sättigung des Marktes machen dem Unternehmen nun aber echte Sorgen. Der Auftragsbestand reicht zurzeit für 8 Monate gegenüber bis zu 18 Monaten in den früheren Jahren.

Die Abteilung Verkauf und Entwicklung ist schwierig zu beschreiben, weil verschiedene Mitarbeitende in mehreren Bereichen tätig sind. So ist Herr Etter ein echter Allrounder. Er pflegt Kundenkontakte, informiert sich über die neuesten Ausschreibungen von Industrieanlagen in der ganzen Welt, verkauft und entwickelt Anlagen, greift in Konstruktion und Produktion ein und ist schliesslich auch noch bei der Montage der Anlage dabei. Er ist neben Herrn Gerber der einzige Mann im Unternehmen, der komplexe Anlagen in Betrieb nehmen kann. Seine eigentlichen Fähigkeiten (technische Problemlösungen für komplexe Industrieabfall-Probleme erarbeiten) kann er nur ungenügend einsetzen.

Mit Herrn Schmid verfügt Herr Etter in dieser Abteilung über einen hervorragenden Mann. Leider kann er aber diesen nicht genügend fördern, es fehlt ihm die Zeit dazu. Durch seine masslose Überlastung wird Herr Etter überhaupt immer und immer wieder zu Oberflächlichkeit und damit zu Fehlern gezwungen. Herr Schmid hatte schon oft gute Ideen, die aber nicht umgesetzt werden konnten, weil sich niemand damit befasste, wie sie vermarktet werden könnten. Herr Schmid ist flexibel und ein stiller Schaffer. Herr Gerber hat schon oft gesagt, man sollte ihn «nachnehmen». Von den übrigen Mitarbeitenden in dieser Abteilung hält der Chef nicht viel. Sie werden nicht geschult und auch nicht geführt. Von Stellenbeschreibungen und Pflichtenheften hält Herr Gerber nichts, das sei alles unnötiges Papier und es halte sich sowieso niemand daran. Am meisten zu schaffen machen den Mitarbeitenden der Abteilung Verkauf und Entwicklung aber die ständigen Überschneidungen zwischen den Abteilungen. Es gibt immer wieder Kompetenzprobleme mit der Konstruktion und der Produktion. Dies hat auch schon dazu geführt, dass die Leiter (Etter, Koller, Portmann) sich derart untereinander zerstritten, dass die Kommunikation nicht mehr funktionierte. Nur der väterlichen und versöhnlichen Art von Herrn Gerber ist es zu verdanken, dass nicht alles stillstand.

Die Abteilungen Konstruktion und Produktion leiden unter den oben beschriebenen Kompetenz-Überschneidungen. Auch hier fand bisher nie eine Mitarbeiterinformation oder eine Schulung statt. Der Chef der Konstruktion, Herr Koller, ist ein solide ausgebildeter und vor allem erfahrener Techniker. Er leidet unter der Ideenvielfalt der Herren Gerber und Etter. Es ist schon oft vorgekommen, dass im allerletzten Moment Änderungen befohlen wurden. Weder Herr Gerber noch Herr Etter halten etwas von gemeinsamer Zielvereinbarung. Das Motto «Der Chef sagt, was gemacht wird» gilt. Herr Koller hat schon oft klarer formulierte Aufträge verlangt und versucht, die beiden Chefs auf Distanz zu halten. Dies ist umso schwieriger, als Herr Koller in letzter Zeit sehr viel krank ist, was natürlich nicht nur den Arbeitsdruck erhöht, sondern die Zahl der Eingriffe der Herren Gerber und Etter noch erhöht. Dass die Mitarbeitenden damit zusätzlich demotiviert werden, versteht sich von selbst. Die Produktion (Chef ist Herr

Portmann) ist so weit problemlos. Als Endstufe der Vorbereitung der Anlagen vor der Inbetriebnahme merkt sie Schwankungen in der Auslastung besonders stark. Während einiger Monate im Jahr bestehen chronische Unterkapazitäten, trotz der Bereitschaft der Produktionsmitarbeiter, erhebliche Überstunden zu leisten. Andere Monate sind wieder durch Auftragslücken geprägt. Der Produktion sind auch die Aufgaben der Spedition zugeteilt, wobei keine verantwortliche Person bestimmt ist. Dabei stellen Versand und Versicherung der Anlagen immer wieder neue Anforderungen, sodass auch hier (einmal mehr!) der oberste Chef bemüht wird. Als Beispiel sei hier angeführt, dass wichtige Bestandteile einer Anlage für Kanada vor wenigen Monaten zwei Wochen liegen geblieben sind, weil der Chef der Produktion nicht in der Lage war, die Versand- und Versicherungsdokumente zu erstellen. Dabei war die Indabag zu diesem Zeitpunkt ohnehin schon im Verzug, aber die Herren Gerber und Etter waren zu diesem Zeitpunkt im Ausland.

Generell zum ganzen Unternehmen ist zu sagen, dass die Arbeitsatmosphäre bei der INDABAG sehr hektisch ist. Die Leute stehen laufend unter Termindruck (Termine, die immer wieder optimistisch festgelegt werden, aber eigentlich nie eingehalten werden können). Natürlich wird durch diesen Druck auch ein optimaler Arbeitsablauf verunmöglicht, immer wieder müssen Express-Arbeiten irgendwo hineingezwängt werden, sodass sich der einzelne Mitarbeiter verzettelt. Am Abend sind jeweils alle Beteiligten ausgepumpt und erschöpft, haben sich nur mit kurzfristigen Dingen auseinandergesetzt und wissen eigentlich nicht so genau, was sie getan haben.

Zu dieser objektiven Problemsituation kommen noch persönliche Machtkämpfe und Reibereien unter den Mitarbeitenden, Unsicherheiten über die Zukunft der Unternehmung und Veränderungen in der Organisation. Koordinationsprobleme und Streitigkeiten auf unterer Stufe werden schnell nach oben zurückdelegiert und belasten erneut die schmale Führungsspitze. Herr Etter weist ausdrücklich darauf hin, dass er permanent überlastet ist und auch seine Mitarbeitenden am Rand der Möglichkeiten sind. Das Unternehmen brauche mindestens 10 neue Leute in verschiedenen Abteilungen, wobei seine Abteilung Priorität haben müsse, meint er. Er betont, dass es innerhalb der Indabag keinen einzigen Mitarbeitende gebe, der ein Projekt von A bis Z durchziehen könne.

Sie sehen etwas auf sich zukommen. Herr Gerber ist bereit, für die Reorganisation seiner Unternehmung einmalige Reorganisationskosten von CHF 300 000.– aufzuwenden. Die jährlichen Mehrkosten ab 1.1.200x dürfen nicht mehr als CHF 500 000.– ausmachen. Der Chef übergibt Ihnen den Auftrag mit den Worten: «Sie sehen, dass ich für Verbesserungen offen bin und auch Änderungen bei mir selbst nicht ausschliesse.»

Als Erstes haben Sie mit einer Problemanalyse einen Katalog von Problemen in der Aufbau- resp. Ablauforganisation der INDABAG erstellt (siehe folgende Seite!).

Aufgaben

1   Führen Sie eine Problemanalyse durch und erstellen Sie einen Katalog von Problemen in der Aufbau- bzw. Ablauforganisation der Indabag. Verwenden Sie dafür die folgende Tabelle.

A] Tragen Sie in die ersten beiden Spalten die Probleme bzw. Beispiele ein.

B] Ergänzen Sie den Problemkatalog mit möglichen Lösungsansätzen, die Sie in der dritten Spalte notieren.

Aufbauorganisation

Problem	Beispiel	Mögliche Lösungsansätze

Ablauforganisation

Problem	Beispiel	Mögliche Lösungsansätze

2	Erstellen Sie das Organigramm des Ist-Zustandes der Indabag.
3	Erstellen Sie ein grobes Organigramm des Soll-Zustandes der Indabag.
4	Zeigen Sie die personellen Konsequenzen auf.

8 Sicura AG

Übungsziele	Projektaufträge kritisch hinterfragen und gute Projektaufträge erstellen.
Theorie	Kap. 9, S. 104

Ausgangslage

Viele Finanzdienstleitungsunternehmen bieten heute ihre Leistungen im Internet an. Das Unternehmen Sicura AG sieht bei diesem Markttrend Umsatzpotenzial. Die Kernkompetenz des Unternehmens soll genutzt werden. Sicura AG ist Spezialist in Sicherheitslösungen im Bereich Informatik. Sie will nun eine Basistechnologie für Finanzdienstleistungsunternehmen anbieten, die dann ihre Applikationen auf dieser Basistechnologie aufbauen können.

Nun hat die Geschäftsleitung an ihrem letzten GL-Workshop die Erstellung eines Projektauftrags in Auftrag gegeben. Auftraggeber dieses Vorhabens wird der CEO sein, da dieses Projekt von strategischer Bedeutung ist.

Susanne Müller, die Assistentin von Paul Stüssi, hat diesen Auftrag ausgeführt. Ein erster Entwurf des Projektauftrags liegt vor. Frau Müller weiss, dass Sie zurzeit eine Projektmanagement-Ausbildung absolvieren. Sie bittet Sie, den ersten Entwurf des Projektauftrags zu überprüfen.

Projektauftrag «Internet-Lösung als Basis für Applikationen von Finanzdienstleistern»

Auftraggeber: Paul Stüssi, CEO

Auftragnehmer: offen

Projektbeschreibung

Im letzten GL-Workshop hat die GL entschieden, eine Internet-Lösung als Basis für Applikationen von Finanzdienstleistern zu erstellen.

Aufgabenstellung

Es ist eine Internet-Lösung zu konzipieren, zu realisieren und einzuführen. Das Projekt ist von höchster strategischer Bedeutung.

Abgrenzung

Die Vermarktung der Lösung ist nicht Sache des Projekts, dies wird durch die Sales-Abteilung übernommen. Die bevorstehende Reorganisation der Informatik soll das Projekt nicht belasten.

Projektorganisation

Folgende Projektorganisation ist zu etablieren:

- Auftraggeber: Paul Stüssi, CEO
- Steuerungsausschuss: GL
- Projektleiter: offen
- Projekt-Office: offen
- Teilprojekte: TP Architektur, TP Implementierung, TP Schulung

Projektziele

Folgende Ziele sollen angestrebt werden:

- Für die transparente Verrechnung ist ein Accounting und Reporting zu implementieren.
- Der Umsatz im ersten Betriebsjahr muss 400k überschreiten.
- Die Lösung muss zukunftsorientiert implementiert werden.
- Wir wollen mit dieser Lösung die Nummer 1 am Markt werden.
- Wir wollen die Betriebskosten mit dieser Lösung sehr klein halten (im Gegensatz zu anderen Applikationen, die wir im Einsatz haben).
- Es ist eine Internet-Applikation: 7x24-Stunden-Betrieb muss gewährleistet werden.
- Es soll ein Testbetrieb durchgeführt werden.

Risiken

Falls wir das Projekt nicht einführen können, verpassen wir wichtige Marktchancen. Wir verlieren Stammkunden.

Budget

Die GL hat ein Kostendach von 1.2 Mio CHF festgelegt. Das Kostengefäss wurde eröffnet. Die GL erwartet einen Payback dieses Projekts von 2 Jahren.

Termine

Die Lösung soll pünktlich eingeführt werden. Ein Verzug hätte grosse Auswirkungen. Die GL geht davon aus, die Lösung noch in diesem Jahr auf den Markt bringen zu können (siehe Projektziele).

Information/Kommunikation

Die GL ist regelmässig über den Projektfortschritt zu informieren.

Altstetten, Mai 2007 sig. S. Müller

Aufgaben

1 Analysieren Sie den Projektauftrag von Frau Müller. Achten Sie dabei auf die Strukturierung und die Inhalte des Auftrags und identifizieren Sie allfällige Schwachstellen in einer Mängelliste.

- Bauen Sie Ihre Mängelliste so auf, dass formale Mängel (= F) und inhaltliche Mängel (=I) unterschieden werden.
- Zeigen Sie die verbesserungsfähigen Kapitel auf.
- Beschreiben Sie Ihre Feststellung.
- Formulieren Sie Verbesserungsvorschläge z. Hd. von Frau Müller.

Vorschlag eines Lösungsschemas für die Aufgabe 1

Kapitel	Mangel	F	I	Verbesserungsvorschläge

F = formaler Mangel und I = inhaltlicher Mangel

2 Sie erkennen, dass der Projektauftrag ein Schlüssel (ein Erfolgsfaktor) für jedes Projekt ist. Erstellen Sie eine Vorlage, mit der in Ihrem Unternehmen SICURA AG in Zukunft Projektaufträge formuliert werden sollen.

9 Erfolgsfaktoren eines Projekts

Übungsziele	Zu jedem Projekt die bestimmenden Erfolgsfaktoren ermitteln.
Theorie	Kap. 7, S. 84, Kap. 18, S. 177

Ausgangslage

Jedes Projekt hat seine eigenen fördernden und hemmenden Erfolgsfaktoren. Die Praxis zeigt, dass das Definieren von Erfolgsfaktoren nicht immer einfach ist. Es verlangt einerseits ein ausgeprägtes Vorstellungsvermögen über mögliche Vorkommnisse im Projekt sowie auch eine Spur Erfahrung, erkennen zu können, welche Erfolgsfaktoren Projekte immer wieder negativ (wie auch positiv) beeinflussen.

Auf der nächsten Seite können Sie den Beschrieb eines durchgeführten Projekts nachlesen, wie er in einer Mitarbeiterzeitung abgedruckt wurde. Suchen Sie die Einflussfaktoren dieses Projekts!

Aufgaben

1

A] Überlegen Sie sich aufgrund der Ausführungen im folgenden Text mögliche Erfolgsfaktoren. Begründen Sie die von Ihnen bestimmten Erfolgsfaktoren kurz.

Strukturieren Sie die Erfolgsfaktoren nach folgenden Rubriken:

- Management und Führung
- Rahmenbedingungen
- Kultur/Mitarbeitende
- Strukturen und Prozesse
- Information und Kommunikation

B] Bezeichnen Sie die Erfolgsfaktoren, die Ihnen kritisch erscheinen. Begründen Sie Ihre Wahl.

Organisationsentwicklung in einem Dienstleistungsunternehmen

Ausgangslage

Im Blickfeld steht ein KMU im Medienmarkt. Das Unternehmen, ein grösseres KMU, agiert im Massenmarkt. Die Unternehmensgeschichte ist klassisch geprägt durch eine Entwicklung von einer personen- hin zu einer funktionsbezogenen Organisation. Die gewachsenen Strukturen führten zu einem Effizienzverlust in der Organisation und in den Prozessen. Das Ziel der Organisationsentwicklung war die Implementierung einer prozessorientierten Organisation. Um dies zu gewährleisten, sollte eine Steuerung mittels Balanced Scorecard (BSC) und ein Management von Regelkreisen über eine statistische Prozessregelung erfolgen.

Vorgehen

Die Vorgehensweise der Organisationsentwicklung gliederte sich in vier Phasen:

Analysephase

Ein Prozessmodell diente als Grundlage zur Klassifizierung aller Tätigkeiten nach Kern-, Führungs- und Unterstützungsprozessen. Aus diesen Daten wurde eine sogenannte Prozesslandkarte erstellt, welche die Prozesse den ausführenden Organisationsbereichen zuordnet und die zeitlichen Abhängigkeiten und Informationsübergängen zwischen den einzelnen Prozessschritten darstellt. Als Ergebnis wurde festgehalten, dass die funktionsorientierte Organisationsform eine Vielzahl von Schnittstellen im zeitlichen Prozessablauf und unklare Verantwortlichkeiten verursachte. Dies führte zu langen Durchlaufzeiten und hohem Kommunikations- und Abstimmungsbedarf. Hohe Fehlerquoten waren die Folge.

Konzeption

Im Rahmen eines Strategieworkshops wurden Optionen für eine zukünftige Organisationsform erarbeitet. Es wurden dazu die bisher isolierten Teilprozessschritte und ihre unterstützenden Funktionen nach ihrer zeitlichen Abfolge gegliedert, nach verschiedenen Merkmalsarten zusammengefasst (Objekt-, Funktionsorientierung usw.) und Organisationseinheiten zugeordnet sowie eine Grobplanung in Bezug auf die Anzahl Mitarbeitende, Flächenbedarfe und Qualifizierungsbedarfe erstellt.

Entscheidung

Anschliessend wurden die erarbeiteten Varianten mithilfe einer Nutzwertanalyse nach qualitativen und quantitativen Kriterien beurteilt und eine Entscheidung zur zukünftigen Organisation des Unternehmens getroffen.

Umsetzungsplanung

Die Umsetzungsplanung bezog die Bereiche Kapazitätsplanung, Arbeitszeitmodelle, die Planung von Qualifikationsmassnahmen und das Soll-Layout ein. Damit konnte ein reibungsloser Übergang in die neue Organisation sichergestellt werden, sodass zum vorgegebenen Stichtag der Rollout starten konnte.

Die Organisation des Unternehmens erfolgt nach den identifizierten Hauptprozessen. Unterstützende Funktionen wurden soweit sinnvoll in die Prozess-Organisationseinheiten eingegliedert, alle anderen zu unterstützenden «Corporate Centern» zusammengefasst. Innerhalb der Prozess-Organisationseinheiten wurden jedem Leiter Teilprozessverantwortliche unterstellt. Somit wurde eine durchgängige Prozessverantwortlichkeit implementiert, die eine übergreifende Steuerung durch eine BSC sowie den Einsatz der statistischen Prozessregelung unterstützt.

Ergebnis

Als Ergebnis konnte schon kurz nach der Einführungsphase eine deutliche Verringerung der Durchlaufzeit bei gleichzeitig gesunkener Prozessfehlerquote erreicht werden. Die deutlich gesunkene Reklamationsquote bei gleichzeitig gestiegener Kundenbindung schafft die Grundlage für weiteres Wachstum.

2

Sie wurden angesprochen, dass es doch praktisch wäre, wenn es einen Katalog gäbe, der häufige Erfolgsfaktoren in Projekten beinhaltet. Diese Liste könnte man dann idealerweise als Checkliste nutzen. Diese Idee hat Sie überzeugt:

Erstellen Sie eine Liste von möglichen Erfolgsfaktoren (positive und negative Erfolge) für

- Management und Führung und
- Kultur/Mitarbeitende.

10   Projekt-Kickoff

Übungsziele	Merkmale eines guten Kickoffs erkennen und hinterfragen.
Theorie	Kap. 8, S. 94, Kap. 9, S. 104, Kap. 18, S. 177

Ausgangslage

Sie befinden sich in der Anfangsphase eines Projekts. Als Sie den Auftrag erhalten haben, für die bevorstehende Mini-Reorganisation Ihres Bereichs einen Projektauftrag zu formulieren, haben Sie zur Unterstützung ein kleines «Taskforce-Team» gebildet. Nun ist der Projektauftrag unterzeichnet und die vorgeschlagene Projektorganisation tritt in Kraft.

Sie haben bisher keine regelmässigen Projektsitzungen durchgeführt. Ab sofort wollen Sie dies jedoch tun, schliesslich hängt der Projekterfolg immer sehr stark von der Kommunikation und Zusammenarbeit im Projektteam ab. Das haben Sie gelernt und auch schon in vielen Projekten gesehen.

In Ihrem Unternehmen sind aber Projektsitzungen verpönt. «Man solle doch besser arbeiten als zusammensitzen und Protokolle schreiben», heisst es jeweils. Sie haben also eine etwas schwierige Aufgabe vor sich …

Sie haben sich für diese Startphase des Projekts folgende Ziele gesteckt:

- Alle Projektmitarbeitenden sind von der Art der Sitzungsleitung positiv beeindruckt und sind überzeugt, dass das Projekt erfolgreich umgesetzt wird.
- Nach der Kickoff-Sitzung sind alle Projektmitarbeitenden motiviert, sich ab sofort aktiv an regelmässigen Projektsitzungen zu beteiligen.
- Der Nutzen der Protokollführung wird eingesehen.
- Das Team ist konstituiert, d. h., die einzelnen Mitarbeiterinnen und Mitarbeiter akzeptieren sich gegenseitig.

Aufgaben

1

Analysieren Sie die Situation. Erarbeiten Sie eine Checkliste für die Vorbereitung des Kickoffs. Beantworten Sie mit dieser Checkliste die Frage:

«Welche Vorbereitungsmassnahmen sind für diese erste und wegweisende Kickoff-Sitzung zu treffen»?

Definieren Sie mindestens zehn Vorbereitungsmassnahmen. Machen Sie sich zu jeder Vorbereitungsmassnahme detaillierte Überlegungen, wieso Sie diese benötigen.

2

Sie möchten wirklich auf «alles» vorbereitet sein und überlegen sich, was an diesem ersten Kickoff so alles eintreffen könnte. Sie haben sich folgende Überlegungen gemacht, wie die Sitzung ablaufen könnte:

- Sie haben die Sitzung auf 8.30 h angesetzt. Es ist jetzt 8.35 h und es sind von den geladenen sieben Kolleginnen und Kollegen erst vier da. Sie haben aber keine Abmeldungen erhalten.
- Während der Sitzung stellen Sie fest, dass ein Teilnehmer einfach nur da sitzt und in seinen Laptop starrt.
- Ein weiterer Mitarbeiter hört zwar aufmerksam zu und macht sich rege Notizen, sagt aber kein Wort.
- Eine Teilnehmerin spricht ein Thema an, das nicht zum Kickoff gehört …
- Sie haben einen kleinen «Workshop-Block» eingefügt, der die Teilnehmenden anregen soll, aktiv zu werden. Sie werden aber nicht aktiv …
- Zwei Teilnehmer flüstern die ganze Zeit miteinander. Sie fühlen sich gestört.

- In der zweiten Hälfte des Workshops stellen Sie (aufgrund der nonverbalen Kommunikation) fest, dass das Interesse und die Konzentration nachlassen …
- Im Frageblock am Schluss werden Sie mit Fragen konfrontiert, die Sie nicht beantworten können...
- Nicht alle Themen des Kickoffs können besprochen werden.

Analysieren Sie Ihre Überlegungen und notieren Sie sich, wie Sie in den verschiedenen Situationen agieren oder reagieren wollen. Begründen Sie Ihre Aktionen.

3   Sie haben sich für dieses Kickoff-Meeting Ziele vorgenommen und diese auch formuliert (siehe Ausgangslage).

A] Überlegen Sie sich nun, wie Sie diese Ziele messen wollen. Was muss passiert sein, dass Sie für sich sagen können: «Ich habe meine Kickoff-Ziele erreicht.» Wie stellen Sie fest, dass «es passiert ist»?

B] Das Protokoll ist ein wichtiges Instrument, muss aber seinen Zweck auch erfüllen. Es wird sicherlich eine Knacknuss. Nicht nur für das Kickoff-Meeting, sondern generell für jedes Meeting in ihrem Projekt. Erstellen Sie eine Regelung zuhanden Ihres Projekthandbuchs:

Definieren Sie eine «Überzeugungsstrategie», wieso Sie in Ihrem Projekt Protokolle schreiben wollen, was in den Protokollen stehen wird und wie Protokolle erstellt werden. Zeigen Sie ebenfalls den Nutzen von Protokollen auf.

11   Immo I

Übungsziele	Projekte planen.
Theorie	Kap. 10, S. 114 bis Kap. 16, S. 147

Ausgangslage

Das Ende 1995 durch den Geschäftsführer, Peter Bichsel, gegründete und im Immobilienbereich erfolgreich tätige Unternehmen Immo hat sich trotz der wirtschaftlich schwierigen Neunzigerjahre erfreulich entwickelt; dies dank all den Kunden, die uns ihr Vertrauen geschenkt haben, den fachlich gut ausgebildeten und engagierten Teammitgliedern und dank sorgfältiger Ausführung der ihr übertragenen Arbeiten. Nebst dem konnten in den vergangenen Jahren erfreulicherweise regelmässig neue Arbeitsplätze und Lehrstellen geschaffen werden.

Mit dem Eintritt von Sandra Burri im 2003 als weitere Partnerin expandierte Immo im Bereich Verkauf. 2004 wurden Verkaufsfilialen in Meggen und Stans sowie 2005 in Luzern eröffnet. Die regionale Verbundenheit und Verankerung im Grossraum Luzern mit der Innerschweiz wurde damit kundengerecht verstärkt.

Der Bereich Bewirtschaftung und Finanzen (Verwaltung, Stockwerkeigentum, Umbauten und Baumanagement, Finanzen) sowie die Geschäftsleitung von Immo besteht unter der Leitung von Peter Bichsel weiterhin am bekannten Standort in Buochs.

Die Stärken von Immo liegen:

- im persönlichen, individuellen Kundenservice,
- in der langjährigen und umfassenden Branchenerfahrung,
- im professionellen Einsatz der Mitarbeitenden,
- im umfassenden und flexiblen Dienstleistungsangebot,
- in den für den Kunden überschaubaren Kosten und
- in der für die Kunden wichtigen regionalen Verbundenheit.

Immo will nun seine Mandatsverwaltung IT-unterstützt professioneller gestalten. Sie leiten dieses Projekt und haben im Rahmen des Kick-off-Meetings zusammen mit den Beteiligten eine Planung im Groben erarbeitet. Die Ergebnisse wurden protokolliert:

Ergebnisse des Planungs-Workshops

Die Ergebnisse umfassen im Wesentlichen

- die Arbeitspakete,
- die Ablauflogik und
- die Ausführenden

und können als verbindliche Planungsgrundlage übernommen werden.

Projektstart

Da der genaue Termin noch nicht festgelegt ist, wird eine relative Terminberechnung, beginnend mit dem Tage 0 zu einem Monatsanfang, durchgeführt.

Vorabklärungen

Zu Beginn sind die benötigten Informationen zu beschaffen (mit Interviews, evtl. Fragebogen und Dokumentenstudium). Diese Vorabklärungen sollen Klarheit über die technischen und organisatorischen Voraussetzungen für die geplante Mandatsverwaltung verschaffen. Die benötigte Durchlaufzeit für diese Ist-Analyse wird auf 5 Tage geschätzt. Da diesen Basisinformationen grosse Bedeutung zugemessen wird, wird beschlossen, diese durch einen Mitarbeiter mit Vollzeit-Einsatz vornehmen zu lassen. Diese Aufgabe wird Kurt übertragen.

Konzept

Als nächste Aufgabe wurde die Erarbeitung des fachlichen und technischen Konzepts eruiert. Die Konzeptarbeiten sollen nach Abschluss der Vorabklärungen gestartet werden. In diesem gut überblickbaren Fall rechnet man für das Konzept mit einer Dauer von 20 Tagen. Die Arbeit wird zu gleichen Teilen durch Kurt und Peter erbracht. Beide werden mit 50 % ihrer Kapazität daran arbeiten, damit die Aufgabe in zwanzig Tagen erledigt ist.

Budget

Das Budget kann parallel zum Konzept erstellt werden. Das Budget sollte in zwei Tagen erstellt sein. Die Aufgabe ist Sandra zugeteilt. Sie wird schätzungsweise 25 % ihrer Kapazität dafür einsetzen müssen.

Umsetzung

Sind Konzept und Budget erstellt, so sind die Informationen für die Freigabe zur Umsetzung gegeben. Die geschätzte Dauer für die Umsetzung beträgt 25 Tage. Kurt ist für diese Aufgabe zu 100 % vorgesehen.

Pilotphase

Bei der Einführung der Mandatslösung darf kein Risiko eingegangen werden. Deshalb wird vor der Übernahme aller Mandate in die neue Lösung ein Piloteinsatz geplant. Dieser Pilot erfolgt nach der Umsetzung. Dauer der Pilotphase: 10 Tage. Durchschnittlicher Aufwand von Kurt ist 50 %.

Schulung

Die Schulung erfolgt während der Pilotphase. Da Kurt bis zu diesem Zeitpunkt die Lösung am besten kennen wird, ist er die geeignete Person. Damit alle Mitarbeitenden geschult werden können, muss mit einer Dauer von 5 Tagen für die Schulung gerechnet werden. Diese Tätigkeit wird Kurt 100 % ausfüllen.

Abschluss

Das Projekt ist nach Abschluss der Pilotphase und der letzten Schulung abgeschlossen.

Aufgaben

1   Um die Planung umsetzen zu können, entschliessen Sie sich, zuerst die Ergebnisse zu strukturieren.

Ihre Strukturanalyse soll folgenden Überblick geben:

- Alle Aktivitäten des Vorhabens, den geschätzten Aufwand sowie die berechneten Durchlaufzeiten sind erkennbar.
- Die Ressourcen und ihre Verfügbarkeiten sind ebenfalls aufgeführt.
- Die Abhängigkeiten sind festgehalten: Die logische Ablaufstruktur ist vorbereitet.

Sie haben die Aufgabe gut gelöst, wenn alle Aktivitäten, Abhängigkeiten, Ressourcen, Durchlaufzeiten, Aufwände in einer Tabelle zusammengestellt sind.

| 2 | Sie haben nun eine gute Arbeitsgrundlage erarbeitet, damit Sie in dieser Aufgabe ein Balkendiagramm erstellen können. |

A] Bevor Sie mit dem Zeichnen des Balkendiagramms beginnen: Ergänzen Sie Ihren Strukturplan mit Ihnen wichtig erscheinenden Meilensteinen.

B] Zeichnen Sie nun das Balkendiagramm, dabei sollen die Vorgänge eindeutig identifiziert sein, Vorgänger erkennbar, Ressourcen ergänzt und die Dauer ersichtlich sein. Identifizieren Sie in Ihrem Balkendiagramm einen allfälligen kritischen Pfad.

C] Falls Sie nun Probleme/Schwierigkeiten bei der Umsetzung Ihres Projekts erkennen, zeigen Sie diese auf.

| 3 | A] Okay, zugegeben, die erste Planung war etwas euphorisch. Kurt schafft die Umsetzung nicht alleine, da er nicht genügend vom Tagesgeschäft entlastet werden kann. Nach entsprechenden Abklärungen ergeben sich folgende Planänderungen: |

- Peter beteiligt sich an der Umsetzung mit 25% seiner Kapazität. Der Einsatz ist aufgrund seines Profils und der Kenntnisse aus der Konzeptmitarbeit sinnvoll. Der Aufwand von Kurt kann auf 50% reduziert werden.
  Hinweis: Teamarbeit kann zur Steigerung des Outputs beitragen. Das haben auch die Planer in unserem Fall so angenommen, denn Kurt und Peter erbringen mit Total 75 Stellenprozent in sechs Wochen die Leistung, die Kurt mit einem Einsatz von 100% in fünf Wochen erbringen würde.
- Durch zusätzlichen Kommunikationsaufwand ist nun mit einem Gesamtaufwand von 30 Personentagen für die Umsetzung zu rechnen.
- Die Schulung kann nun doch auf 2 Wochen verteilt werden. Kurts Belastung reduziert sich dadurch auf 50%.

Passen Sie Ihre Strukturanalyse und das Balkendiagramm der neuen Situation an.

B] Die Belastung der Ressourcen lässt Sie noch nicht los. Sie möchten gerne noch mehr Transparenz in die Ressourcenbelastung erhalten. Zeichnen Sie ein Belastungsdiagramm. Bezeichnen Sie in Ihrer grafischen Darstellung die einzelnen Vorgänge. Nehmen Sie allenfalls (zur besseren Erkennung) verschiedene Farben für die verschiedenen Personen.

C] Die **IMMO** ist es gewohnt, sehr kostentransparent zu arbeiten, also möchten Sie nun noch wissen, was das Projekt schliesslich kostet. Sie beschränken sich jedoch auf die Personalkosten.

Ermitteln Sie die Projekt-Personalkosten (in einer Tabelle).

Es gelten folgende Ansätze und Regeln:

- 1 Monat = 4 Wochen, 1 Woche = 5 Arbeitstage, 1 Tag = 8 Std.
- Stundenansatz Kurt: 165 CHF/Std.
- Stundenansatz Peter: 210 CHF/Std.
- Stundenansatz Sandra: 170 CHF/Std.

Die Tabelle soll die Belastung pro Monat wie auch die Totalbelastung aufzeigen.

12   Immo II

Übungsziele	Projekte steuern, Risiken einschätzen, Projektmarketing betreiben.
Theorie	Kap. 17, S. 160 bis Kap. 19, S. 183

Ausgangslage

Das Immobilien-Unternehmen Immo hat die Projektplanung nun abgeschlossen. Der Auftrag wurde von Peter Bichsel freigegeben. Das Projekt ist nun zur Umsetzung bereit.

Sie wurden als Projektleiterin/Projektleiter bestimmt. Es ist Ihr erstes Projektmandat und Sie möchten es möglichst gut angehen.

Von einem erfahrenen Projektleiter haben Sie schon mehrmals gehört, dass der Erfolg eines Projekts mit der Steuerung steht oder fällt. Die Steuerung sei eine zentrale und ständige Aufgabe der Projektleitung, die aber oft nicht konsequent umgesetzt wird.

Sie fassen das Gespräch noch einmal zusammen: Um das Vorhaben auf Erfolgskurs halten zu können, so Ihr Kollege, muss der Projektleiter laufend über den Projektstand Bescheid wissen, drohende Risiken erkennen können, allfällige Kostenüberschreitungen möglichst früh erkennen und schnell auf allfällige Projektstörungen reagieren können, insbesondere das Einhalten der Termine, die ja in der Praxis häufig verschoben werden.

Das leuchtet ein. Aber was heisst das nun für das vorliegende Projekt? Was müssen Sie vorkehren? Welche Instrumente werden Sie einsetzen?

Aufgaben

1   Ermitteln Sie die Ursachen für allfällige Terminabweichungen. Suchen Sie dabei nach mindestens sechs Ursachen und listen Sie diese stichwortartig auf. Beschreiben Sie die Ursachen so ausführlich, dass Sie konkrete Massnahmen ableiten können.

2   Das Projekt scheint Ihnen zwar nicht so gross zu sein, Sie möchten aber dennoch wenn immer möglich Kosten- und Terminüberschreitungen vermeiden. Es geht nun also darum, ein Frühwarnsystem aufzubauen und Massnahmen zu definieren, um Terminverzögerungen aufzuholen bzw. Kostenüberschreitungen zu kompensieren.

In dem Gespräch mit Ihrem erfahrenen Kollegen haben Sie vier Kategorien von Massnahmen aufgenommen:

- Den Leistungsaufwand reduzieren
- Den Aufwand reduzieren
- Die Kapazität erhöhen
- Die Produktivität erhöhen

Definieren Sie stichwortartig für jede dieser vier Massnahmenkategorien mind. vier Massnahmen, die Kosten- bzw. Terminüberschreitungen kompensieren oder aufholen können. Erläutern Sie stichwortartig, welche eventuellen Hindernisse und Nebeneffekte die entsprechende Massnahme nach sich ziehen könnte.

Die Aufgabe ist dann gut gelöst, wenn eine Tabelle mit je vier Massnahmen und Hindernissen zu den vier Kategorien vorliegt.

3   Damit das Projekt dann auch wirklich erfolgreich wird und auch von allen akzeptiert wird, möchten Sie Projektmarketing einsetzen.

Sie haben dazu Folgendes auf der Homepage www.projekt-marketing.ch nachgelesen:

Ziel des Projektmarketings ist es, das Projekt auf dem Weg zur Zielerreichung optimal unter Miteinbezug des Projektumfeldes und der strategischen Ausrichtung zu unterstützen. Das Projektmarketing stellt der Projektleiterin Instrumente zur Verfügung, um allfälligen negativen Entwicklungen im Projekt vorzubeugen und ihnen professionell zu begegnen.

Die Akzeptanz und die daraus resultierende Wirkung dieser Massnahmen sind von der Kommunikation abhängig. Es ist also entscheidend, wie Sie in Ihrem Projekt kommunizieren und das Projekt «verkaufen».

«Ist doch nicht nötig für ein so kleines Projekt», entgegnet ein Kollege. Sie überzeugen ihn jedoch, dass es auch für ein kleines Projekt erfolgsentscheidend sein kann.

Entwickeln Sie nun die Instrumente für ein effektives Projektmarketing für Ihr Projekt.

A]   Beschreiben Sie stichwortartig mindestens vier erfolgsentscheidende Grundsätze des Projektmarketings.

B]   Welche Kernfragen sollte die Stakeholderanalyse beantworten?

C]   Machen Sie mindestens einen Darstellungsvorschlag für die Ergebnisse aus der Stakeholderanalyse.

Teil G   Anhang

Antworten zu den Repetitionsfragen

1 Seite 17   A] Mit dem Organisationsgrad wird die zeitliche Dauer und somit die Stabilität von Regelungen im Unternehmen ausgedrückt. Je tiefer der Organisationsgrad, desto weniger lang sind die Regelungen gültig; im Extremfall gibt es keine definierten Regelungen, sondern sie werden – auf die jeweilige Situation angepasst – jedes Mal von neuem definiert. In diesem Sinn ist ein wenig organisiertes Unternehmen natürlich flexibler (elastischer) und anpassungsfähiger als ein starr organisiertes Unternehmen.

B] (Kommentar)
Ihr Beispiel sollte den Zusammenhang zwischen dem Organisationsgrad und der Flexibilität genauso aufzeigen, wie Sie es unter A] beschrieben haben. Typische Beispiele für Unternehmen mit einem tiefen Organisationsgrad sind: «Start-up»-Unternehmen, viele Kleinunternehmen und viele Nischenanbieter, die sich auf massgeschneiderte Kundenlösungen spezialisiert haben.

2 Seite 17   A] ... ist eine Organisation (institutionale Sicht)

B] ... wird organisiert (funktionale Sicht)

C] ... hat eine Organisation (instrumentale Sicht)

3 Seite 17   A] Disposition (einmalig gültige, kurzfristige Regelung bzw. Abmachung)

B] Organisation (dauerhaft gültige, stabile Regelung, an die sich alle halten müssen)

C] Improvisation (vorläufig gültige, befristete Regelung)

4 Seite 17   (Kommentar)

Ihre drei Beispiele sollten die folgenden Merkmale veranschaulichen:

- Typische Wertschöpfungsprozesse sind die Kernprozesse des Unternehmens, für die der Kunde zu zahlen bereit ist. Welche es sind, ist branchenabhängig bzw. firmenspezifisch zu definieren.
- Unterstützungsprozesse unterstützen die Wertschöpfungsprozesse. Typische Beispiele sind: Personalmanagement, Finanz- und Rechnungswesen, IT usw.
- Führungsprozesse setzen die Rahmenbedingungen. Typische Beispiele sind: Qualitätsmanagement, Strategieentwicklung usw.

5 Seite 24   A] Element (Sachmittel)

B] Beziehungen (Aufbauorganisation)

C] Dimension (Zeit)

D] Dimension (Raum)

E] Element (Aufgabe)

6 Seite 24   (Kommentar)

Aus Ihren beiden Beispielen sollte die folgende Unterscheidung zwischen Objekten und Verrichtungen hervorgehen:

- Objekt bezeichnet, woran etwas getan werden muss.
- Verrichtung bezeichnet, was (im Einzelnen) getan werden muss.

7 Seite 34

(Kommentar)

A] Achten Sie darauf, dass Sie das Problem bzw. das System auch für Aussenstehende nachvollziehbar formulieren.

B] Um das richtige Problem zu lösen, müssen Sie sich über das System und seine Grenzen klar werden.

C] Als Einflussgrössen gelten Restriktionen (zwingende Vorgaben) und Rahmenbedingungen (Wünsche).

D] Subsysteme entstehen durch die Zerlegung des Systems in kleinere, abgrenzbare Einheiten; Teilsysteme ergeben sich aufgrund von Beziehungszusammenhängen (typischerweise von Abläufen oder funktionalen Einheiten).

E] Schnittstellen sind Übergänge zu anderen Systemen.

8 Seite 34

(Kommentar)

A] Objekte stehen für das Woran (etwas getan wird), während Verrichtungen Auskunft darüber geben, was alles an diesen Objekten getan wird. Objekte innerhalb einer Führungsaufgabe sind z. B. die Mitarbeiterbeurteilung oder die Sitzung. Verrichtungen sind z. B. bei der Mitarbeiterbeurteilung: Ziele setzen, Ziele vereinbaren, Ziele überprüfen usw.; bei der Sitzung: einberufen, vorbereiten, leiten, nachbearbeiten usw.

B] Halten Sie sich an die Tabelle 3-3, S. 27. Beantworten Sie die Frage möglichst für jede der Verrichtungen.

9 Seite 42

(Kommentar)

A] Mögliche Beurteilungskriterien für die Verbindung zwischen der hierarchischen Ordnung und der gelebten Hierarchie in Ihrem Unternehmen sind:

- Wie wird die hierarchische Machtstellung (Pyramide, Status- und Titeldenken) betont?
- Wo und wie wird entschieden (Entscheidungszentralisation, Entscheidungswege)?
- Wer ist wie gut informiert (Informationsfilterung)?
- Wie transparent sind die Abläufe (Funktionsbarrieren oder operative Inseln)?

B] Wo Arbeitsteilung herrscht und demzufolge die einzelnen Aktivitäten aufeinander abzustimmen sind, braucht es eine Koordination, die durch das Vorhandensein einer hierarchischen Ordnung vereinfacht wird. Dasselbe gilt für die Entscheidungswege, die mit der hierarchischen Ordnung allseits klar geregelt werden können.

C] Typische hierarchische Barrieren sind die unter A] genannten Kriterien, die Funktionsbarrieren, die sich in Grabenkämpfen zwischen Abteilungen ausdrücken, und die operativen Inseln, die sich aufgrund von Hierarchie- und Funktionsbarrieren in Form eines ausgeprägten Gärtchendenkens entwickeln.

10 Seite 42

A] Funktionsbarrieren

B] Hierarchiebarrieren

C] Hierarchiebarrieren

11 Seite 63

(Kommentar)

A] Diese Aussage ist insofern zutreffend, als sich engagierte Mitarbeitende dafür einsetzen, die notwendigen Kompetenzen zu erhalten, um ihre Aufgaben verantwortungsvoll erfüllen zu können. Werden die Kompetenzen jedoch nicht klar geregelt, sind die Mitarbeitenden stark vom Wohlwollen ihrer Vorgesetzten abhängig, die entsprechenden Kompetenzen einzuräumen. Eine klare Regelung beugt daher Missverhältnisse zwischen Aufgaben, Verantwortung und Kompetenzen und den daraus folgenden Zusammenarbeitsproblemen vor.

B] Dieser Aussage ist insofern zuzustimmen, als der Stelleninhaber optimalerweise die für die Stelle benötigten Qualifikationen mitbringt. Dies sicherzustellen, ist jedoch Führungsaufgabe. Aus organisatorischer Sicht gilt das Prinzip der freien Stellenbildung, d. h., dass Stellen nicht nach den Personen gebildet, sondern im Gegenteil die Stellen definiert und danach die für die Stellen geeigneten Personen gesucht werden sollten.

C] Es gibt keine allgemein gültige Leitungsspanne. Sie hängt vielmehr von verschiedenen Faktoren ab, wie der Art der Aufgaben, dem Grad der Entlastung der Führungsperson, ihrem Arbeits- und Führungsstil und der Qualifikation ihrer Mitarbeitenden. Erst in Berücksichtigung dieser Einflussfaktoren lässt sich die optimale Leitungsspanne ermitteln.

D] Diese Aussage stimmt so absolut nicht, denn bei einer operativen Management-Holding wird tatsächlich stark in das Tagesgeschäft der Gesellschaften eingegriffen. Jedoch zeigen sich dabei typische negative Auswirkungen solcher zentraler Eingriffe, wie z. B.:
- Lange, komplizierte Entscheidungswege
- Praxisferne Vorgaben aufgrund der geringeren Marktnähe der Holding
- Motivationsverlust der Führungspersonen in den einzelnen Gesellschaften
- Verlust der Selbstständigkeit (man vergewissert sich zuerst «oben»)

12 Seite 63

(Kommentar)

A] Aus Ihrer Beschreibung sollte klar hervorgehen, ob es sich um eine funktionale, divisionale, regionale oder um eine Gliederung nach Phasen handelt.

B] Ihr Vorschlag muss die typischen Merkmale der anderen Gliederungsform ausweisen.

13 Seite 63

- Ein Profit-Center ist für die Erreichung vorgegebener Gewinnziele (Profit) verantwortlich. Dabei muss es sich an leistungsbezogene Bedingungen halten.
- Ein Cost-Center ist an vorgegebene Kostenziele gebunden, die es unter Einhaltung leistungsbezogener Bedingungen einhalten muss.

14 Seite 63

A] Entscheidungskompetenz

B] Vertretungskompetenz

C] Mitsprachekompetenz

D] Verfügungskompetenz

15 Seite 63

A] Funktionsorientierte Organisation

B] Mischung aus divisionaler und funktionsorientierter Organisation. Funktionsorientierte Bereiche sind die zentrale Verwaltung und Versorgung des Spitals, wohingegen die Kernprozesse des Spitals nach Disziplinen gegliedert werden: Chirurgie, Kardiologie, Maternité usw.

16 Seite 63

Aus der Fallbeschreibung ist zu entnehmen, dass die Unisono GmbH bisher offenbar gute Erfahrungen mit der funktionalen Organisation, verbunden mit einer temporären Projektorganisation, gemacht hat. Die Fusion mit der Werbeagentur braucht daher nicht eine neue Organisationsform zu bewirken. – Es müssten mehr Informationen über die Stärken und Schwächen der bisherigen Organisationsform und über die Neuausrichtung in der Strategie vorliegen, um die Frage einer Reorganisation abschliessend zu beurteilen.

Mögliche Alternativen für die funktionale Organisation wären die divisionale Organisation oder, als radikalere Variante, die Projektorganisation:

Die divisionale Struktur könnte nach Kundengruppen (z. B. Gross- und Kleinkunden, nach Branchen) oder nach Dienstleistungsangeboten (z. B. Eventmarketing, Corporate Design, Customer Relationship usw.) gegliedert werden. Wie bis anhin, würde für divisionsübergreifende Kundenprojekte eine Projektorganisation gebildet.

Bei einer Projektorganisation würden die einzelnen Teams je nach Kundenmandat bzw. je nach Art des Projekts immer wieder neu zusammengestellt und nach dessen Beendigung wieder aufgelöst.

17 Seite 81

Begriffe	Effektivität	Effizienz
Kostenoptimierung	☐	☒
Kundenzufriedenheit	☒	☐
Zeitoptimierung	☒	☒
Produktqualität	☒	☒
Flexibilität	☒	☐

18 Seite 81

(Kommentar)

Ihre Beispiele verdeutlichen Folgendes: Schnittstellen ergeben sich aus den Inputs und Outputs von Prozessen, also dann, wenn die Verantwortung von einer Stelle auf eine andere Stelle bzw. von einer Organisationseinheit auf eine andere Organisationseinheit übergeht.

19 Seite 81

Begriffe	GPO	BPR
Aufbau auf bestehenden Organisationsstrukturen	☒	☐
Innovativer, einmaliger Veränderungsprozess	☐	☒
Radikaler Umbruch	☐	☒
Orientierung an bestehenden Prozessen und Aufgaben	☒	☐
Bottom-up-Vorgehensweise	☒	☐
Permanenter Verbesserungsprozess	☒	☐
Top-down-Vorgehensweise	☐	☒
Neudefinition der Prozesse und Aufgaben	☐	☒

20 Seite 81

Argumente für eine Reorganisation bestehender Prozesse:

- Ein schrittweiser, evolutionärer Veränderungsprozess verläuft natürlicher und somit auch effektiver als ein radikaler Umbruch.
- Ein Bottom-up-Ansatz fördert das Mitdenken möglichst vieler Mitarbeitenden; die Lösungen sind pragmatischer und dadurch besser realisierbar.
- Die Einbindung der Mitarbeitenden führt zu einer grösseren Akzeptanz; die Umsetzung der Lösung verspricht mehr Erfolg.

Argumente für eine Neugestaltung der Prozesse:

- Ein radikaler, revolutionärer Veränderungsprozess bietet die Chance, auch unkonventionelle, innovative Lösungen anzustreben.
- Ein Top-down-Ansatz ermöglicht eine konsequente Ausrichtung auf die Strategie und entschärft die Gefahr, dass Führungspersonen und Mitarbeitende ein «Bollwerk» gegen jegliche einschneidenden Veränderungen errichten und sie torpedieren.
- Ein Top-down-Ansatz erfordert die Beteiligung der obersten Geschäftsleitung und ermöglicht damit die Durchsetzungskraft auf allen Stufen des Unternehmens.

21 Seite 81

A] Mit dem magischen Dreieck ist das Spannungsfeld gemeint, das sich in der Abstimmung von zeitlichen, kosten- und qualitätsbezogenen Zielen ergibt. Zeit und Qualität sind häufig gegenläufige Kriterien, da eine höhere Qualität i. d. R. mehr Zeit beansprucht; die Forderung nach Zeiteffizienz kann durch einen Mehreinsatz an Ressourcen zu höheren Kosten führen; die Forderung nach Qualität löst i. d. R. Mehrkosten aus.

B] Ihr Beispiel soll das Spannungsfeld aufzeigen, wie es unter A] beschrieben wurde.

22 Seite 82 Dargestellte Grundformen der Prozessstruktur:

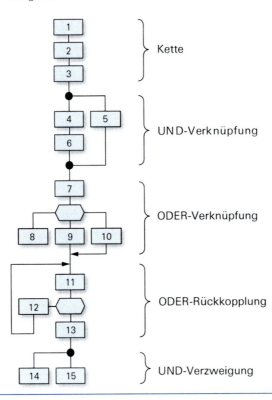

23 Seite 92 Erfolgsfaktoren für Projekte:

A] Methodik

B] Projektteam

C] Projektumfeld

D] Kommunikation

24 Seite 92 Unter Projektmanagement versteht man den Einsatz von Methoden und Techniken, die es ermöglichen, das Vorgehen in einem Projekt im Hinblick auf die Erreichung der Projektziele systematisch zu planen, zu steuern und zu überwachen. Dadurch steigen die Chancen für den erfolgreichen Abschluss eines Projekts.

25 Seite 93

Vorhaben	Projekt?		Begründung
	Ja	Nein	
Kongress	☒		Alle typischen Merkmale eines Projekts sind gegeben.
Umbau	☒		Alle typischen Merkmale eines Projekts sind gegeben.
MIS	☒		Alle typischen Merkmale eines Projekts sind gegeben.
Jahresplanung		☒	Es handelt sich um eine ordentliche Planungsaufgabe, die jährlich wiederkehrend erledigt werden muss.
Reorganisation	☒		Alle typischen Merkmale eines Projekts sind gegeben.
Führungsworkshop	(☒)	☒	Je nachdem, ob es sich dabei um einen regelmässig oder einen einmalig stattfindenden Anlass handelt, wer dafür verantwortlich zeichnet und welche Bedeutung diesem Workshop zukommt, kann man von einem Projekt sprechen oder nicht.

---

26 Seite 103   A] Nicht richtig; in vielen Projekten lassen sich Zielkonflikte nicht vermeiden. Allerdings muss man hierbei zwischen sog. starken Konflikten zwischen Muss-Zielen und sog. schwachen Konflikten zwischen Kann-Zielen unterscheiden. Starke Konflikte müssen bereinigt werden, schwache Konflikte löst man, indem man die unterschiedlichen Kann-Ziele entsprechend gewichtet.

B] Richtig; die Beschreibung einer Problemlösung ist ein unechtes Ziel.

C] Richtig; Vorgehensziele sind Abwicklungsziele.

D] Nicht richtig; Muss-Ziele bedeuten eindeutig zu erfüllende Restriktionen; lediglich Kann-Ziele müssen gegebenenfalls gewichtet werden.

---

27 Seite 103   Um die Zielerreichung messen zu können, brauchen Ziele einen Massstab; sie müssen operationalisiert werden. Als Massstab sind sowohl qualitative als auch quantitative Kriterien möglich.

---

28 Seite 103   (Kommentar)

Wenn möglich, sollten Sie für Ihr Projekt die fünf Interessengruppen bzw. Stakeholder Sponsoren, Nutzer, Anwender, Entscheider und Beeinflusser und ihre Interessen beschreiben können.

---

29 Seite 112   A] Richtig; ein Projekt darf nicht der Unternehmensstrategie zuwider laufen.

B] Nicht richtig; zwar ist es wünschenswert, dass eine grobe Lösungsidee im Projektantrag bereits enthalten ist, doch ist dies zum Zeitpunkt der Antragstellung nicht in jedem Fall schon möglich.

C] Nicht richtig; bei visionären Ideen geht es um die Wahrnehmung von Chancen. Die Sortimentsanpassung stellt vielmehr eine reaktive Projektidee dar, denn der betreffende Grossverteiler ahmt seine Konkurrenten nach (in der Fachsprache wird ein solches Vorhaben als «me too» (ich auch) bezeichnet).

D] Nicht richtig; der Projektauftrag stellt eine Zielvereinbarung zwischen dem Auftraggeber und dem Projektleiter dar.

E] Richtig; die Konsistenz zwischen Projektantrag und -auftrag ist zu prüfen.

---

30 Seite 112

Projekt	Bedeutung		Ihr Entscheid (Empfehlung)
	Wirtschaftlich	Strategisch	
Projekt 1	Niedrig	Mittel	Projekt evtl. realisieren
Projekt 2	Hoch	Mittel	Projekt realisieren
Projekt 3	Hoch	Hoch	Projekt realisieren
Projekt 4	Niedrig	Niedrig	Projekt ablehnen
Projekt 5	Mittel	Hoch	Projekt realisieren

---

31 Seite 120   A] Vorstudie

B] Grobkonzept

C] Realisierung

D] Detailkonzept

| 32 | Seite 120 | Mit dem **Phasenkonzept** legt man das methodische Vorgehen für den **gesamten Projektverlauf** fest; eine Phase bildet einen abgeschlossenen Aufgabenblock innerhalb des Projekts. |

Mit dem **Phasenkonzept** legt man das methodische Vorgehen für den **gesamten Projektverlauf** fest; eine Phase bildet einen abgeschlossenen Aufgabenblock innerhalb des Projekts.

Wie der Name schon sagt, definiert der **Planungszyklus** das methodische Vorgehen innerhalb einer **Planungsphase;** für die Erreichung des Phasenziels müssen sämtliche sechs Schritte des Planungszyklus durchlaufen worden sein.

---

33 Seite 120

Vor allem angesprochen werden die folgenden Zwecke:

A] Transparenz für die Entscheidenden und das Projektteam sowie Unterstützung der Projektleitung bei der Projektplanung und -steuerung

B] Klare Meilensteine für Entscheidungen

C] Unterstützung der Projektleitung bei der Projektplanung und -steuerung sowie Überblick bewahren trotz Detailarbeit

---

34 Seite 127

A] Gliederung nach **Objekten**

B] Die Gliederung nach Objekten scheint aus folgenden Gründen sinnvoll:

- Logische Aufteilung von abgrenzbaren Kongress-Teilelementen
- Transparente Struktur (für Entscheidungsgremien, Projektleitung und -mitarbeitende nachvollziehbar)

---

35 Seite 127

Der Projektstrukturplan (PSP) dient der ...

- inhaltlichen und funktionalen Gliederung des Projekts
- Bildung sinnvoller, d. h. bearbeitbarer Arbeitspakete im Projekt
- Kalkulation der für das Projekt erforderlichen Kapazitäten und der anfallenden Kosten

---

36 Seite 127

Am ehesten kommen die folgenden Gliederungsprinzipien in Frage:

- Gliederung nach **Projektphasen** (Begründung: Es handelt sich um ein einfacheres Organisationsprojekt, bei dem die Gliederung gemäss Vorgehensmethodik ausreicht.)
- Gliederung nach **Objekten** (Begründung: Sofern unterschiedliche Gegebenheiten in den Absatzmärkten herrschen, die einen wesentlichen Einfluss auf die Produktmanagementlösung haben könnten, ist dieses Gliederungsprinzip passender als die Gliederung nach Projektphasen.)

---

37 Seite 127

Allgemeiner Ratschlag für den Detaillierungsgrad: Eine angemessene Strukturierungstiefe erreichen Sie, wenn Sie allen am Projekt beteiligten Mitarbeitenden klare Arbeitspaketaufträge vergeben können.

---

38 Seite 136

Weil nach der Ablaufplanung die Terminplanung erfolgt, bei welcher der zeitliche Aufwand pro Vorgang berechnet wird.

---

39 Seite 136

Vorgangsliste für den Kongress «Lernen mit neuen Medien»:

ID	Vorgang (Arbeitspaket)	Dauer (Tage)	Verantw.	Vorgänger
P3.1	Grobkonzept für Kongressprogramm entwerfen (Varianten)	16	R. Weibel	
P3.2	Detailkonzept für Kongressprogramm erstellen	10	R. Weibel	P3.3
P3.3	Referenten aufbieten	16	T. Reichlin	P3.1
P3.4	Dokumentation zu den Referaten zusammenstellen	41	N. Cotti	P3.5
P3.5	Detailkonzept für Podiumsdiskussion erstellen	9	G. Lukesch	P3.2
...	...	...	...	...

A] Bemerkung: Nicht der Zeitaufwand der betreffenden Personen, sondern die Dauer des Vorgangs wird eingetragen.

B] Mögliche Begründung für Vorgängerdefinition: Für das Detailkonzept müssen die Referenten (bzw. Referatsthemen) bekannt sein; aus dem Detailkonzept für das Kongressprogramm ergibt sich jenes für die Podiumsdiskussion; die Dokumentation kann erst erfolgen, nachdem das Programm feststeht.

---

40 Seite 136

Der kritische Pfad zeigt alle Vorgänge des Projekts, die keine Zeitreserven bis zum Beginn des nächsten Vorgangs aufweisen. Somit wirkt sich eine Zeitverschiebung bei einem solchen Vorgang direkt auf das Ende des Projekts aus.

---

41 Seite 141

Die Evaluation des Kongressortes bzw. geeigneter Kongress-Räumlichkeiten stellt in mehrerlei Hinsicht einen kritischen Erfolgsfaktor für das Projekt dar:

- Richtige Grösse (angepasst auf die Teilnehmerzahl, nicht zu gross, auf keinen Fall zu eng/klein),
- Zum Kongressthema passend (gehobene, moderne technische Infrastruktur und Anschlüsse bzw. Leitungen für Demonstrationsmöglichkeiten des Lernens mit neuen Medien usw.)
- Mietpreis (gemäss Budget, beeinflusst u. a. die Teilnahmegebühren für den Kongress, was sich auf die Teilnehmerzahl auswirken kann)
- Gute Erreichbarkeit mit öffentlichen Verkehrsmitteln bzw. mit dem Auto (z. B. zentral gelegen für die Zielgruppen, Nähe zum Flughafen usw.)
- Rechtzeitige Reservation (falls nur ein beschränktes Angebot an geeigneten Objekten vorhanden und dieses bereits ausgebucht ist, kann die Veranstaltung unter Umständen nicht durchgeführt werden)

---

42 Seite 141

(Kommentar zum Beispiel)

Mögliche Schwierigkeiten bei der internen Rekrutierung sind:

- Gute Mitarbeitende werden von den Linienvorgesetzten nur ungern für Projekte «freigegeben».
- Gute und/oder einflussreiche Mitarbeitende sind oftmals stark beansprucht, sowohl in ihrer Linientätigkeit als auch in weiteren Projekten.
- Bei einer starken Beanspruchung durch das Projekt braucht es organisatorische Massnahmen (Entlastung in der übrigen Tätigkeit), ansonsten drohen Überlastungen bzw. Terminverschiebungen im Projekt.
- Eine objektive Kompetenzüberprüfung ist evtl. schwieriger als bei externen (Fach-)Spezialisten.

---

43 Seite 146

(Kommentar zum Beispiel)

Direkte Personalkosten können eindeutig einem Arbeitspaket zugeordnet werden (z. B. die Fachspezialistin, die ein Arbeitspaket bearbeitet); **indirekte Personalkosten** jedoch nicht (z. B. die Projektleiterin oder der Projektadministrator, die für das gesamte Projekt arbeiten).

---

44 Seite 146

A] Betroffene Kostenarten:

- Interne Personalkosten (Zeitaufwand für Anrufe); Betriebsmittelkosten (Telefongebühren)
- Interne Personalkosten (Zeitaufwand für Essen und Weg, Wegspesen, Restaurantrechnung)
- Externe Personalkosten (Honorar, Spesen für Referenten); interne Personalkosten (Zeitaufwand von T. Reichlin für Verhandlungen)
- Interne Personalkosten (Zeitaufwand für Briefing)

B] Es bietet sich eine **Gliederung nach Kostenträgern** an, und zwar gemäss Projektstrukturplan nach: Transport; Verpflegung/Übernachtung; Kongressprogramm; Rahmenprogramm; Kongressmarketing.

---

45 Seite 157

Vorschlag an Tanja Oswald:

Legen Sie die Organisationsform erst fest, nachdem Sie einen detaillierten **Projektstrukturplan** ausgearbeitet haben. Aus den Arbeitspaketbeschrieben ergeben sich die für die Entwicklung eines Mitarbeiter-Bonussystems erforderlichen Personalressourcen.

Je nach Voraussetzungen im Unternehmen kann die Einführung eines Bonussystems ein heikles und komplexes Unterfangen bedeuten, das zudem Schnittstellen v.a. zum Lohn- und Qualifikationssystem aufweist. Für die Wahl der Organisationsform können die im Projektauftrag festgehaltenen **Ziele** und die in der Initialisierungsphase erfassten **Ansprüche der Stakeholder** ebenfalls eine Rolle spielen, denn hieraus ergeben sich Kriterien, wie z.B. die Bedeutung für das Unternehmen, das Risiko der Zielerreichung, die Projektdauer usw.

---

46 Seite 157

A] Richtig

B] Richtig

C] Falsch; der Auftraggeber trägt die Gesamtverantwortung.

---

47 Seite 157

Es gibt im vorliegenden Fall einige Kriterien, die für die Matrix-Projektorganisation sprechen:

- Grosse Bedeutung für das Unternehmen
- Teilzeitmitarbeitereinsatz erforderlich
- Verschiedene Unternehmensbereiche bzw. Schnittstellen sind zu koordinieren (mittlerer bis hoher Komplexitätsgrad)
- Bedürfnis des Auftraggebers nach einer zentralen Steuerung
- Mittelfristige Projektdauer

Eine reine Projektorganisation einzurichten, wäre zu aufwendig, und für eine Stabs-Projektorganisation ist das Vorhaben zu bedeutungsvoll und zu umfangreich.

---

48 Seite 175

A] Grundsätzlich richtig; das Resultat fällt aber zu positiv aus, wenn viele Arbeitspakete lediglich angefangen, die Arbeitsfortschritte aber bereits mit «50 %» bewertet wurden.

B] Richtig

C] Falsch; der Earned Value besagt, wie viel die bisher erbrachte Leistung kosten dürfte.

D] Falsch; die beschriebene Interpretation betrifft den CPI (Cost Performance Index).

---

49 Seite 176

A] Beim Projektstart fielen die Ist-Kosten höher aus als budgetiert, was sich allerdings im Verlauf des Aprils wieder ausglich; im Mai und Juni fielen die Ist-Kosten z.T. deutlich tiefer aus als geplant. Hingegen ist im Juli ein steiler Anstieg der Ist-Kosten zu verzeichnen, womit sich kurz vor Projektabschluss eine Kostenüberschreitung ergibt. – Aufgrund des vorliegenden Diagramms lassen sich keine eindeutigen Rückschlüsse auf die Ursachen ziehen. Möglicherweise widerspiegeln sie die Tatsache, dass zeitliche Verzögerungen durch Mehrarbeit (und damit auch Mehrkosten) in den letzten Wochen aufgeholt wurden.

B] Mögliche Fragen:

- Handelt es sich beim Kostenanstieg um einen nachträglichen Ausgleich der zuvor zu tiefen Ist-Kosten, oder müssen wir mit einer Gesamtkostenüberschreitung rechnen?
- Warum sind die Ist-Kosten in den letzten Wochen steiler angestiegen als die Plankosten?
- Was unternehmen Sie konkret, damit wir beim Projektende keine Kostenüberschreitung haben?

50 Seite 176

A] Ein Terminverzug ruft nach Steuerungsmassnahmen zur Ist-Korrektur.

B] Beispiele für Steuerungsmassnahmen:

- Verpflichtung eines zusätzlichen Projektmitarbeiters für die Erledigung des Arbeitspakets (strukturbezogene Massnahme)
- Vergabe des Organisationsauftrags an eine externe (Event-)Agentur (strukturbezogene Massnahme)
- Kapazitätenkonflikt mit Olivia Hess bzw. den anderen Projektleitern lösen (steuerungsbezogene Massnahme)
- Motivationsförderung bei Olivia Hess, falls nicht die anderen Projekte, sondern die persönliche Motivation das Problem darstellt (kulturbezogene Massnahme)

51 Seite 182

Mögliche Projektrisiken:

- Personelle: Mangelnde Erfahrung der Mitarbeitenden
- Technische: IT-Infrastruktur fällt während des Kongresses aus, Verbindungszusammenbruch bei den Internetleitungen während einer Produktpräsentation
- Organisatorische: Kosten-, Terminüberschreitungen
- Externe: Mangelnde Zuverlässigkeit der Lieferanten (Transport, Verpflegung, Hotel), Referenten sagen kurzfristig ab, zu wenig Teilnehmende usw.

52 Seite 182

A] Harald Gross: **Absicherung** gegen unvermeidbare Risiken

B] Theo Stieger: **Risikohaftigkeit** des Projekts vor Projektstart

C] Harald Gross: **Vermeidung** erkennbarer Risiken

53 Seite 182

Eine prophylaktische Massnahme zielt darauf ab, die Eintretenswahrscheinlichkeit zu verringern, während man Eventualmassnahmen trifft, um die Tragweite des Schadens (das Schadensausmass) zu reduzieren.

54 Seite 197

Auswertung Einfluss-Interessen-Matrix:

- S1: Keine besonderen Aktivitäten, ausser ergebnisorientierten Informationen; diese Stakeholder verfügen über wenig Einflussmöglichkeiten auf das Projekt.
- S2: Kooperation, Beziehungspflege; diese Stakeholder sind die wichtigsten Partner im Projekt, ihr Einfluss und ihr Interesse sind hoch.
- S3: Aktiv und regelmässig informieren; trotz des geringen Einflusses sind diese Stakeholder besonders in schwierigen Situationen nicht zu unterschätzen, da ihr Interesse am Projekt gross ist.
- S4: Zufrieden stellen; aufgrund ihrer Machtstellung haben sie einen grossen Einfluss, auch wenn sie sich für das betreffende Projekt weniger zu interessieren scheinen.

55 Seite 197

Grundsätze der Projektinformation:

A] Systematisch informieren

B] Transparent informieren

C] Gezielt informieren

56 Seite 197

Die Stakeholderanalyse fördert die Akzeptanz des Projekts, indem die verschiedenen Sichtweisen, Bedürfnisse und Erwartungen der relevanten Interessengruppen geklärt werden können. Sie liefert Informationen zu den Beteiligten und Betroffenen des Projekts, die bei den Projektmarketingmassnahmen berücksichtigt werden müssen.

57 Seite 197   A] Bestandteile der Abschlussdokumentation:

- Arbeitsanweisungen: **Nein;** Bestandteil der laufenden Projektdokumentation
- Verfahrensdokumentation: **Ja**
- Projektorganigramm: **Nein;** Bestandteil der laufenden Projektdokumentation
- Entscheidungsprotokolle: **Nein;** Bestandteil der laufenden Projektdokumentation

B] Argumente für den Einsatz von schriftlichen Projektstatusberichten:

- Schriftlich festgehaltene Fakten zum Projektstand, Massnahmenvorschläge und Entscheidungsanträge schaffen **eindeutigere und klarere Grundlagen** als die mündliche Berichterstattung, bei der die Gefahr besteht, dass wichtige Informationen untergehen oder verschieden interpretiert werden.
- Die **Zuständigkeitsfrage** ist klarer gelöst: Der **Auftraggeber** trägt die oberste Verantwortung für das Projekt. Falls es im Verlauf des Projekts zu **Problemen** kommen sollte und die Gefahr besteht, dass der Auftraggeber sich dieser Verantwortung entziehen möchte, kann der Projektleiter besser «beweisen», worüber der Auftraggeber informiert war und welche Entscheidungen er getroffen hatte. – Im umgekehrten Fall kann der Auftraggeber aufgrund schriftlicher Berichte nachweisen, worüber er informiert bzw. nicht informiert war und somit den **Projektleiter** für Versäumnisse in der Projektabwicklung belangen.
- Die schriftliche Berichterstattung zwingt den Projektleiter (und die -mitarbeitenden) dazu, **regelmässig** Rechenschaft über die Projekt-Zwischenergebnisse abzulegen.

58 Seite 201   Folgende Argumente sprechen für eine offizielle Abschlussveranstaltung:

- Ein Projekt mit einem offiziellen Akt beenden (genauso, wie es mit einem Kick-off-Meeting gestartet wurde).
- Eine gelungene Abschlussveranstaltung setzt einen positiven Schlusspunkt.
- Eine gelungene Abschlussveranstaltung ist von symbolischer Bedeutung für alle Beteiligten.

Stichwortverzeichnis

Bildungsmedien für technische Kaufleute und HWD bei Compendio

Diese Lehrmittel-Reihe ist auf die Bedürfnisse von Studierenden zugeschnitten, die sich auf die Prüfungen zum/zur eidg. dipl. Technischen Kaufmann/-frau (TK) oder auf das Höhere Wirtschaftsdiplom (HWD) vorbereiten. Sie richtet sich deshalb in der Stoffauswahl und -tiefe nach den Prüfungsreglementen der beiden Lehrgänge, wobei die Neuerungen des TK-Prüfungsreglements 2010 berücksichtigt sind.

Betriebswirtschaftslehre für technische Kaufleute und HWD
Clarisse Pifko, Marcel Reber, Rita-Maria Züger Conrad
272 Seiten, A4, broschiert, 3., überarbeitete Auflage 2011, ISBN 978-3-7155-9475-0, CHF 55.00

Rechnungswesen für technische Kaufleute und HWD
Robert Baumann, Marcel Reber
332 Seiten, A4, broschiert, 3., überarbeitete Auflage 2011, ISBN 978-3-7155-9476-7, CHF 55.00

Marketing für technische Kaufleute und HWD
Compendio-Autorenteam
302 Seiten, A4, broschiert, 3., überarbeitete Auflage 2011, ISBN 978-3-7155-9477-4, CHF 55.00

Organisation und Projektmanagement für technische Kaufleute und HWD
Hugo Dobler, Andreas Führer, Daniel Kneubühl, Rita-Maria Züger Conrad
246 Seiten, A4, broschiert, 3., überarbeitete Auflage 2011, ISBN 978-3-7155-9478-1, CHF 55.00

Führung für technische Kaufleute und HWD
Marita Knecht, Clarisse Pifko, Rita-Maria Züger Conrad
246 Seiten, A4, broschiert, 3., überarbeitete Auflage 2011, ISBN 978-3-7155-9479-8, CHF 55.00

Kommunikation für technische Kaufleute und HWD
Susanne Jäggi
178 Seiten, A4, broschiert, 3., überarbeitete Auflage 2011, ISBN 978-3-7155-9480-4, CHF 45.00

Recht für technische Kaufleute und HWD
Lucien Gehrig, Thomas Hirt, Christa Müller
318 Seiten, A4, broschiert, 3., überarbeitete Auflage 2011, ISBN 978-3-7155-9482-8, CHF 55.00

Volkswirtschaftslehre für technische Kaufleute und HWD
Bernhard Beck, Marcel Reber
206 Seiten, A4, broschiert, 3., überarbeitete Auflage 2011, ISBN 978-3-7155-9481-1, CHF 55.00

Logistik für technische Kaufleute und HWD
Hans-Joachim Mathar, Johannes Scheuring
312 Seiten, A4, broschiert, 2., überarbeitete Auflage 2011, ISBN 978-3-7155-9483-5, CHF 55.00

Informatik für technische Kaufleute und HWD
Compendio-Autorenteam
326 Seiten, A4, broschiert, 2., überarbeitete Auflage 2011, ISBN 978-3-7155-9484-2, CHF 55.00

Schriftliche Kommunikation für technische Kaufleute und HWD
Jilline Bornand, Thomas Hottinger, Annette Kerkow, Bettina Schmid
ca. 182 Seiten, A4, broschiert, 1. Auflage 2011, ISBN 978-3-7155-9468-2, CHF 45.00

Bestellung

Alle hier aufgeführten Lehrmittel können Sie per Post, E-Mail, Fax oder Telefon bei uns bestellen:

Compendio Bildungsmedien AG, Neunbrunnenstrasse 50, 8050 Zürich
Telefon ++41 (0)44 368 21 14, Fax ++41 (0)44 368 21 70
E-Mail: bestellungen@compendio.ch, www.compendio.ch